“十二五”高职高专财经管理类规划教材
小微企业经营管理能力提升系列教材

管理技能与领导力

占　挺　阚雅玲　黄雪薇　编著

上海财经大学出版社

图书在版编目(CIP)数据

管理技能与领导力/占挺,阚雅玲,黄雪薇编著.—上海:上海财经大学出版社,2015.4

"十二五"高职高专财经管理类规划教材

小微企业经营管理能力提升系列教材

ISBN 978-7-5642-2057-0/F·2057

Ⅰ.①管… Ⅱ.①占… ②阚… ③黄… Ⅲ.①管理学-高等职业教育-教材 Ⅳ.①C93

中国版本图书馆CIP数据核字(2014)第286866号

□ 责任编辑 汝 涛

□ 封面设计 钱宇辰

□ 责任校对 王从远

GUANLI JINENG YU LINGDAOLI

管理技能与领导力

占 挺 阚雅玲 黄雪薇 编著

上海财经大学出版社出版发行

(上海市武东路321号乙 邮编200434)

网 址:http://www.sufep.com

电子邮箱:webmaster @ sufep.com

全国新华书店经销

江苏省句容市排印厂印刷装订

2015年4月第1版 2015年4月第1次印刷

787mm×1092mm 1/16 12.5印张 320千字

印数:0 001—4 000 定价:30.00元

小微企业经营管理能力提升系列教材

编审委员会

总 序

学习成就未来

在广州市职业能力培训指导中心（以下简称“培训指导中心”）与广州番禺职业技术学院的精心筹划之下，“小微企业经营管理能力提升系列教材”成功出版，这是值得祝贺的事。

在创造就业机会、增加税收、技术创新等方面，小微企业扮演着非常重要的角色，更重大的意义在于小微企业所代表的创新、创业精神，这是区域社会经济发展的基础动力。可以说，小微企业的素质决定了区域未来的发展。因此，小微企业的经营管理能力提升不单纯是对企业的自我完善，也对社会具有深远的影响和意义。

小微企业数量多、行业千差万别、经营不稳定、人员结构复杂等的特殊性，决定了对这个群体实施教育提升服务是颇具挑战性的。广州市人力资源和社会保障局积极践行国家、广东省和广州市对帮扶小微企业健康成长的相关政策，结合区域发展特点出台了一系列促进提升小微企业发展能力的政策，搭建了由学校、创业园区、行业大企业、社会服务机构等多方参与的社会化服务平台。本套教材即是广州市人力资源和社会保障局培训指导中心联合广州番禺职业技术学院在搭建小微企业社会化学习平台方面的一个尝试。这套教材的出版仅仅是学习系统中的一个部分。此外，双方在培训项目开发、网络化教学、师资培训、创业教育等方面尚有更多的课题需要攻克。“千里之行，始于足下”，预祝彼此的合作能取得更大成绩，让更多小微企业享受更优质的教育服务。

科技在进步，时代在发展，在知识经济时代，学习是主旋律，不学习就意味着被淘汰。这不是耸人听闻的口号，而应成为当下的警语。众所周知，教材是知识传播的载体。这套教材结合小微企业发展的特点，对该领域的知识内容进行比较系统的梳理与总结，非常有价值。当下各个学习领域都在发生革命性的变化，希望各位编委及项目团队能留意这种变化，在后续工作中大胆尝试、敢于创新，在内容和形式上有更多突破，进一步提升教材的价值，为广州市小微企业学习平台的建设贡献力量！

最后，向编纂教材及提供帮助的各位老师、各位工作人员和社会各界人士表示感谢，同时感谢广州番禺职业技术学院对本项工作的大力支持。

钟丽英

2015年1月1日

前　言

培养应用型创新创业人才是高职院校创新人才培养的重点，而教材的编写始终是为实现人才培养目标服务的。作为高职课程改革创新后的管理类课程，本书立足于培养学生成为初创企业管理者或者潜在的管理者，目的是让他们具备行使有效的管理职能所需要的知识、技能、能力、态度和积极性，从而能够适应企业面对的复杂多变的环境，满足由此而引起的学习需要，实现学生的持续发展。基于高职院校学生的学习特点及职业发展需求，编者本着以“理论够用、重在实践”的指导思想，力图编写一本真正适合高职院学生学习的管理类教材。因此，本书在编写过程中力图体现以下几个特点：

首先，服务学生的职业发展。德鲁克说：“管理的本质在于实践。”可是，现有管理类教材基本上万变不离其宗，大多以训练思维为目的，从学科体系出发，对管理者角色进行较高层次的定位，基本是以知识体系为核心内容。而本教材是从学生的职业发展出发，围绕初创企业管理者所要具备的素质和能力，让所有学生清晰地理解管理者的角色定位、素质和技能要求，能够对自己进行较为有效的管理，并且经过锻炼成为一名初创企业的管理者或中小企业的基层管理者。

其次，满足创新创业人才培养目标。创新创业人才培养对教育改革提出的更高要求，本教材突出了教育创新以及对学生实际管理素质与技能的培养，使学生具备相应的管理意识，掌握管理技能。在教学内容上，本教材以管理的基本知识为基础，以个人领导力、团队管理、部门协作和企业管理为主线，把握重点、落到实处。让学生感到管理自己的重点是什么、管理团队的重点是什么、管理企业的重点是什么，而不是一味强调体系完整、面面俱到。同时，帮助学生认知有效做事的本质和方法，帮助提升创造性解决问题的思维和技巧。

最后，突出理论与实践相结合。作为高职高专的学生，既无较强的抽象思维能力，又无管理的实践经验，如果按照管理的传统思想，从他们不熟悉的企业或组织出发，定会让许多学生茫然无措，或者失去学习的兴趣。本教材从学生的职业发展角度出发，提供一种提高学生职业素养和职业能力的解决方案，无论是内容体系还是编写形式都进行了变革，切实做到了理论够用、重在实践，学以致用、学有所成。

本教材每一章都穿插了多种以学生为中心的教学方法，开篇以最贴切的案例进行导入；中间辅以小案例、小思考、小训练、小知识等加以学习和理解；结束则以案例分析、测试题进行全面训练。本教材内容实用，通俗易懂，可操作性强，不仅适应于高职高专学生，也适合应用型本科院校、成人高校的经济管理类专业的老师和学生以及企业的管理人员使用。

本书由广州番禺职业技术学院占挺、阚雅玲、黄雪薇编著。全书由占挺拟定大纲，总纂定稿，并具体完成了第四章和第五章编写任务；阚雅玲教授协助教材的整体思路把握，并具体完成了第一章、第二章及第三章编写任务；黄雪薇完成了第六章、第七章的编写任务。

本教材是广州番禺职业技术学院与广州市就业训练中心联合开发的。在此，谨向给予我们大力支持的广州市人社局及广州市就业训练中心表示感谢，向参与本书研讨、为本书编写提供帮助的各位专家、同事表示感谢！同时，本书参阅了大量管理学和企业管理方面的书籍和优秀案例，在此向参考文献的所有作者表示衷心地感谢！

由于编者水平有限，书中难免有错误和疏漏之处，敬请广大读者批评指正。

编著者

目　录

第1章

管理者的角色定位

在一个初创或正处于快速成长期的企业中，成为管理者是职场人士晋升和提高收入的最佳途径。有研究表明，管理者对企业业绩的影响或许比企业中的其他人要大。因为管理者是企业的业务骨干和中坚力量，其管理水平、业务能力、工作作风和执行能力的高低，往往能决定一个企业的兴衰成败。因此，对于计划进入管理者行列的人来说，清晰地理解管理者的角色定位、素质和技能要求，将构成自身管理能力的基础。而对于准备创业的人来说，掌握新创企业在经营管理过程中所必须具备的管理素质和技能也显得尤为重要。

学习目标

1. 了解管理者在企业中的重要性；
2. 理解管理者的角色和理念；
3. 掌握管理者的素质和技能；
4. 掌握优秀中层管理者的要素。

案例导入

一个做豆腐的老板，晚上很努力地做了一筐豆腐。第二天，他挑到大街上卖，卖得很好，挣到钱了，就想多挣一点。于是，他晚上回来通宵达旦地做了三筐豆腐，第二天到大街上卖，三筐豆腐又卖完了，又挣了一些钱。但他对这些钱还不满足，还想做大。这时候仅仅自己做已经不行了，因为凭自己的能力通宵达旦也只能做三筐豆腐。于是，他找来一些人，让这些人帮着他做。这些人来了以后，他不可能全天24小时盯着每一个人，于是他就找来一个代理人。这个代理人帮助他来管理这些做豆腐的人。这时候，生产部和生产部经理就产生了。

有了这么多人做豆腐，生产已经不成问题了，那么销售也不可能仅让一个人去卖，这时候又找了一些人过来，组成一个销售团队。有了销售团队以后，总得再找一个人代表老板管理这些销售人员。这时候，销售部和销售部经理就产生了。

随着规模的扩大，现金流逐渐多起来了，这时候财务部和财务部经理就产生了。随着生产规模的扩大，黄豆的需求量也越来越大。这时候要考虑去哪里可以买到更多、更便宜的黄豆，于是采购部和采购部经理又产生了。而企业做出来的豆腐怎么能够与众不同，在市场上怎么能够有更多的销量呢？这时候要进行技术创新，于是技术部又产生了。也就是说，企业的老板不断地想做大，企业的总经理、董事长不断地想把事情做得更好，这时候中层干部就应运而生了。

【问题引出】

1. 企业为什么会有管理者、中层干部？是因为企业的董事长或总经理没有足够时间和精力，或者自己不适合从事某项工作，这样就产生了中层干部和管理者。换句话说，中层干部的产生是有其需求和背景的。

2. 企业的组织结构分为哪几层？每个层次，特别是企业中层应该如何进行定位？如何通过承上启下让企业发展得更好？

1.1 管理者及其分类

1.1.1 管理者

通常来说，定义谁是管理者是一件很简单的事情。管理者是组织中这样的一类成员，他告诉别人该做什么以及怎样去做。很容易将管理者与非管理者区分开来，后者是指组织中这样的一类成员，他们直接从事某一项工作和任务，并且没有人向他们报告。但是，今天再这样简单地区分管理者和非管理者就不行了。正在变化的组织及工作性质模糊了管理者与非管理者之间的界限，许多传统的职位现在都包括了管理性活动，特别是在团队中。例如，团队成员通常要制订计划、制定决策以及检查自己的绩效。正是由于这些非管理者承担着过去是管理者的一部分职责，所以我们不能再用过去的定义来描述今天的各种管理情境。

那么，该怎样定义谁是管理者呢？管理者是指通过协调其他人的活动达到与别人一起或者通过别人实现组织目标的人。管理者的工作可能意味着协调一个部门的工作，也可能意味着监督几个人，还可能包含协调一个团队的活动。一个团队是由来自不同部门的人，甚至包括来自组织外部的人组成的，如临时的雇员或者由来自供应商的雇员组成的。有一点需要强调的是，管理者还可能负有另外的工作责任，这些工作责任与协调或整合其他人的工作责任无关。例如，一名保险索赔员的主管，除了需要协调其他保险索赔员的工作外，往往也需要处理保险索赔业务。

1.1.2 管理者的分类

是否存在着对一个组织中的管理者进行分类的方法呢？在一些组织里，特别是那些具有传统结构的组织里，大量的雇员是处于基层而不是上层，如图 1－1 所示。人们通常将这样的组织里的管理者分别称为基层管理者、中层管理者和高层管理者。在这种层级组织中，识别谁是管理者并不困难，不过管理者可能有多种头衔。

1. 基层管理者

基层管理者是底层的管理人员。他们管理着非管理人员所从事的工作，这些工作是生产和提供组织产品的工作。这样的管理者通常称为主管，也可以称为生产线线长或工长。

2. 中层管理者

中层管理者包括了所有处于基层和高层之间的各个管理层次的管理者。这些管理者管理着基层管理者，他们可能具有部门经理、项目主管或事业部经理的头衔。

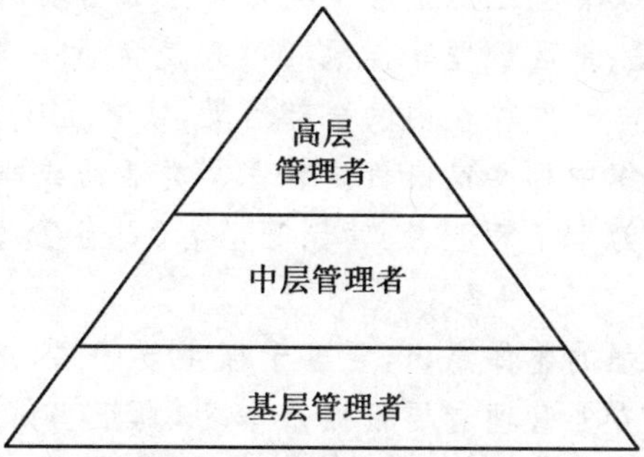

图1—1　不同层次的管理者

3. 高层管理者

高层管理者是处于或接近组织顶层的管理者。他们承担着制定广泛的组织决策、为整个组织制订计划和目标的责任。他们的典型头衔通常是执行副总裁、总裁、管理董事、首席运营官、首席执行官或董事会主席等。

小资料

企业的汉堡结构

1. 三个层级的划分

无论是大企业还是小公司，都可以分为三个层面，即高层领导、中层干部和基层员工。这个层级与汉堡很相似，上面一片面包，下面一片面包，中间是生菜、牛肉、奶油。上面一片面包就相当于企业的高层领导，即董事长、总经理、副总；下面一片面包相当于企业的基层员工、一线操作人员；而中间的生菜、牛肉、奶油，就相当于中层干部。

2. 每个层级的定位

这样划分以后，每个层面上的人都应该有自己的定位，都应该有自己的职责，都应该有自己的工作任务。高层领导主要解决决策力的问题，主要有三大决策：第一是产品决策，决定做什么事情、做什么项目，目标在哪里；第二是制度决策，企业是由一群人组成的，这一群人的游戏规则如何，这就是制度决策；第三就是人才决策，用什么人，这是总经理、董事长应该思考的事情。

基层员工解决的是行动力的问题，踏踏实实、一点一点地去做，这就是基层的行动力。而中层干部主要解决的是执行力的问题。“执行力”这个词本身是很宽泛的，在组织机构里，它有特定的含义，执行力强调三个字——做到位。根据高层领导所提出来的愿望、想法，通过中层干部去消化，然后付诸于基层员工的行动，到最后转变为现实。这就是中层干部的执行力。

3. 层级错位带来的问题

每个层面上的人都有自己的工作任务，不能错位，如果错位，这个企业不可能会搞好的。企业经常会出现中层干部不得力、做事情不理想，董事长、总经理很着急，一着急就冲下来，把中层干部的事情做完了。中层干部没活干，一看基层员工做不好，中层干部就冲下去，把基层员工的活干完了。基层员工没活干，就在路边喝啤酒，一边喝着啤酒一边讲公司的战略应该如何制定。这就是一种错位。

按照所管理的领域不同，管理者又可以分为综合管理者和专业管理者两大类：

(1)综合管理者:是指负责管理组织中若干类乃至全部活动的管理者,如公司中的经理、副经理,大型企业的事业部经理、地区经理等。他们不只是负责一项活动或职能,而是统管包括生产、营销、财务、人事、研究与开发等在内的全部活动,或者至少是其中的几项活动。

(2)专业管理者:是指组织中那些仅仅负责管理某类活动或职能的管理者。根据他们所负责的具体专业领域还可细分为生产管理者、营销管理者、财务管理者、人力资源管理者以及科研开发管理者等。

综合管理者必须具有较强的整体意识,要善于抓主要矛盾,把握各阶段的工作重点,以点带面地提高综合管理效率。专业管理者要狠抓基本功,真正当好业务内行,做好专家治理,同时又要注意与其他专业部门的密切配合以促进组织目标的实现。

1.2 管理者的角色

管理者的角色,实际上指的是特定的管理行为范畴。明茨伯格把管理者扮演的角色分为10种,又进一步组合成人际关系角色、信息传递角色和决策制定角色三个大的方面,具体包括:

1.2.1 人际关系角色

人际关系角色是指所有的管理者都要履行礼仪性和象征性的义务。该角色具体承担了3种角色:

(1)挂名首脑的角色:象征性的首脑,必须履行许多法律性的或社会性的理性义务,如接待来访者、签署法律文件等。

(2)领导者:负责激励和动员下属,负责人员配备、培训和交往的职责,实际上从事所有由下级参与的活动。

(3)联络者:维护自行发展起来的外部接触和联系网络。

【小知识】

通过对每种管理工作的研究,我们发现管理者花在同事和单位之外的其他人身上的时间与花在自己下属身上的时间一样多。并且,令人惊讶的是,管理者花在上级身上的时间很少。通常这三种情况所花时间的比例分别是45%、45%和10%。

1.2.2 信息传递角色

信息传递角色是指所有的管理者在某种程度上,都从外部的组织或机构接受和收集信息。该角色具体承担了3种角色:

(1)监听者:寻求和获取各种特定的信息,以便透彻地了解组织与环境,诸如通过阅读杂志和与他人谈话来了解公众趣味的变化,以及竞争对手打算干什么等。

(2)传播者:管理者起着向组织成员传递信息的通道的作用,如举行信息交流会、打电话传递信息等。

(3)发言人:向外界发布有关组织的计划、政策、行动、结果等信息,如举行董事会议,向媒体发布信息。

【小案例】

罗斯福认为，收集信息技巧的本质是鼓励竞争。他的一名助手曾经历过这样的事："他会叫你进来，要求你去弄清一些复杂事情的来龙去脉。你辛苦工作了两天，回来后呈上你在某处发现的颇有价值的信息，然后你会吃惊地发现他已经知道关于这事的一切，还包括一些你不知道的别的事情。通常，他不会告诉你他是从哪儿得到这些信息的，但在他这样做了一两次后，你就要小心你得到的信息质量。"

1.2.3　决策制定角色

决策制定角色是指围绕日常工作中的决策制定所担任的角色。该角色具体承担了4种角色：

(1)创业者：企业家寻求组织和环境中的机会，制订"改进方案"并发起变革，监督某些方案的运营，如制定战略、检查会议决议执行情况、开发新项目等。

(2)混乱驾驭者：当组织面临重大的、意外的动乱时，负责采取补救行动，如制定战略、使企业走出混乱和危机的局面。

(3)资源分配者：负责分配组织的各种资源——事实上是掌控所有重要的组织资源，包括调度、询问、授权，从事预算的各种活动和安排下级的工作。

(4)谈判者：在主要的谈判中作为组织的代表。

这种观点和划分方式，尽管有些地方不尽完善，但基本符合组织的不同管理层次的需要。因为不论何种组织以及在组织的哪个层次上，管理者都扮演着相似的角色。管理者的角色不可能是单一的，要承担多种相互关联的职责。并且，管理者角色的侧重点是随着组织的等级层次而变化的，如图1－2所示。高层管理者比起中层管理者、基层管理者，其承担的角色要丰富得多，具备的能力也远远地超过后两者。一个管理者可能会同时承担多个角色，同一个管理者会在不同时期承担不同的角色。

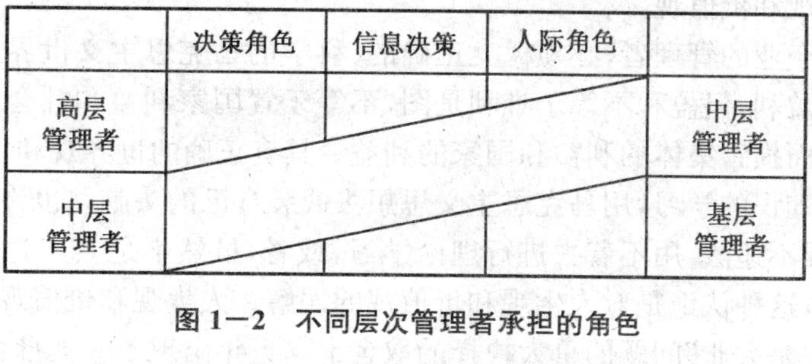

图1－2　不同层次管理者承担的角色

上面所描述的10种角色不能轻易分开，它们形成了一个完整形态，是一个整体。没有哪种角色能在不涉及其他角色的情况下脱离这个框架。比如，如果一位没有与其他人员联络交往的管理者缺乏外部信息，那么他既不能传播给下属所需要的信息，也不能做充分反映外部条件的决策。这10种角色形成了一个完整形态，但并不是说所有的管理者都给予每种角色同等的关注。

【小思考】

不同层次的管理人员对不同角色的侧重点不尽相同，那么相同层次管理者的角色是否就相同呢？比如说同一层次的销售管理者和生产管理者。

实际上，人们在对各种调查研究进行回顾时发现：相同层次的管理者对不同角色的侧重点也不相同。销售管理者似乎花相对更多的时间在人际关系角色上，据此可推测出这是营销活动外向性的一个反映。生产管理者给予决策角色相对更多的关注，据此可推测出这是他们关心有效工作流程的一个反映。员工管理者花相对更多的时间在情报角色上，因为他们是为组织其他部门提出建议的专家。不过，在任何情形下，人际的、情报的和决策的角色都不可分离。

1.3 管理者的素质和技能

在本部分内容中，重点是以企业管理者为例来学习管理者的素质和技能。

1.3.1 管理者的素质

企业管理者的素质是企业管理者必须具备的多种条件的综合。素质是一个整体性、综合性的概念。在各种素质中，各种不同的条件形成了不同的结构。在这里主要介绍管理者的基本素质和专业素质。

1. 基本素质

基本素质是指企业管理者必须具有的基本方面的要求和条件。俗话说，根深才能叶茂。基本素质不是对企业管理者的特有要求，但基本素质的高低决定了企业管理者整体素质的高低，影响着企业管理者其他素质的发展和提升。

(1)道德伦理素质

①正确的世界观和价值观。

作为社会主义企业的管理者，必须树立正确的、科学的马克思主义世界观、人生观和价值观。企业的目的是盈利，但盈利不等于唯利是图，不等于置国家利益和社会责任于不顾，甚至为了小团体的利益而损害集体的利益和国家的利益。具有正确的世界观和价值观要求企业管理者必须加强理论知识的学习，用马克思主义思想去武装自己的头脑。也许有人会提出，搞经济的、搞企业的只要不违法，用不着去进行理论学习，或者，虽然不是共产党员，但只要踏实做事就可以了。其实，这种认识是对人生观和价值观的误解。人生观和价值观的重要体现，在于管理者对关系到“大是大非”问题的重大抉择的取舍上。近年出现了一大批企业高管和部分知名企业家落马，从一定程度上也反映了管理者放弃了对价值观和世界观的修养，最后竟沦为“阶下囚”，该现象值得深思。

【小案例】

牟其中，一位中国民营企业的先行者，一位充满传奇色彩的思想者，一位唐·吉诃德式的探索者。他到底是经济改革的先锋还是新兴资产阶级的代表？他到底是中国大陆的首富还是某些媒体声称的中国首骗？无数疑问曾围绕这个商业奇才，他曾在中国商界创造过

“皮革换苏联飞机”、“放俄罗斯卫星”等神话。然而，随着牟其中因犯外汇诈骗罪被判处无期徒刑的消息传来，南德集团——一个曾经享誉中外、令人眼花缭乱的商业帝国，顷刻之间土崩瓦解，令人叹息；一个商业奇才也就此沦为“阶下囚”。究其原因，正是因其缺少正确的世界观和价值观。

②高尚的道德情操和修养。

道德是为了社会建立良好的伦理秩序而形成的行为规范。孔子教导其得意门生颜渊“非礼勿视，非礼勿听，非礼勿言，非礼勿动”，“非礼”者，即不符合社会的道德规范。经营企业与道德修养有什么关系呢？其实，这里面也是有学问的。企业管理者是企业的领袖人物，是企业“上行下效”的对象，我们很难想象，一个道德败坏的管理者能在企业管理中施展才华。近年来，一些迅速发展的民营企业遇到了管理上的“瓶颈”，在寻求“职业经理人”的过程中，第一个担心的问题就是职业经理人的人品问题，也就是道德问题，这个现象从侧面反映了道德情操与经营企业的紧密关系。对民营企业家来讲，道德风险是最大的风险。

③良好的职业道德和信誉。

职业道德是道德的一部分，但更明确的是对企业管理者提出了职业上的要求。企业管理者是企业的中坚，也是社会的重要阶层，中国社科院发表的《当代中国社会阶层研究报告》专门对经理人阶层，也就是企业中高层管理人员阶层进行了论述。如果没有职业道德和信誉，将是对企业管理基石的最大侵蚀；对企业管理者来说，也将是一条自我毁灭之路。

【小思考】

俗话说：“无商不奸”，而现如今则有句流行语：“小老板靠术，中老板靠智，大老板靠德”。你对上述观点有什么看法呢？

(2)心理人格素质

①宽广的胸怀。

企业管理者在企业发挥领袖作用时，必须有宽广的胸怀。企业管理者在工作中面临内外环境方面不同的声音、不同的观点，甚至是批评的声音和压力。企业管理者在面对来自于行业、媒体、其他组织的批评与指责，一定要以“有则改之，无则加勉”的方式来对待，以正常心态处理。对来自内部不同的观点，企业管理者一定要能有海纳百川的气魄，营造一个广进贤言的良好局面。法国社会心理学家 H.M.托利得有一句名言，也称为“托利得定理”：测验一个人的智力是否上乘，只看脑子里能否同时容纳两种相反的思想，而无碍其处世行事。企业管理者应该达到此境界。

②开放的心态。

面对不断发展的社会和日新月异的科技，管理者应具有开放的心态，去积极了解新事物、接纳新事物。不仅要在企业中建立起吐故纳新的机制，管理者个人也应建立起相应的思维习惯、行为习惯，及时跟上外界的变化，与时俱进。开放的心态要求管理者改变故步自封和安于现状的守旧心理，不断实现自我的突破和发展。

③坚韧的毅力和意志力。

企业管理不是坐“顺风船”，能一帆风顺地达到设定的目的。企业的经营存在着各种各样的风险，如商业风险、市场风险、政策风险、信用风险、管理风险等，企业经营本身就一直伴随着各种风险。这要求企业管理者必须对风险有清醒的认识，在遭遇风险时，必须有坚韧的毅力和意志力去面对，积极采取措施，解决问题。企业管理者在经营实践中必须锤炼出坚韧不拔的精神，去体会"笑到最后才是胜利者"的境界。

④个人的自我控制力。

企业管理者是企业和社会的中坚力量，是具有一定社会地位的人。在工作中、生活中，企业管理者会遇到一些不正常、不正当的事情，甚至是违反道德、违反法律的诱惑。权钱交易、权色交易、钱色交易、黑幕交易、幕后操作等都是近些年来沉渣泛起的体现。企业管理者在面对诱惑时一定要正确对待，必须有良好的自制力。"无欲则刚"当然是至高境界，但"取之有道"未尝不是明智的选择。

【小案例】

如今，联想集团可谓无人不知、无人不晓。需要知道的是，能够把联想做到如此地步的人，其个人的大智、大慧、大勇、大谋当为必备。柳传志也是极有血气、个性极强的人。1984年，他以40岁的年龄，毅然下海创业，就充分说明了他的不甘寂寞以及对个人抱负极大的期许。在联想历史上，柳传志面对的许多困难，均属退一步即深渊的境地，非钢铁意志不足以抗衡。而就是这样的一个人，在与人交往上却又如此自谦、如此内敛，实在让人不能不深思。

(3)基础知识素质

①扎实的基础知识。

基础知识是指对社会、对世界的基本认识方面的知识。基础知识包括自然科学知识、人文社科知识两个方面。自然科学知识包括地理、生物、物理、化学、天文等方面的内容；人文社科知识包括哲学、政治、历史、心理、语言、军事等方面的内容。目前，社会上仍存在着重自然科学、轻人文科学的倾向，认为自然科学才能直接地促进社会进步，才能提高人民生活水平。其实，我们综观成功的人物，不管是科学家，还是政治家，或者是管理大师，他们都具有良好的人文科学知识。作为一个在企业中承担着重大决策、协调、管理的企业管理者，更应该高度重视包括人文社科知识在内的基础知识。

②完善的知识结构。

知识结构是指个人拥有的各种知识的组成情况，比如说，前面所述的自然科学、社会科学的组成情况及它们内部的组成情况。当然，完善的知识结构不是对管理者求全责备，也不是要求其成为大学问家。完善的知识结构是要求管理者在知识方面应相对均衡，不能有重大的知识缺陷。

(4)健康的体魄

除了以上几方面外，作为企业管理者还应具有健康的体魄。这一点本是最简单明白的一点，却又是容易忽略的一点。国内媒体对企业管理人员做了一次调查，发现企业管理人员中，亚健康现象十分普遍，不少管理人员还患有不同的生理和心理方面的疾病。企业管理者每天都在高压下前行，但绝不能丢了根本，企业管理者在这一点上不可不慎。

2. 专业素质

专业素质是指企业管理者实施企业管理行动和活动必备的素质，这是企业管理者履行其职责的基本要求。

(1)对企业管理的专注和热情

对企业管理的专注和热情应该是每一名希望走向成功的管理人员的重要前提。企业管理者只有具有这种精神和态度，才能把自己的精力放在其中，最大限度地发挥其潜力，贡献自己的聪明才智。

同时，一个热情洋溢的企业管理者才能感染广大员工，让广大员工用同样的热情去对待工作，只有这样，企业才会充满生机和活力。如果是一个暮气沉沉、毫无热情的人来领导企业，那么，这个企业的前景就十分堪忧。

(2)企业管理知识要求

企业管理者的工作对象就是企业，工作行为就是管理，所以，作为一名合格的企业管理者，必须具有扎实的企业管理的基础知识。企业管理是一门综合性的学问，是一门实践性很强的学问，企业管理者必须不断钻研以及了解企业管理知识，为实践打好基础。

①计划、组织、协调、控制等基础管理知识。企业管理者的主要活动就是管理。企业管理就是指通过计划、组织、协调、控制、激励和领导等方式来协调企业的人力、物力、财力资源，以期达成企业预期目标。管理的基本职能就是计划、组织、协调、控制、激励、领导等。所以，企业管理者必须对这些知识有深刻的认识。

②市场营销、采购、研究开发、服务、生产、产品质量、财务、人力资源、信息化建设等业务管理知识。企业管理是一个系统性的工作，从市场营销到产品服务，从物资管理到人力资源管理，企业管理活动是由不同的环节和不同的职能来支撑的。企业管理者必须对各环节、各职能的运行规律、特点、规范、要点进行认真研究和理解。当然，由于企业内部管理者分工不同，除负责全面工作的管理者必须对以上所有环节和职能的内容充分理解外，作为企业的其他管理者，重点应放在自己所负责、所分管的业务方面，进行学习和钻研。

③产业和行业知识。相对于国民经济整体的层次来看，企业是国民经济的微观组织。企业是国民经济各产业、各行业的一员。企业管理者必须清醒地认识到本企业在相应的产业和行业的地位、作用、分工、特点，也只有这样，企业管理者才会正确地对企业进行规划。所以，企业管理者应对产业和行业知识进行研究和学习，时刻把握产业和行业的发展和变化。

④其他相关学科的知识。企业管理是一门综合性的学科，涉及政治学、经济学、心理学、人类学、历史学、生理学、伦理学、数学、统计学、运筹学、系统学、会计学、法学等知识。所以，除了前面所述的管理知识、业务知识、行业和产业知识外，企业管理者也应对相关的学科知识进行了解。特别是在知识日新月异的今天，企业管理者更应高度重视这方面的学习。

【小案例】

美国大器晚成的女企业家玫琳凯·阿什特别重视管理者自身的素质。她认为领导的素质就是众人的素质，称职的经理必须有很高的业务素质并以身作则。例如，所有美容顾问都必须对自己的客户了如指掌。一个销售主任除非自己是商品专家，否则是不可能说服其美容顾问成为商品专家的。她说，无法想象一个不熟知商品知识的销售主任怎样开好销售会议，这样的销售主任只能在会上要求众人“照我说的，而不是照我做的那样去做”，“我相信，我们公司的情况也与其他公司一样，一个称职的经理是任何人也代替不了的”。

1.3.2　管理者的技能

1. 管理者的基本技能

管理者的职责是变化的和复杂的，管理者需要特定的技能来履行他的职责和活动。那么，管理者需要哪些类型的技能呢？根据罗伯特·卡茨的研究，他发现管理者需要三种基本的技能，即技术技能、人际技能和概念技能。图 1—3 表示了这些技能与管理层次之间的关系。

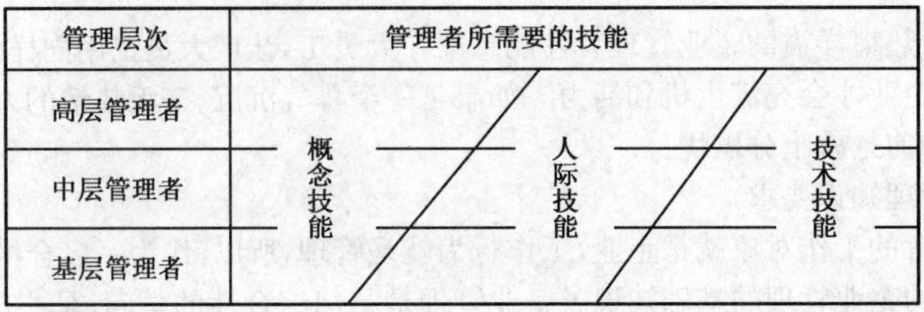

图 1—3 管理层次与管理技能的关系

(1)技术技能

技术技能是指熟悉和精通某种特定专业领域的知识，诸如工程、计算机科学、财务、会计或者制造等。对于基层管理者来说，这些技能是重要的，因为他们要直接处理雇员所从事的工作。

(2)人际技能

人际技能也是很关键的，具有良好人际技能的管理者能够使员工做出最大的努力。他们知道如何与员工沟通，如何激励、引导和鼓舞员工的热情和信心，这些技能对于各个层次的管理者都是必备的。

(3)概念技能

概念技能是指对事物的洞察、判断、抽象和概括的能力。管理者应看到组织的全貌和整体，了解组织与外部环境是怎样互动的，了解组织内部各部分是怎样相互作用的，能预见组织在社会上所起的作用，知道自己所管理的部门在组织中的地位和作用。判断和概括问题的能力是概念技能的重要表现之一。

【小思考】

1. 为什么基层管理者需要最多的是技术技能，中层管理者需要最多的是人际技能，而高层管理者需要最多的是概念技能？

2. 从管理技能的角度看，如果你想最终成为高层管理者，应该如何一步步提高自己呢？

2. 管理者的具体技能

上述三种技能是管理者应具备的基本技能，展开来讲，它应由不同的具体技能来组成。

毫无疑问，具体技能将作为描述管理者应该做什么的一种重要方式。我们选择了纳入技能开发模块的一些材料，反映了广泛的具有代表性的管理活动，这些技能是管理者进行四种基本的管理职能的重要组成部分。

表 1—1 显示了管理技能与管理职能的关系。请注意，许多技能不仅对一种管理职能是重要的，对其他管理职能也是重要的。在后续的章节中，进一步深入学习这些管理职能的时候，会有机会去练习这些关键的技能。

表 1—1　　　　管理技能与管理职能的关系

技　能	职　能			
	计划	组织	领导	控制
获取权力		√	√	
积极倾听			√	√
评估差异		√	√	√
预算	√			√
选择有效的领导方式			√	
教练			√	
创建有效的团队		√	√	
授权		√	√	
设计富有挑战性的工作		√	√	
获得信任			√	
执行纪律		√	√	√
沟通	√	√	√	√
减少变革的阻力		√	√	√
管理时间	√	√	√	√
指导			√	
谈判			√	
提供反馈	√		√	√
解读组织文化		√	√	
主持高效的会议	√	√	√	√
审视环境	√			√
设立目标	√			√
创造性地解决问题	√	√	√	√

1.4　做个优秀的中层管理者

中层管理者既是执行者又是领导者，其作用发挥得好，则是高层联系基层的一座桥梁；发挥得不好，则是横在高层与基层之间的一堵墙。决策层对各种方案的推行，需要得到中层的严格执行和有效实施。如果中层队伍的执行力很弱，与决策方案无法相匹配，那么各种方案是难以成功实施的。他们的角色缺失表现在“信息梗阻”：“上边想，下边望，中间有个顶梁杠”，组织信息像河水断流。角色缺失还表现在从“充电器”变成“耗电器”，中层不但不能鼓励和保持团队士气，自己还经常有畏难情绪，甚至与员工一起发牢骚、抱怨，不能在达成绩效的关键阶段发挥主导作用。由此，中层管理者的重要性可见一斑。

1.4.1 中层要闯过三大难关

在职场里面，中层干部需要闯过三道难关，即上司关、同僚关、下属关。每一道关卡都是一道坎，作为一个中层干部，哪一道坎迈不过去，都可能对自己职业生涯造成制约。如果有两道坎迈不过去，对职业经理人来说，就意味着根本不胜任。

1. 上司关

第一关卡就是上司关，如何得到领导的赏识，得到领导的认可，这是职业经理人要仔细研究、正确对待的一个问题。

(1)不要抱怨自己怀才不遇

在工作中，一些管理人员总是流露出一些这样的情绪：在单位，论学历他是本科、硕士或博士，论能力大家有目共睹，论资格大家都知道，论贡献大家也看得见，但是老板却有眼不识金镶玉，某些重要的事情就不让他做，某些重要的机会就不让他去。这样，他们就觉得自己怀才不遇，感觉自己才高八斗，但是生不逢时。其实，这不能一味地怪老板，也要想一想自身是否存在问题。

【小案例】

刘备三顾茅庐请诸葛亮出山，诸葛亮在刘备的充分信任下，施展自己的才华，最终成就一番事业。刘备礼贤下士、求贤若渴。每个人都遇到刘备这样的“老板”该多好，纵然我们的老板不是刘备，问题是我们自己也不是诸葛亮呀！刘备第一次去见诸葛亮，诸葛亮说不见；第二次去见诸葛亮，诸葛亮还是不见；第三次再去，终于可以见了，但是诸葛亮懒洋洋地还在睡午觉。刘备就在那儿等，等了很长时间，等得张飞不耐烦了，但是刘备说还是要等，到最后终于见了。

其实，如果在这之前，诸葛亮没有把自己的品牌做得足够大，没有把自己才干向他的朋友、向他的同学、向他的老乡、向他的老师进行传播，他的才干、他的名声不是足够大的话，刘备可能去三顾茅庐吗？绝对不会。回过头来想一想，这件事情好像是诸葛亮有意设了这么一个局，然后刘备这个人不知不觉地钻到这个局里面来。

假如你有诸葛亮那样的才华，现在的老板不赏识你，那么你自己是不是可以设一个局，想出一些办法，让老板发现你的才干，让老板赏识你、信任你，然后给你机会、给你平台呢？

因此，不要怨天尤人，不要怪老板，而应该自我反省，琢磨一下自己，该发挥的时候有没有发挥，该表现的时候有没有表现，是不是表现得淋漓尽致，让老板相信你能够做事情，而且非常愿意把事情做好。这个问题对于每个职业经理人来说都是非常重要的现实。

(2)想办法展现自己的才华

也许有的人会说：我这个人靠本事吃饭，不喜欢溜须拍马，不喜欢去奉承，不喜欢去讲好话。那是另外一回事，现在主要谈的话题是如何得到领导的认可，你在领导面前不表现自己的才干，领导怎么可能认可你？所以，第一个难关就是领导认可，你要想办法展现自己的才干，让领导相信你愿意做事情，而且能够把事情做好。

在中国历史上，有很多中层干部和老板的关系处得非常好，比如诸葛亮跟他的“老板”关系处得不错；和珅和他的“老板”也关系处得非常好，乾隆皇帝对和珅非常赏识，给他当首席军机大臣、侍卫大臣、文华殿大学士，还把自己的第十个女儿嫁给了和珅的儿子。和珅跟“领导”之间不仅仅是上下级之间的关系，而且还是儿女亲家的关系。这充分说明，和珅是得到“领导”赏识的，而且皇帝对他很信任。虽然和珅是一个贪官，但是他对“领导”很“忠诚”，这在管理方面，也是值得研究的一个话题。

2. 同僚关

中层的第二个难关就是同僚的支持，大家都是中层干部，你是生产部经理，他是销售部经理，这个人是办公室主任，那个人是财务处的处长，谁也不比谁大，谁也不比谁小。你可以不听我的，我也可以不听你的，因为大家是平行的，没有强制关系，所以就会出现三个“不”——不买账、不服气、不示弱。你有你的一块自留地，我有我的一亩三分田，你管你的销售，我做我的生产，互相不买账，这也是通病。

(1)企业发展需要中层合作

一个单位里，如果大家都互相不买账，这个企业就搞不好。一个企业要发展，决定了所有的中层干部之间必须要合作。如果生产部不与销售部合作，销售部辛辛苦苦拿到订单回来，生产部因为对销售部有意见，不愿意把产品拿出来，这个企业还有利润吗？人力资源部与其他部门不合作，人力资源部找来一个老师给大家做培训，结果其他部门的人都不来，这个企业的培训效果会好吗？这个企业能和谐吗？企业要发展决定了所有的中层干部之间必须要有合作。

(2)中层之间的竞争关系

其实，所有的中层干部之间也不仅仅是合作关系，还有利益关系、竞争关系。比如，到年底要发奖金了，奖金的总额就这么多，张部长拿多了，李部长就要少拿一点；王部长拿多了，赵部长就要少拿一点。凭什么你拿得多，我拿得少？竞争关系就出来了。或者在所有的中层干部之间，企业要提拔一个副总，提拔了张三就不能提拔李四，提拔了王五就不能提拔赵六，凭什么你上去做副总，我上不去，竞争关系非常残酷。

(3)要赢得同僚支持

有人常说：一个中层干部如果做不好，老板会把他“干掉”，如果一个中层干部做得太好，其他的中层干部可能会联合起来把他“干掉”。因为他太好了，就妨碍了大家，于是大家就形成一个集团，把他视为“公敌”。

企业里有的人确实跟老板关系处得不错，自己能力也强，但是不注意与其他同僚保持和谐的协作关系，同事关系很糟糕，闹到最后“不共戴天”。在这样的情况下，老板就必须要做出一个抉择。那边是一个团队，是一伙人，而你是一个人，在这样的情况下，不出意外，老板所做出的抉择肯定是让你离开，而你离开的时候你还想不通，该离开的是别人，不应该是自己。到另外一家单位去上班，继续重复上演昨天的故事，到最后老了可能还想不明白自己究竟错在哪里。因此，同僚支持也是一个很现实的问题，必须要解决。

3. 下属关

如何得到下级的拥戴、下级的尊敬，也是中层需要面对的一个极为重要的问题。

(1)不断更新管理理念

管理要与时俱进，过去做干部多容易，做干部就是管人，管人就意味着有权，有权就好使，有权就可以下命令，安排工作、检查事情，遇到不顺眼的拍桌子、发脾气、训人，当官谁都会。过去有一句话说：在学校里，如果你不会教语文、不会教数学，那你只能当校长了，当官还不会，那你太傻了。

但是现在的企业里面，已经不像过去那个年代，现在要与时俱进。现在的年轻人尤其是“80后”、“90后”，他们在学校里面，读的都是西方的一些管理思想，追求自我价值的实现、个性化。这些人往往有自己的价值观、有自己的脾气、有自己的个性。到单位来了，在你的手下干活，你看他不顺眼就批评他，你认为理所当然，没有什么太大的问题，但是他受不了，你批评他两句，他心里马上就有感觉——此处不留爷，自有留爷处，他抬腿就走人。有点本事、有点脾气、有点个性的人，就被你这三言两语搞得一个个跑光了，留下来的都是些没有脾气、没有本事、没有个性的人。这样，这个部门的活，谁去干？企业怎么能走得更远？

(2)管理手段要以人为本

管理的方式要与时俱进，不能像过去那样管了，要讲究手段的优化，要研究以人为本。

从员工个体上来讲，要以人为本，尽可能要让他感到舒服，然后做事情可能就更愉快，做出来的结果可能会更好一点。作为管理者，也要研究以人为本，一方面要制度管理，另一方面要绩效管理、目标管理、数字化管理，同时，也要以人为本，把对方看作一个立体的人，然后为了实现具体目标，可以使用尽可能让他舒服的一些手段、一些方式，让他能够接受你的想法，然后把事情做好，这就是以人为本。

1.4.2 中层要避免两大"罪过"

中层干部在企业的实际操作过程中，通常会有两大"罪过"：第一个"罪过"就是群众领袖、员工代言；第二个"罪过"是"一方诸侯"、"小国之君"。

1. 群众领袖、员工代言

(1)士为知己者死

有的人做了中层干部以后，手下有一些人对他很尊敬、对他很拥戴，一有什么风吹草动，都来向他汇报，一有什么事情都来向他请示，时时刻刻表忠心。中层干部就找到了一种成就感，觉得手下弟兄对自己好，士为知己者死。既然弟兄们对我如此的好，我当然要对得起弟兄们。

(2)员工的代言人

弟兄们跑过来讲："王主任，我们一个星期工作 5 天，是不是太辛苦了，能不能一个星期工作 4 天。""OK，既然弟兄们有这件想法，我当然要考虑考虑这件事情，给我一段时间，我来跟老板谈，谈出来的结果是一回事，但是弟兄们的想法我一定会考虑的。"这个时候，他就成为群众领袖、员工代言。

手下的弟兄们又跑过来说："王主任，我们长年累月地在这个地方干活，是不是太郁闷了，能不能春天到'新马泰'、秋天到欧洲逛一下、夏天到海南岛去游泳、冬天到哈尔滨去滑雪。""OK，弟兄们有想法，我一定努力为你们实现，大家都那么有感情了，那么熟悉了，我不给你们帮忙为谁帮忙，你们是我的弟兄，这件事情无论如何我要去跟老板谈，哪怕被老板骂。我一定要谈，弟兄们记住，我是为弟兄们去谈的，不是为我自己。"在这个时刻，你也就成为群众领袖、员工代言，成为你的弟兄们的代言人。

(3)对谁负责

群众领袖是大家选举出来的，名义代表是大家推举出来的，而企业的中层干部归根到底是总经理任命的。所以你坐在那个位置上要搞清楚，虽然手下有一些弟兄向你汇报工作，但是你不能对弟兄们负责，相反，你要对董事长、总经理负责。中层干部的出现是因为高层领导没有时间、没有精力或者自己不适合从事某些工作，然后委托他来管理这个部门的，既然是委托，被委托人就要对委托人负责，所以生产部长、销售部经理、办公室主任要对总经理负责，而不只是对下属负责。

2."一方诸侯"、"小国之君"

(1)没有谁不可替代

有的中层干部确实对企业的贡献很大，原来可能没有这个部门，自己来了以后扯起一杆大旗，终于把这个部门开张了，部门里面的员工都是自己手把手教会的，部门的流程是自己制定的，部门里面所有的操作手段都是自己确定的。部门逐步做大后，自己就有一种成就感、自豪感，感觉到自己太厉害，感觉到自己不可替代。

(2)狡兔死，走狗烹

在一个企业里面，当一个中层干部感觉到自己很重要，感觉到自己很厉害，感觉到自己不可替代的时候，往往就到了自己被“干掉”的时刻。历史上太多这样的教训，当一个人觉得过去有功劳，功劳太大，这就成了一柄“双刃剑”。它会产生两个结果，功劳太大的人，有的人是功成身退，而有的人因为功劳太大，到最后下场就非常凄惨，“过河拆桥”、“卸磨杀驴”、“兔死狗烹”、“飞鸟尽、良弓藏”，都是讲“老板”忘恩负义。之所以发生“过河拆桥”、“卸磨杀驴”、“兔死狗烹”等这样的悲剧，不要一味地怪老板，自己也要想一想，有的人凭着自己的巨大贡献，就自以为是，不知道自己是谁。在这种情况下，老板就会痛下“杀”手把你开掉。

(3)不要居功自傲

作为职业经理人一定要明白，功劳再大，千万不能成为“一方诸侯”，也不能成为“小国之君”，你那个“一亩三分地”不是你的自留地，不能想种黄瓜就种黄瓜、想种韭菜就种韭菜；你那个“一亩三分地”只不过领导委托你去耕种的，哪一天老板不乐意了，他就委托其他人来种，你就得让位。

1.4.3　中层要丢掉一大软肋

软肋就是一个人身上最虚弱的那一个部位，往往这个最虚弱的部位遭受攻击以后，可能立即就会丧命。

1. 推卸责任

中层干部也有一个软肋，就是推卸责任，或者说找借口推卸责任。在企业的组织结构中，高层领导、中层干部和基层员工三个层级，最容易推卸责任或者更有机会推卸责任的往往是中层领导干部。

高层领导(董事长、总经理)没有那么多的借口可以推卸责任。他是公司的总经理、老大，企业做得不好，不能说因为金融危机，所以企业就经营不下去了，那为什么其他人还活着呢？能说明什么问题？因为下面的中层干部不听话，总经理经营不下去了？那中层干部不听话是谁的责任呢？还是老大的责任！所以，企业经营得不好，千错万错都是高层领导的错，高层领导没有办法把责任推给其他人。一家企业经营得不好，中层干部可以跳槽，老板只能自己承担，没有其他选择，找不到机会去推卸责任。

基层员工推卸责任的机会也不多，因为基层员工做的事情相对比较单一，就那么一个规定动作，各方面的条件、各方面的因素，相对来说比较苛刻，想找推卸责任的机会不是很多。而中层干部就不同了，上面有领导，下面有员工，旁边还有同僚，企业外部可能还有供应商、客户，所以推卸责任的机会就非常多。

2. 推卸责任的机会

企业的中层干部推卸责任的机会包括：

(1)平行推卸责任

平行推卸责任就是往同僚身上推。

【小案例】

总经理召集所有的中层干部在一起开会，总经理说："财务部经理，你给我一个理由，为什么财务部这个月的工作又没有达标？"

财务部经理就站起来说："总经理，向您汇报一下，我们财务部这个月确实没有达标，是因为我们的财务数据丢失了，我们的财务软件没有升级。两个星期之前，我跟公司IT部门赵经理讲了，叫他派两个电脑工程师来，把财务软件升级，而两个星期过去了，IT部门一个人都没来，眼睁睁看着财务数据丢失，所以我们的工作没有达标。"

IT部经理听完了这话以后，肯定有话要讲："总经理，我向您汇报一下咱们IT部门的事情，IT部门总共有5个人，这个月完成了8件大事，5个人完成8件大事，比登天还难，但是我们终于这个月把天登下来了。刚才财务部经理说我们IT部没有派两个电脑工程师帮他电脑软件升级，刚才也向您汇报了，我们IT部门总共就这5个人，这个月完成了8件大事，我怎么可能再有人帮财务部经理把他电脑软件升级？而关于人手不够的情况，我早在一个月之前就跟人力资源部经理讲了，叫他一定要帮我招三个电脑工程师进来，而一个月过去了，一个人都没到岗，你说我这个IT部门工作还怎么干？"

这时候，人力资源部经理肯定也有话要讲："总经理，我们人力资源部总共只有6个人，这个月完成了60件大事，6个人完成60件大事，不亚于打赢第二次世界大战，但是我们终于打赢了，刚才IT部经理说我没有帮他招到人，说话要凭良心，IT部经理，我这个月帮你招了20个人进来，你一个都看不上，这能怪我吗？"

什么叫扯皮？这就是扯皮。在一个单位里面，总经理本来是高举大棒，想寻求责任的，看到最后谁是罪魁祸首，但是到最后也没找着，只能把大棒狠狠地往自己头上敲两下，自认倒霉。在很多企业里，经常在上演这样的故事，互相推诿。

【小案例】

有个单位的总经理在外面出差，突然听到一个很重要的客户打电话来说："赵总，你这个公司还能不能干，本来合同签的是10日要交货，今天都15日了，你们公司的货还没交，你这个公司真的很糟糕。"总经理听到客户这样指名道姓地骂很窝火，但是也没办法，因为他是客户。

总经理窝着一肚子的火回到公司，把所有的部门经理召集在一起。"生产部经理，怎么回事？合同订得非常清楚，10日要交货，今天都15日了，你为什么还没有把货给人家？"

生产部经理一听，表现得非常淡定从容："总经理，不是我们生产部的问题，而是那个采购部太烂了，采购部买原料就拖了10天，我们紧赶慢赶，赶到今天已经不错了。"

总经理一听很生气："采购部经理，怎么回事，怎么采购原料会拖10天？"

采购部经理一听，同样是很淡定从容："总经理，不是我们采购部太烂，而是财务部太差，你想跟人家买原料要给钱，合同早就订了，人家都想发货了，结果我们的财务部迟迟不给人家打款，拖了20天才给人家钱，你说人家会把原料发过来吗？"

总经理一听更生气："财务部，怎么回事？"

财务部经理一听，同样是淡定从容："总经理，不是我们财务部太差，账上没钱，销售部东西都卖出去半年了，货款还没有收回来。"

总经理一听："销售部，怎么回事，怎么可以这样呢？"

> 销售部一听："总经理，这件事情你最清楚，答应给人家10日交货的，15日都没有给人家，能怪人家不给钱吗？"

问题从终点又回到了起点，这就叫推卸。在企业里面中层干部平行推卸责任的机会太多了，因为在企业里面，没有一个独立的部门，它不可能跟其他部门没有关系而独立来操作一件事情的，肯定是与其他部门有关联的，只要与其他部门有关联，就会产生推卸责任的机会，这叫平行推卸责任。

(2)向下推卸责任

部门里面出了问题，总经理把部门经理找过来："王经理，怎么回事，你的部门这件事情又没有做好。""总经理，你看看我手下那帮人，上班迟到，下班早退，素质极差，水平极低，这帮人怎么可能把事情做好。"总经理一听明白了，你的部门事情没做好，不是你的错，而是你手下那帮人的错，这在很多年轻的中层干部身上，表现得可能多一点。

问题是，你作为部门的领导、部门的负责人，现在你这个部门的事情没做好，老板问你了，你说是手下那些人差，那么，你这个中层干部是干嘛的？中层干部的出现是因为高层领导没有时间、没有精力，或者自己不适合从事某个工作，然后委托你去管理那些人的，你下面的人事情没做好，你太有责任了，管教无方、引导不利，计划性做得不够、前瞻性缺乏，这都是你的责任，你怎么可以在领导面前抱怨手下那些人太糟糕呢？

向下推卸责任也是不可以的，你的部门出现状况，老板把你骂得狗血喷头，你仍然在那儿听，而且态度很好："总经理，这是我的错，这是我的责任。"被骂完了以后，回到自己的办公室，把下面闯祸的人叫过来，再把他骂个狗血喷头，他也只能在那儿很老实地听完，然后回到自己更小的办公室，把职位更低的负责人叫过来，再骂个狗血喷头，一层一级骂下去，这就对了。企业就是这样一种方式，而绝对不可以讲："总经理，你也不要骂我了，我把这个人抓过来，你自己骂他就可以了。"企业不是这样的做法。

(3)向上推卸责任

这个有一点胆大包天。总经理问："王经理，这件事情为什么没做好？""总经理，我早就跟你讲过，这件事情要这样做，你偏偏不听，不听老人言，吃亏在眼前，看你以后还听不听。"高层领导在组织外部资源的时候，或者在制定某些方针策略、具体手段的时候，可能会有出入，但是千万不可以把领导的过错或领导的某些失误，当作自己事情做得不好的唯一的借口。领导也是人，如果你同领导讲"不听老人言，吃亏在眼前"，无异于自掘坟墓，也许他眼前可能拿你没什么办法，但是秋后算账恐怕还是有的。

(4)向外推卸责任

有的人一不小心就会得罪人，有一些人很聪明，与其在系统内得罪人，不如到系统外去，找人来做替罪羊、推卸责任，这称为向外推卸责任。比如，金融危机来了，他就说："你看看这次金融危机，导致我们事情做不成。"给老板感觉我们这个部门事情做得不好，是因为金融危机给闹的，我们大家很努力、很尽心，所以我们的奖金和工资还是要一分不少地拿；因为我们努力了，是金融危机导致这件事情没做成。

还有的人做事情做得不好，把责任归于老天，这也叫向外推卸责任。叫他到新加坡去做市场调研，结果在新加坡花光了300万元的人民币，三个月啥事也没干成。回来后，总经理问："赵经理，你在新加坡干了三个月，花掉我300万元人民币，给我一个理由，让我有理由相信这个300万花得值。"赵经理就讲："老大，新加坡那个地方，你去过没有，弹丸之地，山不青、水不秀、鸟不语、花不香，什么在那儿都卖不出去，什么事情在新加坡都干不成，所以尽管我们在那边花掉了300万元人民币，但是我感觉非常值，得出一个结论，就是新加坡不能去。”这叫归罪于外，向外推卸责任。

以上这些都是在企业里面中层干部推卸责任的几种方式。现在讲究执行力，执行力有一个概念称为没有任何借口。既然没有任何借口，那么我们就不要推卸责任，如果都要把所有的事情总结为做得好与不好，那么从两个角度去思考：第一个角度是客观原因，第二个角度是主观原因。客观原因如天气太冷、太热，金融危机，市场变化……这些都是客观原因。主观原因如中层干部事情做得不好等，千万不能因为客观原因的存在，而拒绝承担主观责任。

1.4.4 中层不同发展阶段的定位

在企业发展的不同阶段，或者说部门在发展的不同阶段，中层干部都会遇到的三个阶段的不同定位。

1. 劳工领袖

也就是说，虽然你是一个管理者，但是你和员工所做的事情几乎是没有区别的，所以你只是劳工领袖。用过去的话来讲就叫工头，工头跟员工、工人是同吃同住同劳动。他是工头，但是他干的活跟大家都差不多，就像一些企业在刚刚创业的时候，老板和员工一起挤火车，一起吃方便面，一起大碗吃肉、大碗喝酒，一起加班到凌晨两点钟。在企业很小的时候，这个老板就是一个工头，就是一个劳工领袖，跟大家做的事情没有太大的差别。

2. 组织领袖

随着企业的发展或部门的发展，到了第二个阶段会出现组织领袖。在这个阶段，你虽然是管理者，但是你做的事情跟普通员工做的事情已经有所区别。员工在那儿打扫卫生，你可以不打扫卫生，为什么？打扫卫生的事情大家都会做，你作为领导就没有必要再去打扫卫生。组织领袖就是这个职业的管理者，他的主要工作内容实际上是八个字——计划、组织、控制、协调，是指挥下面的人干活，而不再要自己亲自带着大家干。带着大家干，那仅仅是一种管理方式，还有很多其他方式的，比如制订计划，然后交给他们去做；在他们做的过程当中，你去协调控制。这就是第二个阶段。

3. 精神领袖

第三个阶段是精神领袖。这个阶段部门经理已经不再具体从事一些事务性的工作，仅仅出思想，作为形象存在，这叫精神领袖。目前，在中国内地企业家里面，有几位精神领袖是大家公认的：柳传志、张瑞敏、王石。这些人都是精神领袖。柳传志可能不再为一个产品的销售去出方案，张瑞敏可能不再为一个洗衣机的外形设计绞尽脑汁，王石可能不再去看一块地。这些人就是出思想，具体由他们的操作层去管理。

精神领袖对于职业经理人来讲可望而不可及，是最理想、最终极的一个目标。一般在企业中，精神领袖是不经常出现的，只能通过他的言语、通过他的谈话、通过他的书面资料去感受他的气息。

【小案例】

总经理召集大家开会，大家都在谈企业如何如何搞好，忽然门口有个人进来，是公司的董事长，公司的精神领袖。董事长常年居住在国外，很少回到国内，很少有机会看到他，这时候总经理赶快把会议停下来，让大家用掌声欢迎董事长给大家讲话。董事长上来，面带笑容地说:“各位,有半年时间没有看到大家了,非常想念大家,这次在外国学到了不少新鲜的东西,兔子跟乌龟赛跑,为什么兔子输了,乌龟赢了?”然后10分钟把龟兔赛跑讲完,讲完之后说:“我先走了,我还有事情。”然后,他就走掉了,所有的人就停留在会场,都在想兔子为什么输掉,乌龟为什么赢,这则故事多么的意味深长、多么的言简意赅,一个小小的故事说明了多少大道理?

像这样的故事,只有精神领袖才能讲出来,一般人讲出来也不像。精神领袖灌输的这些精神上的东西,是务虚而不务实的。

作为职业经理人,作为中层干部,不要去指望立即成为精神领袖,更多的是务实,也就是做组织领袖,思考怎么能够把团队里面现有的人员组织好、协调好,然后制订一个周密的计划,通过一个很严格的考核,让大家做事情非常愉快,而且做得非常有结果,真正把这个部门做得有模有样、有绩效。

【案例分析】

升任公司总裁后的思考

郭宁最近被所在的生产机电产品的公司聘为总裁。在准备接任该职位的前一天晚上,他浮想联翩,回忆起他在该公司工作20多年的情况。

他在大学时学的是工业管理,大学毕业后就到该公司工作,最初担任液压装配单位的助理监督。他当时感到真不知道该如何工作,因为他对液压装配所知甚少,在管理工作上也没有实际经验,他感到几乎每天都手忙脚乱。可是,他非常认真好学,一方面仔细查阅该单位所订的工作手册,努力学习有关的技术知识;另一方面监督长也对他主动指点,使他渐渐摆脱了困境,胜任了工作。经过半年多时间的努力,他已有能力独担液压装配的监督长工作。可是,当时公司没有提升他为监督长,而是直接提升他为装配部经理,负责包括液压装配在内的四个装配单位的领导工作。

在当助理监督时,他主要关心的是每日的作业管理,技术性很强。而当担任装配部经理时,他发现自己不能只关心当天的装配工作状况,还得做出此后数周乃至数月的规划,还要完成许多报告和参加许多会议。他没有多少时间去从事他过去喜欢的技术工作。当上装配部经理不久,他就发现原有的装配工作手册已基本过时,因为公司已安装了许多新的设备,引入了一些新的技术。这令他花了整整一年时间去修订工作手册,使之切合实际。在修订手册过程中,他发现要让装配工作与整个公司的生产作业协调起来是需要有很多讲究的。他还主动到其他工厂去参观,学到了许多新的工作方法,他也把这些吸收到修订的工作手册中去。由于该公司的生产工艺频繁发生变化,工作手册也不得不经常修订,郭宁对此都完成得很出色。他工作了几年后,不但自己学会了这些工作,而且还学会如何把这些工作交给助手去做,教他们如何做好。这样,他可以腾出更多时间用于规划工作和帮助他的下属工作得更好,可以花更多的时间去参加会议、批阅报告和完成自己向上级的工作汇报。

在他担任装配部经理6年之后,正好该公司负责规划工作的副总裁辞职应聘于其他公司,郭宁便主动申请担任这一职务。在与另外5名竞争者较量之后,郭宁被正式提升为负责规划工作的副总裁。他自信拥有担任这一新职位的能力,但由于此高级职务工作的复杂性,使他在刚接任时碰到了不少麻烦。例如,他感到很难预测1年之后的产品需求情况。可是一个新工厂的开工,乃至一个新产品的投入生产,一般都需要在数年前做出准备。而且,在新的岗位上,他还要不断处理市场营销、财务、人事、生产等部门之间的协调,这些他过去都不熟悉。他在新岗位上越来越感到:越是职位上升,越难于仅仅按标准的工作程序去进行工作。但是,他还是渐渐适应了,做出了成绩,以后又被提升为负责生产工作的副总裁,而这一职位通常是由该公司资历最深的、辈分最高的副总裁担任的。到了现在,郭宁又被提升为总裁。他知道,一个人当上公司最高主管职位之时,他应该自信自己有处理可能出现的任何情况的才能,但他也明白自己尚未达到这样的水平。因此,他不禁想到自己明天就要上任了,今后数月的情况会是怎么样?他不免为此而担忧!

【思考题】

1. 郭宁担任助理监督、装配部经理、规划工作副总裁和总裁这四个职务,其管理职责各有何不同?能概括其变化的趋势吗?请结合基层、中层、高层管理者的职能进行分析。

2. 你认为郭宁要成功地胜任公司总裁的工作,哪些管理技能是最重要的?你觉得他具有这些技能吗?试加以分析。

3. 如果你是郭宁,你认为当上公司总裁后,自己应该补上哪些欠缺才能使公司取得更好的绩效?

【管理链接】

优秀的管理者

管理者角色理论实际上是对管理职能划分的一种补充,给管理者以新的启示。

怎样成为一个成功的管理者呢?一个成功的管理者应该是什么样的呢?我们试图来解答这些问题。

有的管理学家曾经考察过管理者究竟在做什么的问题,他们的结论是:在工作中最有成绩的管理者,并非就是在组织中提升最快的人。但不能否认的是,个人的业绩与其在组织中的地位和被重用的程度是正相关的。

有一句格言说:“好的管理者能变草成金,差者则相反。”一个组织管理者的素质,决定了这一组织本身的素质。好的管理者,往往能预测环境变化、发掘机会、改善不良绩效,并领导他的组织实现目标。

例如,曾任美国三大汽车公司之一的克莱斯勒汽车公司的董事会主席李·艾柯卡,因为他在20世纪80年代中期使克莱斯勒公司业绩卓著而成为美国公司管理的英雄。当艾柯卡在20世纪70年代末接管克莱斯勒公司时,该公司已濒临倒闭,到了1980年,公司亏损17亿美元之巨。艾柯卡上任后,削减费用,引进新产品。到1984年,该公司扭亏为盈,净利润达到24亿美元,艾柯卡也因此获得了极高的声望。

想成为一名优秀的管理者,首先要在全面履行自己职责的基础上树立现代经营管理的理念。

管理工作就是通过他人把事情做成。作为主管者,你必须要履行的职责有下面几点:

(1)你必须制订工作计划和确定目标——这是计划职责。

(2)你必须组织人力和物力以实现组织目标——这是组织职责。

(3)你必须保证由能胜任的人员承担工作——这是用人职责。

(4)你必须指导你的下属去工作——这是指导职责。

(5)你必须控制你的下属的活动——这是控制职责。

还有,国外曾做过这样的研究,他们调查了450名管理者,发现这些管理者都从事相同的四种活动:传统管理(决策、计划和控制)、沟通(交流例行信息和处理文书工作)、人力资源管理

(激励、惩戒、调解冲突、人员配备和培训)、网络联系(社交活动、政治活动和与外界交往)。

但一般管理者与有效管理者却在所从事的这四项工作的时间上有明显不同。一般管理者,常花费 30%的时间从事传统管理活动;30%的时间从事沟通活动,20%的时间从事人力资源活动,20%的时间从事网络活动。有效的管理者却分别用 20%的时间从事传统管理活动,10%的时间从事网络活动,25%的时间从事人力资源活动,而花费 45%的时间从事沟通活动。

可见,有效的管理者在沟通上花费的时间最多,对组织的相对贡献最大。这说明,现代管理者不应是事务主义者和一味只想晋升,应该以工作业绩以及下级对其满意和成功的程度为标志,扮演好人际关系协调者的角色。

本章小结

管理者是企业的中坚力量,他们的素质好与差、能力高与低,直接影响企业的生产经营和发展,因此管理者的角色定位非常重要。在学习中,应调整好看问题的视角,即从管理者的角度看待企业问题,重点把握管理者的角色和理念,在实践中培养自己的管理者素质和技能,并努力成为一名优秀的中层管理者。

【测试题】

1. 有人说,管理者最基本的职责就是关注员工的工作绩效,以达到希望的产出。你怎么解释这个观点?你是否同意这个观点?说明你的理由。

2. 管理者所需要的素质和技能有哪些?列出自己所具备的管理者素质和技能及差距。

3. 一名优秀的中层管理者应该具备哪些特质?怎样才能成为一名成功的中层管理者?

4. 为什么职位候选人的技能对雇主来说变得越来越重要?它对管理者和你个人意味着什么?

第2章

管理思想与管理理念

管理思想和理论发展成为比较完整的学科体系，经历了一个漫长的过程，出现了许多思想学派，对人类社会的进步和经济的发展起到了巨大的作用。我们在惊叹人类智慧的同时，也由衷地感谢那些为管理科学的发展做出杰出贡献的管理工作者和学者。因此，学习了解管理思想和理论的形成发展过程，是我们掌握与应用先进管理思想理论，并不断进行创新的基础。在本章中，我们主要学习科学管理理论、行为科学理论和现代管理理论，管理中人性的假设以及最新的管理理念。

学习目标

1. 掌握科学管理理论的基本内容；
2. 掌握行为科学理论的主要观点；
3. 了解现代管理理论和最新的管理理念；
4. 掌握各种管理理论在现实中的应用；
5. 掌握人性假设理论在企业中的应用。

案例导入

联合包裹运送服务公司(UPS)雇用了15万名员工，平均每天将900万只包裹发送到美国各地和180多个国家和地区。为了实现他们的宗旨——在邮运业中办理最佳运送，UPS管理当局系统培训他们的员工，使他们以尽可能高的效率工作。让我们以送货司机的工作为例，介绍一下他们的管理运作。

UPS工程师们对每一位司机的行使路线都进行了时间研究，并对取货、暂停和送货时间都设立了标准。这些工程师们记录了红灯、通行、按门铃、穿过院子、上楼梯、中间休息、喝咖啡的时间，甚至上厕所的时间，将这些数据输入计算机中，从而给出每一位司机每一天中的详细时间标准。

为了完成每天取送130件包裹的目标，司机们必须严格遵循工程师设定的程序。当他们接近发送站时，他们松开安全带、按喇叭、关发动机、拉起手刹、把变速器推到空档上，为送货完毕的启动做好准备。这一系列动作完成后，司机从驾驶室出来，右臂夹着文件夹，左手拿着包裹，右手拿着车钥匙，看一眼包裹上的地址把它记在脑子里，然后以每秒约1米的速度快步走到门前，先敲一下门以免浪费时间找门铃。送货完毕后，他们在回到卡车途中完成登记工作。

这种刻板的时间表是不是看起来有点烦琐？也许是，它真能带来高效率吗？答案是肯定的。专家认为，UPS 是世界上效率最高的公司之一。UPS 为获得效率所采用的程序并不是 UPS 管理当局创造的，他们实际上运用的是科学管理成果。科学管理的兴起距今已有百年，但是，正如 UPS 所证实的，这些程序仍然有效。

【问题引出】

1. 阅读完上述案例，你认为衡量一个组织管理水平的主要标准是什么？

2. 案例将 UPS 的高效率归功于科学管理，你能通过案例的学习，简单描述一下什么是科学管理吗？

2.1　科学管理理论

早期管理思想实际上是管理理论的萌芽，管理理论比较系统地建立是在 19 世纪末 20 世纪初，所形成的理论称为“古典管理理论”或“科学管理理论”。

“科学管理”理论的创始人是美国的弗雷德里克·泰罗。他在 22 岁到米德维尔钢铁厂当学徒，由于工作努力，表现突出，陆续被提拔为工头、中层管理人员和总工程师。由于对基层的生产现场非常熟悉，他认为必须改变凭经验进行管理的方法，于是开始了管理方面的革新活动，并在 1911 年出版了《科学管理原理》一书，被后人称为“科学管理之父”。

【小案例】

科学管理之父泰罗在米德维尔钢铁厂工作的时候，对铁锹作业的工作效率产生了兴趣。当时，有 600 多名工人正用铁锹铲铁矿石和煤。泰罗想：一铁锹的重量为多少磅时工人感到最省力，并能达到最佳的工作效率呢？他决定研究一下这个问题。为此，他选出两名工人，通过改变铁锹的重量来仔细观察并记录每天的实际工作量。

结果发现，当每把铁锹的重量为 38 磅时，每天的工作量是 25 吨；34 磅时，是 30 吨。于是，他得出作业效率随着铁锹重量的减轻而越来越高的结论。但是，当铁锹的重量下降到 21～22 磅以下时，工作效率反而下降。

由此，他认为矿石重量较重应使用小锹，而煤较轻应使用大锹，当每铁锹的重量为21～22 磅时为最好。他合理地安排了 600 名工人的工作量，取得了成功。这样，费用由以前的每吨 0.072 美元降低到 0.033 美元，每年节省了 8 万美元的费用。

2.1.1　科学管理理论的主要内容

1. 提高效率

泰罗认为，要制订出有科学依据的工人的“合理的日工作量”，就必须进行工时和动作研究。方法是选择合适且技术熟练的工人，把他们的每一个动作、每一道工序所使用的时间记录下来，加上必要的休息时间和其他延误时间，就能得出完成该项工作所需要的总时间，据此定出一个工人“合理的日工作量”，这就是所谓的工作定额原理。

2. 第一流的工人

为了提高劳动生产率，必须为工作挑选“第一流的工人”。泰罗认为：“每一种类型的工人都能找到某些工作使他成为第一流的，除了那些完全能做好这些工作而不愿做的人”。在制定工作定额时，泰罗是以“第一流的工人在不损害其健康的情况下维护较长年限的速度”为标准的。这种速度不是以突出活动或持续紧张为基础的。泰罗认为，人事管理的基本原则是：使工人能力同工作相配合。管理层的责任在于为雇员找到最合适的工作，培训他成为第一流的工人，激励他尽最大的努力来工作。

3. 标准化原理

要使工人掌握标准化的操作方法，使用标准化的工具、机器和材料，并使作业环境标准化，这就是所谓的标准化原理。泰罗认为，必须用科学的方法对工人的操作方法、工具、劳动和休息时间的搭配、机器的安排和作业环境的布置等进行分析，消除各种不合理的因素，把各种最好的因素结合起来，形成一种最好的方法。

4. 计件工资报酬制度

这种计件工资制度包含三点内容：一是通过工时研究和分析，制订出一个有科学依据的定额或标准。二是采用一种称作“差别计件制”的刺激性付酬制度，即计件工资按完成定额的程度而浮动。例如，如果工人只完成定额的 80%，就按 80%的工资率付酬。三是工资支付的对象是工人而不是职位。这样做既能克服消极怠工的现象，更能调动工人的积极性，促使工人大大提高劳动生产率。

5. 精神革命

雇主和工人两方面必须认识到提高效率对双方都有利，需要进行一次“精神革命”，相互协作，为共同提高劳动生产率而努力。对雇主来说，关心的是成本的降低；而对工人来说，关心的则是工资的提高，所以泰罗认为这就是劳资双方进行“精神革命”，从事合作的基础。

6. 科学工作法

把计划职能与执行职能分开，变原来的经验工作法为科学工作法。泰罗主张明确划分计划职能与执行职能，由专门的计划部门来从事调查研究，为定额和操作方法提供科学依据；制定科学的定额和标准化的操作方法及工具；拟订计划并发布指示和命令；比较“标准”和“实际情况”，进行有效的控制等工作。至于现场工人，则从事执行的职能，即按照计划部门制定的操作方法和指示，使用规定的标准工具，从事标准的操作，不得自行改变。

7. 职能工长制

泰罗主张实行“职能管理”，即将管理工作予以细分，使每个管理者只承担一种管理职能。他设计出八个职能工长，代替原来的一个工长，其中四个在计划部门、四个在车间。每个职能工长都负责向工人发出命令。

泰罗认为这种“职能工长制”有三个优点：一是对管理者的培训花费的时间较少；二是管理者的职责明确，因而可以提高效率；三是由于作业计划已由计划部门拟订，工具与操作方法也已标准化，车间现场的职能工长只需进行指挥监督。因此，非熟练技术的工人也可以从事较复杂的工作，从而降低整个企业的生产费用。

【小知识】

你认为泰罗这种“职能工长制”可行吗？为什么？如果不可行，你认为应当如何改进呢？

后来的事实证明，一个工人同时接受几个职能工长的多头领导，容易引起混乱。所以，“职能工长制”没有得到推广。但泰罗的这种职能管理思想为以后职能部门的建立和管理的专业化提供了参考。

8. 例外原则

泰罗等人认为：规模较大的企业组织和管理必须应用例外原则，即企业的高级管理人员把例外的一般日常事务授权给下级管理人员去处理，自己只保留对例外事项的决定和监督权。这种以例外原则为依据的管理控制原理，以后发展成为管理上的分权原则和实行事业部制的管理体制。

泰罗总结了自己长期管理实践的经验，概括出一些管理原则和方法，经过系统化整理，形成了"科学管理"的理论。他在管理理论方面做了许多重要的开拓性工作，为现代管理理论奠定了基础。但泰罗研究的范围较小，内容比较窄，主要是从事现场的生产和管理工作，而对企业的其他活动，如供销、人事、财务等，则基本上没有涉足。

2.1.2　对泰罗科学管理的评价

科学管理的基本原则、实质和内容，泰罗在《科学管理原理》及《在美国国会的证词》中进行了比较系统的阐述和说明。这表明科学管理理论在泰罗的晚年越趋成熟。

泰罗认为，管理的真正目的是使劳资双方都得到最大限度的利益。科学管理是建立在劳资双方利益一致基础上的，它要求企业的每一个成员充分发挥最高效率，争取最高产量，实现最大的利益。科学管理的实质是劳资双方在思想上的一次完全的转变。科学管理要实现由低效率管理向高效率管理转变，由旧的、传统的管理方法向科学方法转变，由重视盈余的分配向重视增加更多盈余转变，以此来实现劳资双方的共同繁荣。

【小案例】

某生产机械设备的制造企业，面对利润越来越薄的不利局面，下定决心准备向丰田公司学习，进行管理变革。但在准备期间却遇到了意想不到的困难。原来，他们为了保证新的生产、管理制度的顺利推行，首先通过板报、专栏等形式向员工们进行宣传，公司将要彻头彻尾地向丰田学习，全面提高生产效率，进而提高企业的经济效益。但当他们精心准备的宣传栏公布于众后，竟然在一夜之间被工人搞得千疮百孔，所有涉及提高生产效率、提高经济效益的地方全被员工抠掉。调查下来，发现不少员工们认为，学习丰田就意味着他们劳动强度会更大，他们会更辛苦，压力也会更大，所以他们强烈抵制。想一想，这家公司的管理变革问题出在哪儿呢？

在泰罗时代，泰罗所期望的劳资双方的齐心协力的理想局面也没有出现，科学管理在实践中的效果也不是非常理想，曾受到来自各方的质疑。但是，这并不影响科学管理在管理理论中的重要地位。

1. 泰罗科学管理的贡献

泰罗在历史上第一次使管理从经验上升为科学。泰罗科学管理的最大贡献在于他所提倡的在管理中运用科学方法以及他本人的科学实践精神。泰罗科学管理的精髓是用精确的调查研究和科学知识来代替个人的判断、意见和经验。他本人曾明确说过："无论是工人还是工长，双方都必须承认，对于厂内的一切事情，要用准确的调查研究和科学知识来代替旧式的个人经验；否则，就谈不上科学管理。"

可见，泰罗所强调的是一种与传统的经验方法相区别的科学方法。就像英国管理学家厄威克所指出的："泰罗所做的工作并不是发明某种全新的东西，而是把整个 19 世纪在英、美两国产生、发展起来的东西加以综合而成的一整套思想及一个哲学体系。”

科学管理之所以重要，是因为当时它的推广极大地促进了企业生产效率的提高，甚至提高了整个社会的生活水平，因而其意义是历史性的。科学管理是管理发展史上的一次伟大革命，它的提出也标志着管理学作为一门科学而开始形成。

2. 泰罗科学管理的局限性

一方面，科学管理最明显的局限性在于认为工人是“经济人”。泰罗认为，工人之所以工作，是因为工人只追求物质利益，没有金钱和物质的诱惑，人们是不会努力工作的，大部分工人是懒惰的、无知的，没有责任心的。因此，对工人的管理方法和手段，就是制定严格的规章制度，将工人管起来。

另一方面，其局限性还在于只重视物质技术的因素，忽视人的因素及社会的因素。泰罗反对工人集体工作，理由是“工人在班组里工作时，他的工作效率要比工人作为个人干活时的效率低”。他将工人看成是机器的附属品，是提高劳动生产率的工具。因此在生产过程中，他强调严格的服从，他没有看到工人的主观能动性及心理社会因素在生产中的作用。“心理革命”的提出也是强调工人的服从，服从生产效率、服从雇主，做“一流工人”或“头等工人”。

【训练与练习】

泰罗和其他的科学管理先驱者们开发出的改进生产效率的指南，仍然被今天的组织所使用着。当管理者分析基本的工作任务时，他们运用时间与动作研究以消除浪费的动作，选择最佳的、有资格的工人从事特定的工作，设计基于产出的刺激性报酬体系，这都是在应用科学管理原则。请同学们以小组为单位，首先选定一个企业或一个组织，或者是他们中的一个部门，运用泰罗科学管理思想，为他们设计一套简单可行的管理办法。

2.2 行为科学理论

泰罗、法约尔、韦伯等人开创的古典管理理论，完成了使管理从经验上升为科学的转变。但是，从某种程度上讲，古典管理理论的研究是以机械的观点来看待组织和工作，虽然也承认个人的作用，但强调的是对个人行为的控制和规范。与此同时，另一些学者从心理学、社会学等角度对人的行为以及产生这些行为的原因进行了分析研究，由此形成行为科学理论。行为科学理论始于20世纪20年代，早期被称作人际关系学说，以后发展为行为科学，又称为组织行为理论。

2.2.1 梅奥的人际关系理论

【小知识】

霍桑试验

霍桑是位于美国芝加哥城郊外的西方电气公司的一家专门制造电话机的专用工厂，它的设备完善，福利优越，具有良好的娱乐设施、医疗制度和养老金制度，但工人仍愤愤不平，生产效率一直不理想。为此，美国科学院专门组织了一个包括照明实验、电器装配实验、会见与交谈研究、绕线观察实验的研究。经研究发现：原来假定的对工厂生产效率起影响作用的照明条件、休息时间以及薪水的高低与工作效率相关程度很低，而工厂内自由宽容的群体气氛、工人的工作情绪、责任感与工作效率的相关程度很高。也就是说，工人的士气、生产的积极性主要决定于工人与管理人员以及工人与工人之间的关系是否融洽等因素，而非工作条件等物理环境。这一结论的得出是相当具有震撼力的，说明企业不仅仅是一些简单因素的并列、相加，而是一个有情绪、有需要的人的集合；作为管理者不仅应具有组织、计划、指导、控制的管理技能，更应该有激励工人工作热情，了解工人的需要与情感，并加以控制指挥的能力。

美国人梅奥是行为科学的早期代表人物，他曾在美国哈佛大学任教，从事过哲学、医学和心理学方面的研究。1927 年，梅奥应邀参加并指导在芝加哥西方电气公司霍桑工厂进行有关科学管理的试验，即被认为是对行为科学理论做出最重要贡献的“霍桑试验”，研究工作环境、物质条件与劳动生产率的关系。经过研究，取得了一系列重要成果，在此基础上发表了他的代表作《工业文明中人的问题》和《工业文明中的社会问题》，提出了人际关系理论的一系列思想：

1. 人是“社会人”

梅奥认为企业中的人首先是“社会人”，而不是单纯追求金钱收入的“经济人”。人们从事工作并不是仅仅追求金钱收入，还有社会心理等方面的需求，即他们还追求人与人之间的友情、安全感、归属感和受人尊重等，因此必须从社会、心理等方面鼓励工人提高生产率。

2. 生产效率主要取决于职工的工作态度和人们的相互关系

管理者不仅要具有解决技术、经济问题的能力，而且还要具有与被管理者建立良好的人际关系的能力。应力求了解职工行为产生的原因，认识到满足职工各种需要的重要性；要改变传统的领导方式，使职工有机会参与管理，建立和谐的人际关系。

3. 重视“非正式组织”的存在和作用

梅奥认为企业中不仅存在“正式组织”，而且还存在着人们在共同劳动中形成的非正式组织，他们有着自己的规范、感情和倾向，并且左右着组织内每个成员的行为。“非正式组织”的存在对组织既有利也有弊。管理人员要想实施有效的管理，既要重视正式组织的作用，又要重视非正式组织的存在和作用。

梅奥的人际关系理论为管理思想的发展开辟了新的领域，标志着人们从早期科学管理思想单纯重视对组织形式及方法的研究，开始转向对人的因素在组织中作用的研究。

2.2.2　麦格雷戈的“X－Y”理论

X 理论与 Y 理论的提出者是美国人麦格雷戈。在《企业中人的因素》一书中，麦格雷戈认为人的本性与人的行为是决定管理者行为模式的最重要的因素，管理者基于他们关于人的本性的假定，按照不同的方式对人进行组织、领导、控制和激励。

1. X 理论

X 理论所代表的是“关于指挥与控制的传统观念”，其假定如下：

①人一般生来厌恶工作，只要有可能就想逃避工作。

②由于厌恶工作是人的本性，因此，对大多数人必须采用惩罚措施进行强迫、控制、指挥与

威胁，以鞭策他们努力去实现组织的目标。

③人一般愿意受人指挥，希望逃避责任，相对而言没什么进取心，把安全感看得重于一切。

麦格雷戈认为，在现代工业的实践过程中，这种X理论的运用是非常普遍的。

【小思考】

1. 如果你是管理者，你会运用与X理论相适应的方法管理你的下属吗？
2. 如果你是被管理者，你能接受你的企业按照X理论进行管理吗？
3. 请你举例具体说明X理论最适合哪类企业、哪类员工使用？

2. Y理论

尽管麦格雷戈确实注意到了由硬性X(接近于科学管理法)向软性X(人际关系法)的转变，但他认为这种转变在假定或者是管理学方面并没有发生根本的变化。由此，他提出了作为"与人力资源管理相关的最为现代的新理论起点"的Y理论。Y理论有如下假设：

①工作中所耗费的体力与脑力实质上与玩或休息时所耗费的体力与脑力是一样的，一般人并非天生不喜欢工作。

②外界控制与惩罚的威胁并非是促使向组织目标努力的唯一手段。人只要作出承诺去完成一项工作，就会自我指挥、自我控制。

③对任务所作出的承诺与完成任务后所得到的回报成正比。例如，这类回报中最为显著的就是自我满足与自我实现的需要，这一回报的直接作用就是产生献身组织目标的努力。

④人一般明白，在恰当的条件下，不仅要接受责任，而且要寻求责任。逃避责任、丧失进取心、强调安全感，通常是后天经验的结果，并非是人的天性。

⑤在现代工业生活条件下，一般人的智力潜能只是部分得到了利用。

麦格雷戈的理论在旧的人际关系观念与新的人本主义之间起到了一种桥梁沟通作用。麦格雷戈的基本信念是：组织中的和谐是可以做到的，但不是靠硬性或软性的手段，而是靠改变对人性的假设，要相信他们是可以信任的，能够自我激励、自我控制的，具有将自己的个人目标与组织目标结合起来的能力。

【小练习】

请说出你认为应该运用Y理论进行管理的具体企业或组织的名称，并谈谈为什么？

2.2.3 其他行为科学理论的主要观点

在梅奥等人研究的基础上，西方从事这方面研究的管理学者大量出现，他们的研究主要集中在四个领域：有关人的需要、动机和激励问题；"人性"问题；企业中非正式组织及群体行为理论；领导行为理论。尽管学者们各自独立地进行研究，但都提出了一个共同的主题，那就是：管理中最重要的因素是人，因此要研究人、尊重人、关心人，满足人的需要以调动人的积极性，并创造一种能使组织成员充分发挥能力的工作环境。具体来说，有以下方面：

①强调以人为中心研究管理问题，重视人在组织中的关键作用。强调探索人的行为规律，提倡善于用人，进行人力资源开发。

②强调个人目标和组织目标的一致性，调动积极性必须从个人因素和组织因素两方面着

手。要使组织目标包含更多的个人目标,不仅要改进工作的外部条件,更重要的是要改进工作设计,把从工作本身满足人的需要作为最有效的激励因素。

③主张在组织中恢复人的尊严,实行民主参与管理,改变上下级之间的关系,由命令服从变为支持帮助,由监督变为引导,实行组织成员的自主自治。

行为科学理论在很大程度上塑造了今天的现代组织。从管理者设计激励工作的方式到与雇主团队共同工作的方式再到开放沟通的方式,都可以看到行为科学理论的要素在起作用。行为科学理论也影响到决策的制定、组织结构的设计、控制工具的类型及控制技术的采用。早期组织行为倡导者提出的观点,以及从霍桑研究得到的结论,提供了今天的激励理论、领导理论、群体研究、组织发展理论以及大量的其他行为命题的基础,我们将在随后的章节中进一步讨论这些命题。

【训练与练习】

在之前的训练与练习中,已经让同学们运用泰罗科学管理思想,为企业或组织设计了一套简单可行的管理办法。但泰罗的科学管理思想有其局限性,请你结合本节所学的行为科学理论对你们提出的原有管理办法进行完善。

2.3　现代管理理论

现代管理理论最早起源于第二次世界大战,在20世纪60年代以后有了更迅速的发展。这一时期,科学技术得到迅猛发展,科技成果广泛采用,促进了企业生产过程的自动化、连续化以及生产社会化程度的空前提高。企业规模的扩大、市场竞争的激烈、市场环境的变化多端都对企业管理提出了更高的要求,先前的管理理论已不能有效地指导企业在新形势下的管理,许多研究人员就企业如何在变化的环境中经营进行了多方面的研究,并在此基础上形成了一系列不同的理论观点和流派,从而推动了管理思想的新发展。

2.3.1　现代管理理论主要流派

1. 系统管理理论

系统管理理论源于一般系统论和控制论,侧重于用系统的观念来考察组织机构和管理的基本职能,代表人物为美国管理学者卡斯特、罗森茨韦克和约翰逊。系统管理理论的主要观点有以下方面:

(1)组织本身是一个以人为主体的人造系统,它由许多相互联系的子系统组成

这些子系统包括:目标、技术、工作、结构、正式组织与非正式组织、外界因素等。组织系统中任何子系统的变化都会影响其他子系统的变化,系统的运行效果是通过各个子系统相互作用的效果决定的。

(2)组织是社会大系统中的一个子系统

组织不是一个封闭的人造系统,而是开放的社会系统,是更大的社会系统中的一个子系统,因而不可避免地会受到周围环境的影响,但反过来组织也影响环境,且在与环境的相互影响中达到自身的动态平衡。

(3)管理必须建立在系统的基础上

管理要善于将各种资源要素集合起来，在同一目标下形成一个整体。管理人员必须从组织的整体出发，研究组织各部分之间的关系、研究组织与外部环境的关系，以便作出正确的决策，进行组织与协调。

【小知识】

系统思考

“系统思考”是彼得·圣吉“五项修炼”的核心，强调把各个独立、片断的事件联系起来看，以发现其内在的互动关系。因此，组织在处理问题时，必须扩大思考空间和时间范围，了解前因后果，才能辨识问题的全貌。动态系统的变化，可以通过计算机模拟将情境推演出来，并通过建立企业日常需处理问题的系统模型，能轻而易举地看出问题的全貌。

2. 决策理论

决策理论是在系统理论的基础上，吸收了行为科学、运筹学和计算机科学等研究成果而发展起来的。主要代表人物是美国人西蒙，其代表作为《管理决策新科学》。西蒙因其在决策理论、决策应用等方面做出的开创性研究，而获得 1978 年诺贝尔经济学奖。决策理论的观点主要表现在三个方面：

(1)突出决策在管理中的地位

决策管理理论认为：管理的实质是决策，决策贯穿于管理的全过程，决定了整个管理活动的成败。如果决策失误，组织的资源再丰富、技术再先进，也是无济于事的。

(2)系统阐述了决策原理

西蒙对于决策的程序、准则、类型及其决策技术等作了科学的分析，并提出用“满意标准”来代替传统决策理论的“最优化标准”，研究了决策过程中冲突的解决方法。

(3)强调了决策者的作用

西蒙认为组织是决策者个人所组成的系统，因此，他强调不仅要注意在决策中应用定量方法、计算技术等新的科学方法，而且要重视心理因素、人际关系等社会因素在决策中的作用。

3. 权变管理理论

权变理论是 20 世纪 70 年代开始形成发展起来的，其代表人物是美国管理学家卢桑斯以及英国学者伍德沃德等人。权变理论认为不存在一成不变的、无条件适用于一切组织的最好的管理方法，因而强调在管理中要根据组织所处的内外环境的变化而随机应变，针对不同情况寻找不同的方案和方法。权变理论在提出以后的几十年内，其理论价值和应用价值日益为管理实践所证明，因此得到了越来越多的人的支持，成为具有重大影响的管理学派之一。其主要观点有以下方面：

首先，环境变量与管理变量之间存在着函数关系，即权变关系。这里所说的环境变量，既包括组织的外部环境，也包括组织的内部环境，而管理变量则是指管理者在管理中所选择和采用的管理观念和技术。

其次，在一般情况下，环境是自变量，管理观念和技术是因变量。因此，如果环境条件既定，为了更快地达到目标，必须采用与之相适应的管理原理、方法和技术。

最后，管理模式不是一成不变的，要适应不断变化的环境而有所变革，要根据组织的实际情况来选择最适宜的管理模式。

4. 数理理论

数理理论是泰罗科学管理理论的继续和发展，它强调以运筹学、系统工程、电子技术等科学技术手段解决管理问题，着重于定量研究，力图利用科学技术工具，为管理决策寻得一个有效数量解。数理理论的主要观点有以下方面：

(1)增加决策的科学性

依靠建立一套决策程序和数学模型以增加决策的科学性，力求减少决策的个人艺术成分。在管理决策中利用数学工具建立数学模型，研究各因素之间的相互关系，决策的过程就是建立和运用数学模型的过程。

(2)强调用数字说话

寻求将众多方案中各种变数或因素加以数量化，用数量表示最优化的答案，各种可行方案要以经济效果作为评价的依据。

(3)广泛使用电子计算机

现代组织管理涉及的信息量不断加大，充分利用电子计算机等现代科学技术可使决策建立在准确、及时和充分的信息基础上。

【小知识】

ERP(企业资源计划)是建立在信息技术基础上，充分利用电子计算机等现代科学技术，以系统化的管理思想，为企业决策层及员工提供决策运行手段的管理平台。

2.3.2 管理理论发展新趋势

随着世界经济的发展，国际竞争的加剧以及新技术革命的突飞猛进，管理理论和实践受到了极大的冲击和挑战。为解决不断出现的新问题，人们在做着各种有益的探索，从而推动着管理学走向未来。管理理论和实践也呈现出新的发展趋势，其中一些具有代表性的管理思想有以下几种：

1. 人本管理

人本管理就是以人为本的管理，即把人视为管理的主要对象及组织的最重要资源，通过激励、调动和发挥员工的积极性和创造性，引导员工去实现预定的目标，包括：运用行为科学，重新塑造人际关系；增加人力资本，提高劳动力质量；改善劳动管理，充分利用人力资源；推行民主管理，提高劳动者参与意识；建设组织文化，培育组织精神等。其目的就是运用一切可以运用的手段，发挥和应用好组织中最特殊的要素——人的作用。

在管理活动中，人既是管理的主体，又是管理的客体，人是组织最重要的资源，因此，一切管理都应以做好人的工作，调动人的积极性和主动性，实现人的自身价值为根本。要鼓励参与、挖掘潜能、激励进取，创造一个能使员工热心参与、心情愉快、关系和谐、深感激励的组织文化和工作氛围，在实现组织目标的过程中，使每一个人的价值得以发挥。

【小练习】

近年来，许多企业在建立“以人为本”的企业文化，并推行与之相适应的企业管理，请你查找一个你认为最具代表性的案例与大家分享。

2. 组织再造

组织再造是美国麻省理工学院的教授迈克尔·哈默提出来的。他对组织再造下的定义是:对组织的作业流程做根本的重新思考与彻底翻新,以便在成本、品质、服务与速度上获得戏剧化的改善。其中心思想是强调组织必须采取激烈的手段,彻底改变工作方法,强调组织流程要"一切重新开始",摆脱以往陈旧的流程框架。

长期以来,人们对企业生产经营系统、管理组织结构的变革持一种比较慎重的态度,主张用改良、完善的办法来改善和加强管理,对管理组织结构也是要求保持稳定性和灵活性的统一,避免出现大的震动,造成工作秩序的混乱。而"组织再造"理论认为,在时代变迁的今天,传统的办法已成为束缚组织发展的桎梏,为适应新环境对组织生存和发展的要求,必须对组织的工艺流程、管理组织系统进行重组、再造,构建授权型、扁平化和弹性组织。

3. 学习型组织

"学习型组织"理论是美国麻省理工学院教授彼得·圣吉在其著作《第五项修炼》中提出来的。该书出版后,受到了管理学界和企业家们广泛关注,因此,彼得·圣吉于 1992 年荣获世界企业学会最高荣誉的开拓者奖。

"学习型组织"理论认为:传统的组织类型已经越来越不适应现代环境发展的要求,未来真正出色的企业,将是能够设法使组织成员全心投入,并有能力不断学习的组织。学习型组织,是一种较为理想的组织模式,这种组织由一些学习团队形成,有崇高而正确的核心价值、信心和使命,具有强韧的生命力与实现共同目标的动力,不断创新,持续蜕变。

在这种学习型组织中,人们胸怀大志、心手相连、脚踏实地、勇于挑战极限及过去的成功模式,不为眼前利益所诱惑;同时,以令成员振奋的共同远大愿望,以及与整体动态搭配的政策与行动,充分激发生命的潜能,创造超乎寻常的成果,从而由真正的学习中领悟工作的意义,追求心灵的满足与自我实现,并与周围的世界产生一体感。

【小思考】

自从彼得·圣吉提出了"学习型的组织"后,学习型国家、学习型社会、学习型企业、学习型政府、学习型家庭相继产生,你们是否想成为"学习型宿舍"的一员?若想,应当如何做?

4. 全球化与跨文化管理

全球化是当今世界的一场革命,全球化贸易与全球化投资正在改变着原来经济发展的格局,现在资金、技术、设备等以前所未有的速度在全球范围内流动和转让,世界已成为一个全球市场。在这种大背景下,管理不再局限于国家的边界。

企业要生存和发展,首先必须适应这种新的客观环境。21 世纪企业的生存能力将取决于它的应变能力,取决于它是否能跟上外界环境变化的规模与速度,取决于它是否以全球战略眼光来进行全球资源整合。而有效的管理者则需要适应不同的文化、不同的制度和不同的技术。

在全球经济一体化的进程中,各国经济的相互补充、相互依存关系将越来越紧密,任何一个国家的经济变化将影响全球各地的组织和管理者。经济和社会发展的全球化,必然促使管理走向国际化、全球化。不同文化之间的世界观、价值观以及社会的法律、道德、伦理相去甚远,直接表现为不同文化中人的思维模式、行为方式、情感好恶的不同。在全球化浪潮中,不同文化的碰撞与融合势在必行,不同文化将会因利益密切关联而趋于相互合作。

【小知识】

国际上关于并购有一个“七七定律”，是指70%的并购没有实现期望的商业价值，其中70%的并购失败于并购后的文化整合。现实中，中西方在文化理念、市场体制、法律，尤其是劳工法上存在很多差异，会对并购及全球一体化进程产生直接影响。

5. 创业精神

实际上，在每天的生活中，我们都会读到和听说关于企业家的故事。如果阅读当天的报纸或者新出版的杂志，或者登录到某个互联网的新闻网站上，你会发现至少一个或多个关于创业者或者创业型企业的故事。创业精神已成为一个日益普遍的话题，但是它的含义究竟是什么呢？

创业精神是一个过程，即某个人或者某个群体通过有组织的努力，以创新的和独特的方式追求机会、创造价值和谋求增长，不管这些人手中是否拥有资源。创业精神包括发现机会和调动资源去开发这些机会。

关于创业精神的定义包括三个重要的主题：

一是对机会的追求。创业精神是追求环境的趋势和变化，而且往往是尚未被人们注意的趋势和变化。

【小案例】

杰夫·贝索斯，亚马逊公司的创始人，曾经是一名成功的程序员，在20世纪90年代中期供职于华尔街的一家投资企业。他注意到，统计表明利用万维网和互联网的用户数在呈现爆炸性的增长（当时每月的涨幅甚至达到了2 300%），这件事不断地困扰着杰夫，他决定放弃他的工作而去追求他认为将出现巨大机会的互联网零售市场。随后正如他所说，历史表明他的选择是正确的。今天亚马逊公司通过其知名的网站销售书籍、音像制品、照相机、轿车、家具、珠宝以及大量的其他商品。

关于创业精神，第二个重要的主题是创新。创业精神包含了变革、革新、转换和引入新方法——新产品、新服务或者是做生意的新方式。

【小案例】

黛娜·莫哈哲就是一个创业精神的典型例子。作为一位对时装和流行款式很敏感的青年女性，她不喜欢商店里出售的亮丽鲜艳的口红，这种亮丽的颜色与她衣服的柔和色调不相称。她想要的是柔和的口红，这种口红的颜色与她着装的品位相适合。当发现在商店里找不到这种颜色的口红时，她就决定自己来配制它。当她听到朋友们热烈地评论她自制的颜色时，她决定制作一些口红的样品在洛杉矶的高档商店出售，正如事前预料到的，她的产品立刻销售一空。今天她的公司在全美国的时尚和新潮的商店中销售完整系列的化妆品，所有这些产品都来自莫哈哲的创意。

关于创业精神，第三个主题是增长。创业者追求增长，他们不满足于停留在小规模或现有的规模上，创业者希望其企业能够尽可能地增长，员工能够努力工作。他们在不断寻找新趋势和机会、不断地创新、不断地推出新产品和新的经营方式。

创业精神在全世界范围内将始终是一股重要的社会力量，无论是营利性组织还是非营利性组织都需要创业精神，也就是说都需要追求机会、创新和增长。如果这些组织想获得成功的话，对创业精神的理解是非常重要。

【训练与练习】

请回答：

1. 现代管理理论的主要流派有哪些？
2. 现代管理新趋势包括哪些方面？

2.4 管理中人性的假设

所谓人性假设，是指对人的本质特征和共同的行为模式的假定。管理学认为，任何一种管理理论、方法或实践都是以人性假设为基础的，不同的人性假设衍生出不同的管理理论和管理方法。管理理论的构建和方法的设计都是以对人性的一定的看法为依据的。在前面三节所介绍的管理理论中，基本都提到了人性的假设问题。现在我们将这个问题作为单独一节来具体讨论。纵观人类管理思想发展历史，在管理思想演化的过程中相继出现了"经济人"、"社会人"、"自我实现人"、"复杂人"等人性假设的理论，每一种假设都反映了不同的管理思想演化阶段对人性的基本看法，以及相对应的管理模式及方法。

2.4.1 "经济人"假设

所谓经济人，源于亚当·斯密对经济活动主体的一种假设，它是指不抱有其他动机而一味追求个人经济利益，并且只按照经济原则活动的行为主体。古典管理理论中以"经济人"假设构筑起管理理论体系的代表人物是泰罗。泰罗的科学管理原理是以斯密的"经济人"假设为理论前提的，主要表现在泰罗对"经济人"主体的理解发生的改变。泰罗把斯密"经济人"假设的主体变为科学管理的直接对象——工人。

1."经济人"假设的主要内容

从管理的角度看，经济人假设的主要论点可以概括为以下几点：

①人是由经济诱因来引发工作动机的，其目的是获得最大的经济利益。

②经济诱因在组织的控制之下，因此，人被动地在组织的操作、激励和控制之下从事工作。

③人以一种合乎理性的、精打细算的方式行事。

④人的情感是非理性的，会干预人对经济利益的合理追求。

2. 相对"经济人"假设的管理方式

基于上述"经济人"假设所提出的观点，管理学家认为应采取相应的管理方式与措施：

①制定各种严格的工作规范和绩效考核标准，以经济报酬来调动人们工作的热情，使其服从指挥，同时对消极怠工者采取严厉的惩罚措施。

②在组织内部构建权力和控制体系来确保组织本身运转并规范员工的行为。

③管理的重点在于完成生产任务、提高生产率。

④管理是少数人的事而与工人无关，工人的责任是干活，听从管理者的指挥。

以"经济人"假设为基础而确定的科学管理原则与方法，由于打破了以经验管理为模式的旧式体制，不仅极大地提高了劳动生产率，而且就假设本身，也为人们对人和人之间的本质行为探讨提供了一个最普遍、最有效的工具。“经济人”假设不仅可以作为经济理论分析的前提和基础，而且也可以成为管理科学研究的一种工具。不足之处在于，“经济人”假设过分强调人的经济利益需要，把金钱和物质利益看作是人所关心的唯一内容，完全忽视了现实生活中的人的需要是一个多因素、多层次的复杂系统，因此这个假设有其片面性和局限性。

【小思考】

有人说对“农民工”的管理就该是按照“经济人”的假设，并采取相应的管理方式和措施？你认为这样的观点正确吗？

2.4.2 “社会人”假设

“社会人”假设是人际关系学说倡导者梅奥等人通过分析霍桑试验结果而提出的。该假设认为，人们的工作动机不只限于经济利益，而且更重要的是工作中的社会关系；个人只有完全投入到集体中，才能实现彻底的“自由”。工厂中的工人不只是单纯追求金钱收入，还有社会方面和心理方面的需求，物质刺激对调动员工的积极性只居次要地位，而社会交往需要和尊重需要才是激发员工积极性的最强大的动力。因此，应首先从社会、心理方面来鼓励工人提高生产率，不能单纯地从技术和物质条件着眼。

1.“社会人”假设的主要内容

美国心理学家和行为学家埃得加·沙茵把“社会人”假设归纳为以下四点：

①人类工作的主要动机是社会需要，通过与同事之间关系的建立可以获得基本的认同感。

②工业革命和工作机械化的结果，使得工作变得单调而无意义，因此必须从工作的社会关系中去寻求工作的意义。

③正式组织的社会影响比正式组织的经济诱因对人有更大的影响力。

④员工最期望领导者的是能承认并满足他们的社会需要。

2. 相对“社会人”假设的管理方式

“社会人”假设要求管理者采取如下管理主张和措施：

①注重培养管理者的人际关系技能。管理人员不仅要具备一定的技术技能、管理技能，更重要的是要注重培养人际关系技能，权力应该以获得协作的社会技能为基础，而不是以技术技能或专业知识为基础。只有这种以人际关系为导向的“新型”领导者，才能更为充分地照顾员工的情绪，调动员工的积极性。

②注重培养员工的参与意识，让员工参与决策。员工只有参与组织中的管理活动和管理中的一些重要决策，才能从中感到自己存在的意义，这样就会增加员工对组织的认同感和归属感，增加组织的凝聚力，提高员工士气。

③重视和发挥非正式组织的积极作用，使员工的目标和组织的目标相一致。非正式组织具有控制成员顺从的力量，满足成员心理上的需求和形成互补的作用。组织如能加以引导，就能加速组织的沟通，提高组织成员的相互信任感，从而把非正式组织改造成组织发展的动力，有利于组织目标的实现。

④提倡奖励集体的制度，不提倡奖励个人的制度。奖励集体的制度营造了团体氛围，人们在团体中寻找归属，在联合中寻求安慰，在隶属中寻求实现。同时，这种奖励制度对组织成员间的协作具有激励作用，组织成员在分工基础上的协作产生了分工效应和协作力，从而提高了

组织的管理效率。

"社会人"的假设实质上是试图在管理中建立一种比较和谐的人际关系及社会认同，它在某种程度上已经提出了被管理者作为组织成员在管理中的民主、平等等问题，具有较大的社会意义。

【小思考】

有一项对美国成年人的权威调查显示，美国成年人最关注两个问题：一是健康问题，二是人际关系问题。如果一个组织中大多是美国成年人，你认为应该采取什么样的管理假设和管理方式呢？

2.4.3 "自我实现人"假设

随着管理实践的不断深入，人们对自身的认识也越来越接近其本来面目。以阿吉里斯、马斯洛、麦格雷戈等一批美国心理学家为代表的行为科学家在"社会人"的基础上，又提出了一种新的人性观——"自我实现人"假设。其中，影响最大的是马斯洛。所谓自我实现人，是指每个人都有发挥自我潜力以及表现自我潜能的欲望，只有人的潜力充分发挥出来，人的才能充分表现出来以后，人才会感到最大的满足。马斯洛的人类基本需要等级中的最高级需要是自我实现的需要。阿吉里斯的"不成熟—成熟"理论中所谓的成熟个性，也就是自我实现的人。麦格雷戈所讲的Y理论，事实上也是自我实现的人。

1."自我实现人"假设的主要内容

①人的需要有低级和高级的区别，其目的是为了达到自我实现的需要，寻求工作上的意义，通过工作实现自身的社会价值。

②人对于自己所参与的工作目标，能实行自我激励和自我控制。人对组织目标的参与程度，同获得成就的报酬直接相关。

③个人的自我实现同组织目标的实现并不冲突，而是一致的。在适当条件下，个人会自动地协调自己的目标，使之与组织目标统一起来。

④大多数人具有解决组织所面临困难的想象力和创造力，人的智力还未完全发挥出来。

⑤人并非必然会对组织的目标产生抵触和采取消极的态度，控制和惩罚不是实现组织目标的唯一手段，外来的激励和控制会对人产生一种威胁，造成不良后果。

2. 相对"自我实现人"假设的管理方式

根据"自我实现人"假设，管理学家们认为应采取如下措施：

①环境，特别是组织内部环境，往往给员工的才智发挥造成障碍，管理者要尽量排除这些障碍，创造一个宽松的组织环境，使得员工能够充分地发挥自身潜力和能力，保证员工实现最大价值。

②管理者的重要任务是根据员工能力的差异特征去精心设计、安排比较富有意义或挑战性的工作，最大限度地满足员工自我实现的要求。

③管理者要利用工作内在的报酬来调动员工的积极性，即让人们在工作中获得知识，增长才干，实现自我成就感，从而调动员工的积极性，努力实现组织的目标。

④制订组织和员工个人的发展计划，把个人目标和组织目标有机结合。

与"经济人"及"社会人"假设下的管理模式相比较，"自我实现人"假设下的新的管理模式表现出了四个方面的转变：一是管理重点的转变。“经济人”的人性假定重物轻人，见物不见人；“社会人”的人性假定重视人的作用与人际关系，把物质因素放在次要地位；“自我实现人”则把注意的重点从人的身上转移到工作环境，这种工作环境并非主要指计划、组织、指导、监督和控制，而是指创造一种适宜的工作环境、工作条件，使被管理者的潜力能够充分地发挥。二是管理人员的职能变化。管理者既不单纯是组织活动的组织者，也不单纯是人际关系的调节者，而是一个服务者，他们的主要任务是减少人们发挥潜力过程中的障碍。三是激励形式的变革。与“经济人”相对应的管理依靠物质利益，与“社会人”相对应的管理依靠良好的人际关系来调动被管理者的积极性，而“自我实现人”靠内在和外在两方面来调动人的积极性。四是管理制度的改变。管理制度的重点不在于监督、控制人，也不在于如何改善人际关系，而在于如何充分发挥人的潜能。

【小思考】

当你大学毕业进入一个企业后，你希望管理者对你的假设是“自我实现人”假设吗？或希望是“社会人”假设，为什么？

2.4.4 “复杂人”假设

“复杂人”假设是美国心理学家和行为学家埃得加·沙茵在 20 世纪 60 年代中期提出的。沙茵等人认为，“经济人”、“社会人”以及“自我实现人”等假说各自反映当时的时代背景，并适合于某些人和某些场合。人的需要和动机并非如上几种人性假说那样单一，不能简单地归结为一两种，也不能都归结为同一类。人的需要和动机不仅因人而异，而且一个人在不同年龄、不同时间、不同地点会有不同的表现，并随年龄的增长、知识的增加、地位的变化而变化，于是提出“复杂人”的假设。该理论认为，管理方式要根据组织所处的内外部条件而随机应变，不存在一成不变、普遍适用的“最好”的管理原则和方法。

1.“复杂人”假设的主要内容

①每个人都有许多不同的需求和能力。人的工作动机不仅复杂，而且变动性很大。人的许多动机分布在多种需要层次上，这种动机阶层的构造不仅因人而异，而且同一个人也因时、因地而异。各种动机之间交互作用形成动机模式。

②一个人在组织中可以获得新的需求和动机。因此，一个人在组织中表现出的动机模式是他原来的动机和组织经验交互作用的结果。

③人在不同的组织和不同的部门中可能有不同的动机模式。在正式组织中与别人不能合群的人，很可能在非正式的组织或工会中能满足其社会需要和自我实现的需要。在某些复杂的组织中，各个部门可以利用不同的动机来达到其目标。

④一个人是否感到心满意足，肯为组织尽力，决定其自身的动机构造及其与组织间的相互关系。工作的性质、本人的工作能力和技术水平、动机的强弱，以及同事间的相互状况，都可能会产生影响。

⑤人可以依自己的动机、能力及工作性质对不同的管理方式做出不同的反应。因此，没有一种适合于任何时代、任何人的万能管理方式。

2. 相对“复杂人”假设的管理方式

日裔美籍学者威廉·大内分析比较了日本企业和美国企业在管理方面的差异，在其代表作《Z 理论》中，提出了与“复杂人”相对应的管理模式，这就是以“Z 理论”为代表的权变管理模式。这种管理模式的主要特征如下：

①强调对雇员的长期雇用，以培养雇员对组织的忠诚。

②采取参与式管理方法，使决策过程成为一个多人参加并取得统一意见的过程。

③主张上下级平等，把对下级和同事的广泛关切看作是工作关系的自然组成部分。管理的任务不仅要完成组织的目标，而且要使被管理者在工作中得到满足，心情畅快。

④增加人们掌握各种专业知识的机会，通过有计划的培训和经常变换工作，获得多方面的技能和实际工作经验。

⑤基层管理人员不是机械地执行上级的命令，而是抓住问题的实质，就地解决。

“Z 理论”对“复杂人”人性假定的运用，进一步突出了人在管理活动中的重要位置。它并非要求管理者采用某种特定的、不同于前述的三种管理模式，而是要求根据具体情况采取具体措施。美国学者摩尔斯·洛什于 20 世纪 70 年代提出的“超 Y 理论”就是对“复杂人”人性假定的进一步论证，它强调工作任务和人员的复杂变化性，重视工作性质、组织与人员的恰当匹配，从而使每个成员都能取得胜任感，这就要求采取权变方法进行管理。总之，“复杂人”假设不是对前面几种人性假设的简单否定，而是综合各种假设中对人性认识的科学的一面，从而使管理学界对人的认识从片面走向全面，从一个方面考察人到全面考察人。因此，相应的管理方式要求管理者根据不同的人、不同的情况，灵活地采取不同的管理措施。

2.5 管理者的理念

管理者的理念是管理者进行管理活动时应具备的思想和观念，也即管理理念。管理理念决定了人们如何进行管理活动。在近 20 年的中国企业管理历程中，一直没有人关注管理理念。人们讨论企业的经营理念、探讨企业的价值观、研究企业的管理哲学，但是却没有人厘清什么是管理理念。应该说，有了清晰的管理理念，才会有清晰的管理行为，也才会有合适的管理标准；反之，没有清晰的管理理念，也就不可能拥有合适的管理标准，同样也就不会有清晰的管理行为。根据企业文化与战略专家陈春花的管理观，可将管理理念归纳为三点：一是管理只对绩效负责（用绩效说话）；二是管理是一种分配（等边分配法则）；三是管理要服务于经营。

1. 用绩效说话

企业的绩效包含着效益和效率两个方面的内容。对于一个企业而言，需要有好的效益的同时，又需要用最快的时间获得这个结果。因此，对于管理来说，无论你采用哪种管理形式和管理行为，只要是能够产生绩效的，就认为是有效的管理行为和管理形式；否则，就是无效的。可以确定，后者就是管理资源的浪费。企业管理的主要目标是实现良好的绩效，管理的所有活动都是围绕着这个目标来进行的，所以管理理念的第一个内容就是：管理只对绩效负责。这是一句非常普通的话，相信很多人也经常这样说，但是能够真正理解的不知道有多少。因为经常能够看到以下三种现象发生，而这些现象直接说明人们不理解这句话。

(1)人们赞扬功劳，但是也容忍苦劳，甚至以苦劳为荣

常常可以听到这样的说法：“我虽然没有功劳，但是也有苦劳！”“我没有什么惊人之举，但是我也是流血流汗的呀！”“我流汗的时候，企业里还没有你呢！”。人们只是关注自己对于企业的付出，但是不关注这样的付出是否真的产生绩效，很多人的衡量标准是他自己的付出，而不

是付出的效果。所以在企业常常看到的结果是有苦劳的人得到肯定，在企业里有资历的人得到重用。但是人们都很清楚，只有功劳才会产生绩效，苦劳不产生绩效。

(2)人们关心态度多过关心能力

【小案例】

某个企业里有小李和小刘两个人。小李是一个任劳任怨、勤勤恳恳的员工，每天都早来晚走，经常加班加点。小刘是一个准时上班、准时下班、从不加班的员工。结果，小李得到表扬，成为优秀员工，而小刘从未得到表扬更加不会当选优秀员工。但是，如果你愿意好好思考，也许会出现这样一个问题：小李的表现恰恰是能力不够的原因，而小刘的表现正说明他的能力可以胜任这个岗位，完成任务。

所以，关心态度还是关心能力是一个非常重要的问题。只有能力才会产生绩效，态度必须转化为能力才会产生绩效，这才是正确的观念。但是现实管理中，这种现象却非常普遍地存在着。可以看看企业里的考核，有多少是考核能力的，又有多少是考核态度的。很多管理者习惯上喜欢态度好的人，喜欢听话的人，喜欢加班的人；人们也从经验上得到态度比能力更重要的结论。这样，态度好、能力平平的人得到重用的机会比能力很强、态度一般的人要多得多。

(3)德与才取舍中人们希望德才兼备，如果不能兼得就先德后才

品德和才干一直是对于人才评价的两个基本面，几乎所有的人都会说他们会选择德才兼备的人。人们很愿意同意这个选择，但是管理是要面对事实，解决问题。假设管理者面对的事实是：所管理的下属，一定不是德才兼备的，要么这个人的品德低于自己，要么这个人的才干低于自己，如果这个人是德才兼备的，应该他管理自己，而不是自己管理他。在这个前提下，又如何选择呢，结果80%左右的人选品德。但是管理者必须知道，才干才能产生绩效，品德需要转化为才干才会产生绩效。管理者在对于品德与才干这个问题的选择上，需要非常清晰才行，也就是说，在两种情况下我们以德为先，之后才以才干为主。这两种情况一个是从外部招聘人员的时候，另一个是提拔人员的时候。但人们所看到的实际情况是，很多企业在招聘人员的时候，很少考量这个人的品德，更多的是关心学历、工作经验、个人能力。在提拔一个人的时候，也很少关心他的品德，更多的是关心过去的业绩、管理经验和经历。相反，在这两种情况之外，在日常的管理中人们常常考量品德而忽略了才干。

2. 等边分配法则

管理其实很简单，说它简单就是因为管理只是需要做一个分配就好了。管理就是分配权力、责任和利益。但需要特别强调的是，必须把权力、责任和利益等分成为一个等边三角形(见图2—1)。权力、责任和利益的等边分配，在管理上出错基本上都是没有把这三个维度分成等边三角形。很多管理者喜欢把权力、利益留下，把责任分出去；有一些管理者把权力留下，把利益和责任一起分出去；也有管理者认为责任、权力以及利益都应该留在自己的手上，根本不做分配。这些管理观点都是非常错误的。

以国有企业的管理为例，很多人认为国有企业管理不好，根源是在产权问题。但是，产权是一个不能够在经营层面和管理层面讨论的问题，任何管理者都是在有限条件下作选择，所以应坚持不在经营层面讨论产权问题。没有管理好国有企业的一个根本问题是：没有很好地分配这三个维度。大型国有企业的权力非常大，甚至拥有上百亿元的国有资产的管理权；大型国有企业的责任也是非常大，要确保上百亿元的国有资产保值增值和几万职工就业；但是，国有企业的管理者在利益分享上是有限度的。因此出现这么多国有企业的困境就是不可避免的。

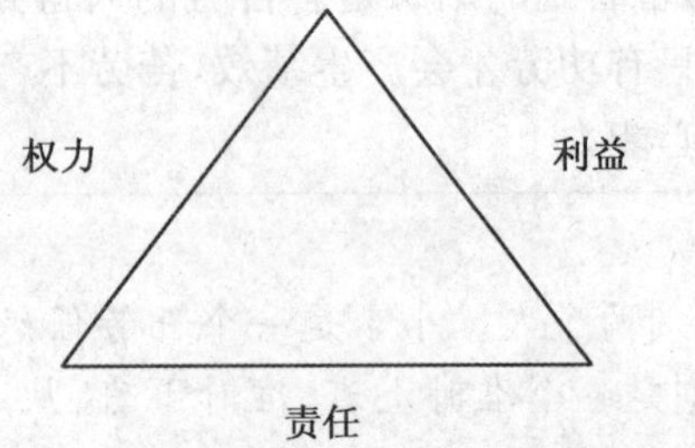

图 2—1 权力、责任和利益的等边分配

综上分析，管理是一种分配，把权力、责任和利益分成等边三角形。

3. 管理要服务于经营

管理与经营是企业的两个方面，经营是选择正确的事情做，管理是把事情做正确。从这个意义上说，经营是第一位，管理是第二位，也就是说，管理始终为经营服务。可以用这样一个比较来说明，在经营上选择“薄利多销”的时候，管理上就要选择成本管理；在经营上选择“一分钱一分货”的时候，在管理上就要做品质和品牌管理；如果像联邦快递公司(Federal Express)一样在经营上选择“隔夜服务”，管理上就要进行流程管理；如果像戴尔公司(Dell)一样用“直接定制”的策略，管理上必须做到柔性化管理。这些举例只是想说明两个观点：一是管理做什么必须由经营来决定；二是管理水平不能够超越经营水平。

【小案例】

近年来，我们看到中国家电企业常常亏损，并不是这些家电企业的管理不行，反而是这些家电企业的管理水平超过了它们的经营水平。我们的大部分企业还在薄利多销的经营水平上时，很多的企业竟然开始了流程再造的努力！我们以同样的理由担心很多企业的管理培训，有些企业邀请专家为企业的员工讲解领导力或者企业策略，这样的培训会产生反作用，因为你给员工的培训超过了员工所承担的责任，这样的培训我们称之为“培训过度”。当一个企业的管理水平超过经营水平的时候，这个企业离亏损就不远了。

因而，管理始终为经营服务。经营定位决定管理定位，要确保管理水平匹配经营水平，千万不能够让管理水平超过经营水平。

【案例分析】

赵助理的难题

利达公司曾是一家经营绩效良好的企业，在前些年有过骄人的业绩。但近几年来，公司的盈利水平不断下降，一个中等规模的企业，盈利水平甚至不如本地一家小型企业。公司上下对此颇感迷惑，人心浮动，企业面临着严峻的考验。

一天，公司总经理把总经理助理赵立实叫到办公室。总经理首先跟他简单地讨论了公司目前的经营状况，明显地表示了对这一现状的担忧。接着，总经理交给小赵一个特殊任务：集中一段时间，深入调查一下造成本企业目前盈利水平下降的主要原因是什么，并提出对策建议。

小赵来这个企业工作时间不长。他过去曾系统学习过管理理论，对古典管理理论与现代管理理论都有较深的研究。他对总经理交办的这个任务非常重视，决心运用所学的管理理论分析与解决本企业实际问题。

小赵首先将目光投向市场，在激烈竞争的今天，市场是决定企业盈利水平最首要的因素。在调查的过程中，小赵了解到，本公司为开拓市场，建立了本地同行业中最庞大的营销队伍，而且每年的营销预算都高于同行其他企业，占有了与本地几家最大企业旗鼓相当的市场份额。他觉得营销环节问题不大。接着，他调查了本企业产品开发与价格情况。他了解到，本企业有很强的技术力量，有一支高水平的科技开发队伍。本企业的产品不比同行的产品差，而且价格合理，不高也不低。他也感到困惑，这怎么会造成盈利水平的不断下降呢？

他又深入车间了解一线生产情况。生产线运行正常，员工们工作也较为认真。当然，也发现有些员工积极性不是很高，工作节奏较慢。车间主任抱怨道："去年每个人都涨了一级工资。咱厂在本地工厂中是工资最高的。可是这些工人的积极性一点也没提高。"关于严格管理，他说道："其实咱厂管理是很严格的，有那么多的管理规章制度。我本人管理是非常严格的，对于那些迟到早退、生产不合格产品、材料损失浪费的工人从不客气，都狠狠地进行批评。可是生产率就是上不去。有的工人好像是在同厂里做对。其实厂子黄了你的饭碗也打了。这不是胡闹吗？我是没办法了。"小赵还了解到公司的管理机构庞大，管理费用高，产品生产成本也普遍高于同行，据说原材料进价也偏高……

调查的情况千头万绪，小赵决心运用管理理论进行分析，并提出有效的对策方案，以出色地完成总经理安排的任务。但他也似乎觉得在运用泰罗的经济刺激手段与现代行为科学原理之间还有些冲突需要进一步理顺。

【问题】

1. 造成该公司盈利水平下降的原因有哪些？最主要的原因是什么？

2. 你认为解决该公司问题时，该运用泰罗的科学管理原理还是行为科学原理？哪个更为重要？

3. 请你对赵助理制订解决该公司问题对策方案提出建议。

本章小结

企业的发展离不开好的管理，充分认识科学管理理论、行为科学理论的重要价值。了解现代管理理论和最新管理理念对管理实践的影响，对每个学习管理学或从事企业管理的人来说都是必要的。在学习中，应着重掌握运用管理思想与管理理念为企业诊脉的方法，并能够运用管理理论处理企业的一些简单管理问题。

【测试题】

1. 有人说小型的和新创立的企业不需要管理理论来指导，你同意这种观点吗？说明你的理由。

2. 关于行为科学理论，你认为它在现实中有哪些指导意义？

3. 谈谈你对人本管理、组织再造、学习型组织及全球化与跨文化管理的认识，该如何应用它们？

第3章

管理基本职能

管理职能即管理的职责和权限，就是管理者为了有效管理必须具备的职能，或者说是管理者在执行其任务时应该做的工作。无论管理者所在的组织性质多么不同（如经济组织、政府组织、宗教组织和军事组织等），组织所处的环境有多么不同，但管理人员所从事的管理职能却是大致相同的，管理活动的过程就是管理的职能逐步展开和实现的过程。因此，管理学家把管理的职能作为研究的对象，他们先把管理工作划分为若干职能，然后对这些职能进行研究，阐明每项职能的性质、特点和重要性，再论述实现这些职能的原则和方法。本书将管理的计划职能、组织职能、领导职能和控制职能作为管理的最基本职能。

学习目标

1.理解计划的基本内涵，掌握计划工作的基本步骤；
2.理解组织的基本内涵，熟悉组织结构的主要形式；
3.理解领导的基本内涵，掌握有关领导理论；
4.理解控制的基本内涵，掌握控制的主要步骤。

案例导入

艾琳·格拉斯纳的化妆品公司

艾琳·格拉斯纳曾在一家美国大公司里当过地区经理，工作是一流的，管理着250多名上门推销的推销员。当离开这家大公司之后，她便开始经营自己的化妆品公司——艾琳化妆品公司。她从意大利的小型香水厂购买一套化妆品配制流水线，租用了一座旧仓库，并且上马了一套小型的化妆品灌瓶与包装生产线。快三年过去了，艾琳化妆品公司初见规模，格拉斯纳小姐打算拓展产品线，建立分销网络。以下是她所采取的步骤：

第一步：她准备了一份展望报告，即艾琳化妆品公司准备生产一套系列化妆品，在美国东北部通过百货商店与专业商店分销上市。她的长期目标：一是成为意大利香水在美国市场上的主要代理人；二是只销售高级化妆品；三是以高收入顾客为主要销售对象。

第二步：格拉斯纳特别想达到的一个目标是：在美国东部的5座大城市里，开设自己的经销办事处。她走遍了10座城市，寻找最佳落脚点，她选中5座城市，与她的律师和销售部经理一起为那些落脚点办理租约设立了一套流程，然后确定了最后期限，即第二年6月1日，这些办事处开张营业。但这个期限没有兑现，他们都强调在开张之前，一切事宜必须协调好：签署租约、添置办公设备、安装电话、雇用办事员、招聘或续聘推销员、通知职员们准备新的办事处专用信笺，等等。

第三步：格拉斯纳为艾琳化妆品公司制订的另一个目标是，在下一年度，销售额应达到300万美元。她的销售部经理说，这个目标不现实。

格拉斯纳问公司的生产部经理，如果所有的生产线都上马，当年工厂是否能完成300万美元的订单任务。他回答说，还是等他核准生产能力的各项数字后，才能给她一个答复。

第四步：面对那么多要完成的目标，格拉斯纳决定把她的一些职权委派给那些主要部门的经理们。她逐一与他们碰头，一一落实要达到的目标。她给生产部经理定下的目标是，增强生产能力，每个月生产1万件产品，破损率降低到5%以下，把工薪支出保持在预算的50万美元之内。那位经理也提出了异议，认为有的指标不合理。到了年终，生产部经理完成了两个目标，可是工薪支出超出预算10万美元。

【问题引出】

1. 从上述案例中你能发现目标与计划有着什么重要的关系吗？

2. 计划应该如何制订？我们应当如何实施目标管理呢？

3.1 计　划

3.1.1　计划概述

1.计划的含义

“计划”有狭义和广义之分。狭义的计划是指计划工作中计划编制的结果。它告诉人们为实现既定目标需要在什么时间，由什么人，采取什么方法，去开展什么活动，以最终实现既定的目标。一般情况下，计划在制订出来以后多数是不变的。这样有助于计划执行者“依计而行”去开展卓有成效的工作，同时也有助于发挥计划的激励作用。但是在某些情况下，当制订计划的条件和情况发生变化以后，就必须调整计划，尤其是在发生“计划跟不上变化”的情况下，计划也失去了指导作用，这时就必须修订原计划。因此，计划具有两种特征，其一是它的严肃性，即一旦计划出台后，在条件不变或变化不大的情况下，必须严格执行计划；其二是它的灵活性，即当计划条件发生较大变化时，必须调整计划，以适应变化了的条件。所以，计划是一种可能变化也可能不变化的人们对未来行动与工作的安排方案。

广义的计划是指人们编制、执行计划以及检查计划执行情况等一系列计划管理工作，简称计划工作。确切来说，所谓计划工作，就是组织根据环境的需要和自身的特点，通过科学的预测确定组织在未来一定时期内的目标，并通过计划的编制、执行和监督来协调、组织各类资源以顺利达到预期目标的过程。

2.计划工作的内容

西方管理学常把计划工作的内容概括为“5W1H”：

(1)做什么(What to do it)

即明确所要进行的活动目标和内容。例如，企业的销售计划是在市场调查预测的基础上，考虑企业产品过去和现在在市场上的销售情况，合理确定计划期内应达到的产品销售量、销售收入和销售利润等销售目标。

(2)为什么做(Why to do it)

即明确计划工作的原因和目的。例如,企业制订销售计划是为了使产销更好地衔接,提高产品在市场上的竞争力。

(3)何时做(When to do it)

即规定计划中各项工作的时间安排。例如,工业企业生产计划,全年的生产任务,按品种、数量具体地分配到各个季度、各个月份。确定各种产品的生产先后次序,以便按期、按质和按量完成订货合同,为实现均衡生产创造前提条件。

(4)何地做(Where to do it)

即规定计划实施的地点或场所,通过了解计划的实施环境条件和限制,以便合理安排计划的实施空间。

(5)谁去做(Who to do it)

即明确规定计划实施和监督分别是哪些部门、哪些人。例如,企业的“人才引进计划”中可规定,杰出而且是组织急需的人才就应该由最高管理层出面聘请以示对人才的“思贤若渴”,当然大多数情况下由人力资源管理部门负责聘请,考核具体工作。

(6)怎么做(How to do it)

即规定计划采用哪些手段、方式去实施。如上面(5)中的“人才引进计划”应采用何种手段、什么途径去引进人才。是高薪、较高的生活待遇还是提供更优越的学习和工作环境?在计划中必须明确规定。

3.计划的作用

计划组织管理的重要性主要表现在以下几个方面:

(1)指明方向,协调工作

计划工作使组织全体成员有了明确的努力方向,并在未来不确定的和变化的环境中把注意力始终集中在既定的目标上,同时,各部门之间相互协调,有序地开展工作活动。

(2)预测变化,降低风险

计划是指向未来的,而未来具有一定的不确定性和风险。因此,计划促进组织采用科学的预测,早作安排,变不利为有利,减少变化带来的冲击,从而把风险降低到最低的限度。

(3)减少浪费,提高效率

一个严密细致的计划,可以减少未来活动的随意性,能够消除不必要的重复所带来的浪费,同时,还可以在最短的时间内完成工作,减少非正常工作时间带来的损失,有利于组织实行更经济的管理。

(4)提供标准,便于控制

计划是控制的标准,控制中几乎所有的标准都来自于计划,如果没有既定的目标和指标作为衡量的尺度,管理人员就无法检查目标的实现情况以及纠正偏差,也就无法控制。

【小思考】

俗话说:“计划赶不上变化。”你同意这个观点吗?为什么?

3.1.2　计划的类型

1.计划的主要类型

按照不同的标准,计划可分为不同的类型。

(1)按照计划期长短分类

按照计划期长短分类,计划可分为长期计划、中期计划和短期计划。

长期计划又可称为长远规划或远景规划,期限一般在10年以上。长期计划一般只是纲领性、轮廓性的计划,它只有一个比较粗略的远景设想。它是为实现组织的长期目标服务的,是纲领性和战略性计划。它决定了中期计划的方向、任务和基本内容,是制订中期计划的依据,如企业的技术发展计划、企业规模计划等。

中期计划的期限一般为5年左右。它是相对于长期计划而言的,是长期计划的具体化,对长期计划的各项任务给予具体的数量表现,并对实现任务的各项工作做出具体的安排,使长期计划的贯彻执行成为可能。另外,中期计划又可为年度计划的编制提供基本框架,是短期计划的依据。因而,中期计划成为联系长期计划和年度计划的桥梁和纽带,如企业的销售计划、技术改造计划等。

短期计划是长期计划和中期计划的具体实施计划、行动计划,对管理人员的日常工作的影响更为直接的计划。它是指一年以内的计划,如企业年度计划、季度计划、月度计划等。

(2)按照企业职能分类

组织内有着不同的职能分工,每种职能都需要形成特定的计划。因此,按照企业的职能,计划可分为生产计划、人力资源计划、营销计划、财务计划、安全计划、产品开发计划等。这些计划通常是与组织中按职能划分的管理部门的组织结构体系相对应的。

(3)按照计划性质分类

按照计划性质分类,计划可分为战略计划和战术计划。

战略计划是指应用于整个组织的,为组织设立目标以及寻求组织在环境中的地位规定总的纲领和政策的计划。战略计划是由组织高层管理者制订的长期计划。战略计划包括组织未来的目标,以及为达到这些目标所采取的策略,对本企业优缺点的分析,对将会遇到的机会、风险和威胁的预测等。

战术计划是指为了实现战略计划而针对某些非重复性问题所进行的计划,或者分阶段的对策计划。战术计划一般是由基层管理者制订,计划的时间较短。战术计划是根据企业的有关目标,如预算、利润、销售量、旅客人数等,确定工作方法,划分合理的工作单位,确定权利与责任,委派任务,调配资源。

(4)按照工作的层次分类

按照工作的层次分类,计划可分为高层计划、中层计划和基层计划。

高层计划是由高层领导机构制订,并下达到整个组织执行和负责检查的计划。高层计划一般是战略性的计划,它是对本组织有关重大的、带全局性的、时间较长的工作任务的筹划。

中层计划是中层管理机构制订、下达或颁布到有关基层执行并负责检查的计划。中层计划一般是战术或业务计划。

基层计划是基层执行机构制订、颁布和负责检查的计划。基层计划一般是执行性的计划,主要有作业计划、作业程序和规定等。

(5)按照计划对执行者的约束力大小分类

按照计划对执行者的约束力大小分类,计划可分为指令性计划和指导性计划。

指令性计划一般是由上级主管部门向下级下达的具有严格约束力的计划。指令性计划一经下达,计划的执行者就必须遵照计划开展活动,并且要尽一切努力去完成计划。

指导性计划可以是上级主管部门下达的,也可以是同级部门编制的,它对计划执行者不具有严格的约束力,是一种参考性的计划。对于这种计划,计划执行部门可以根据本部门的具体情况,决定是执行计划还是需要对计划进行必要的修改,这样实际上计划执行者就是在指导性计划的指导下开展自己本部门的活动。

【小练习】

每个学习小组对照上面介绍的计划类型,进行内部分工,尽可能找到有关每一个类型的计划案例,然后小组成员进行分享。

3.1.3 计划工作的基本步骤

任何一项完整计划的编制,一般都要遵循一定的程序。一般来说,计划的制订可分为八个步骤,如图 3—1 所示。

估量机会 → 确定目标 → 确定前提 → 拟订方案 → 评价方案 → 选择方案 → 制订派生计划 → 编制预算

图 3—1 计划工作流程

1.估量机会

估量机会就是根据计划的外部环境和内部条件进行分析,认清自己的长处和不足,发现可能出现的机会,并评估把握机会所需的资源和能力。例如,某自行车厂在企业负债累累、面临倒闭的情况下,管理者通过市场调查和分析全国的自行车的产销形势,研究其他厂的长处和自己的短处,发现载重自行车在农村有广阔的市场,而该厂又有能力研究开发和生产出好的载重自行车,因此该厂把握了这个机会,并相应制订了该产品转移至农村的计划。估量机会是在计划过程开始之前就已完成,它将直接决定是否要把握某种机会而制订的一份完整计划,所以估量机会应该视为计划工作的真正起点。

2.确定目标

目标是计划的预期成果,是行动的出发点和归宿。确定目标是计划的核心内容。目标确定主要解决三个问题:

(1)确定目标的内容和顺序

目标的内容是指某一个组织在一定时间内到底要取得哪些成果。例如,企业经济发展年度计划中,有新产品开发数量目标、产量目标、销售目标、利润目标等。此外,组织还必须明确各目标之间的关系,确定目标的主次性,即确定实现什么目标的顺序。不同的目标和顺序将导致不同的政策和行动,也会影响组织内部资源的分配次序。

(2)选择适当的目标时间

主要是指用多长的时间来达到目标。由于人们习惯按日历的相等间隔确定计划时间,这种做法与实际工作中所需时间往往不一致。因此,最好的办法是按承诺原则确定目标时间,即合理的目标时间应当与合理承诺所包含的时间相同。例如,某一投资计划的目标时间与应采取某一方案所使用的投资能充分回收的时间相等。

（3）目标要有确定的科学指标和价值

目标必须在对象、要求和时限上是明确的，并尽可能量化，以便度量和控制。目标不仅要反映事物的本质，也要符合组织的宗旨、战略和目标；不仅要有数量指标，也要有质量指标；不仅要有绝对指标，也要有相对指标。

3.确定前提

确定计划前提条件，也称确定计划的假设条件，换言之，即是执行计划时所处的未来环境。确定计划前提在计划工作中起着极为重要的作用，因为计划中的每一个决策方案都是在特定前提条件下选择出来的，而这些前提条件并非实际存在，而是计划编制者根据各种环境状况所做出的预测。如果计划中的某一环节所依赖的决策前提条件在现实中没有发生，而计划执行者本身又不了解其条件，只是简单地根据计划的要求去执行实际工作，必然会导致严重的后果。因而，组织成员越彻底理解和统一使用一致的计划前提条件，企业的计划工作就越协调。

由于计划的未来环境是极其复杂的，要对未来环境的每一细节都提出假设，既不经济又没有必要。因此，所要确定的计划前提只限于那些对计划来说是关键的，有战略意义的前提，也是最影响计划贯彻实现的假设条件。

4.拟订方案

计划前提条件确定后，就要拟订各种可行的计划方案供评价和选择。从理论上说，拟订可行方案应做到既不重复又不遗漏。因为如果所拟订出来的各个可行方案之间在执行中互相重复交叉的话，就很难对各个方案的优劣进行独立的评价。而如果不能找出所有的可行方案，就可能会遗漏某些好的计划方案，从而影响所确定的计划方案的质量。但实际上由于认识能力、时间、经验和费用等原因，管理者并不可能找到所有的可行方案，而只能是拟出若干个比较有利于预期目标的可行方案进行评价分析。

拟订计划方案时要注意各种计划表现形式的配套使用，并要注意目标、政策、策略、规则及程序等各种计划形式之间的衔接和协调。在可行方案的拟订阶段，要充分发扬民主，集思广益，广泛听取内外专家意见，大胆创新，发掘出尽可能多的行动方案，为“多中选优”创造条件。

5.评价方案

即对各个备选方案的优劣进行分析和比较。在评价时应注意几点：第一，要特别注意发现每一个方案的制约因素或隐患；第二，将一个方案的预测结果与原有目标比较时，应结合考虑能量化和不能量化的因素；第三，要用整体效益观点来衡量方案。

根据环境和目标来权衡各种因素，以此对各个方案进行评价。备选方案可能有几种情况：有的方案利润大，但支出资金多；有的方案利润小，但风险也小；有的方案对长远规划有益；有的方案对当前工作有好处。在几种方案并存的条件下，就要根据组织的目标来选择一个较合适的方案。

对于各种可行方案，要根据计划目标的要求、预定的计划前提条件，按照一定的原则，采用一定的方法进行比较评价，以确定能最佳地实现预定目标的未来行动方案。就计划方案的评价原则来说，传统的观点认为应采用最优化的原则，即对各种可行方案进行评价，从中找出最优的方案作为具体的实施方案。但西蒙认为，采用最优化原则，要求决策者能找出所有的可行方案，要能对各个方案的实施结果给予预先的估计，要对各个方案的优劣给予排序。但这些条件经常不能具备，从而使得最优化原则不能得到贯彻。所以，西蒙认为应该采用“满意原则”。按照满意原则，不是要求决策者从各个方案中找出最优的计划方案，而是找到能基本满足计划目标要求的方案。采用“满意原则”能使对计划方案的选择建立在切实可行的基础上。当然，管理者应努力提高自己的决策水平，在条件许可的情况下，尽可能找出能达到预期目标的最佳方案。

6.选择方案

从多个备选方案中选择一个或几个较优方案，是计划的关键步骤。为了对环境变化的不确定性做出一定的防范准备，保持计划稳定性，同时使计划又具有灵活性，计划的确定者应该在确定了执行方案后，对其他各备选方案按综合评估所得出的结果，应排出顺序作为后备方案。

7.制订派生计划

派生计划即细节计划、引申计划，是总计划下的分计划。如生产计划、销售计划、财务计划等就是企业计划的派生计划。主体计划要靠派生计划扶持，派生计划是主体计划的基础，只有派生计划完成了，主体计划才有保证。

8.编制预算

计划工作的最后一步是将计划方案转化为预算，使之数字化，即通过数字来反映计划。预算既是汇总和综合平衡各类计划的工具，同时又是衡量计划完成情况的标准。

【小案例】

一家食品公司通过市场调查和分析，发现儿童营养食品具有非常广阔的市场前景。该食品公司又有能力研究开发和生产此类产品，这是一个市场机会。该公司估量了这次机会之后，就确立了生产儿童营养食品的目标。食品公司确定生产儿童营养食品后，具体预测分析了当前的消费水平，公司制造能力，产品市场价格，原材料的种类、来源、价格，市场潜力，市场竞争者情况等。食品公司具体拟订了多个可供选择的方案，接着组织专家评估各种备选方案，最后从诸多可行方案中选择一个较优方案作为决策方案，确定了具体生产何种儿童营养食品，每年生产多少，需要投入多少人力、物力和财力，各部门具体应该做哪些工作等。决策方案下达后，各业务部门和下层单位又拟订了具体的部门计划，以支持总计划得以实现，如生产计划、销售计划和财务计划等。然后进行方案的实施，并进行情况的检查和反馈。上述就是一个完整的计划过程。

3.1.4 编制计划的方法

计划的编制方法有很多，最常见的方法有：滚动计划法、投入产出法和网络计划法。

1.滚动计划法

滚动计划法是一种定期修订未来计划的方法。这种方法是根据计划的执行情况和环境变化情况定期修订未来计划，并逐期向前推移，使短期计划、中期计划与长期计划有机地结合起来。滚动计划法是按照“近细远粗”的原则，边执行、边修订，即根据计划的执行情况以及出现的新变化，对未来几期计划进行修订，并将计划向前滚动顺延一个时期。滚动计划如图3－2所示：

滚动计划法的优点表现在：使长期计划、中期计划和短期计划相互衔接，短期计划内部各阶段相互衔接，这就保证了当环境变化时，能及时调整并使各期计划基本保持一致，大大地增加了计划的适应性，提高了组织的应变能力。

2.投入产出法

投入产出法自1963年提出来，目前已有100多个国家采用该法进行经济方面的研究，我

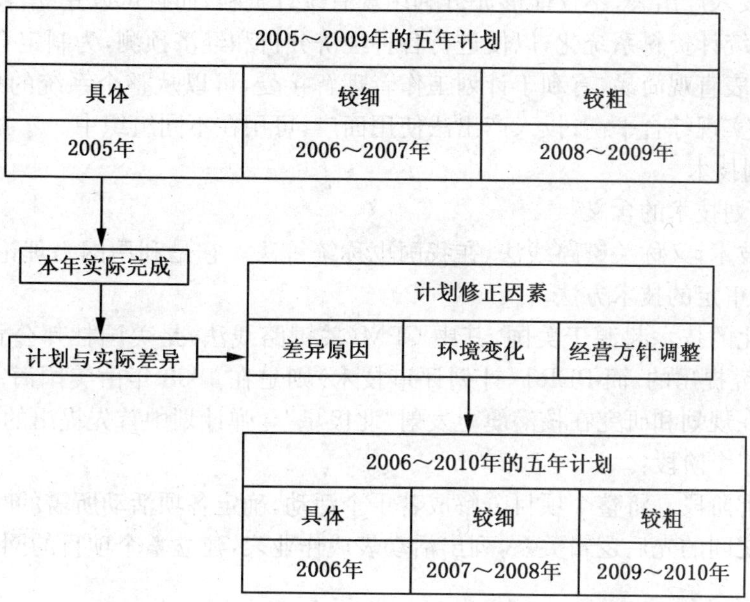

图 3－2　滚动计划

国是 1973 年引用投入产出法编制各种计划的。

(1)投入产出法的含义

投入产出法是在经济理论指导下，编制投入产出表，建立数学模型，研究各种经济活动的投入与产出之间的数量依存关系的经济数学方法。它以最终产品为经济活动的目标，从整个经济系统出发确定达到平衡的条件。

(2)投入产出法的基本原理

任何系统的经济活动都包括投入和产出两大部分，投入是指在生产活动中的消耗，产出是指生产活动的结果，包括物质产品和服务产品。在生产活动中，投入与产品保持着一定的数量关系，投入产出法就是利用这种数量关系编制投入产出表，根据投入产出表对投入与产出的关系进行科学分析，再利用分析的结果来编制计划并进行综合平衡。投入产出表的基本形式如表 3－1 所示。

表 3－1　投入产出表

投入＼产出		部门 1	部门 2	部门 3	…	部门 n	最终产品	总产值
物资消耗	部门 1	X_{11}	X_{12}	X_{13}		X_{1n}	Y_1	X_1
	部门 2	X_{21}	X_{22}	X_{23}		X_{2n}	Y_2	X_2
	部门 3	X_{31}	X_{32}	X_{33}		X_{3n}	Y_3	X_3
	部门 n	X_{n1}	X_{n2}	X_{n3}		X_{nn}	Y_n	X_n
新创价值	劳动报酬	V_1	V_2	V_3		V_n		
	税收利润	M_1	M_2	M_3		M_n		
总产值		X_1	X_2	X_3		X_n		

(3)投入产出法的优点

通过编制投入产出表,不仅能够充分利用现有统计资料,而且可以建立各种统计指标之间的内在关系,使统计资料系统化,以便进行各种经济分析和经济预测,为制定合理的价格服务;另外,投入产出表直观简易,有利于计划工作者理解接受,可以从整个系统的角度编制长期或中期计划,易于实现综合平衡;投入产出法使用面广,可用在不同组织中。

3.网络计划技术

(1)网络计划技术的含义

网络计划技术,又称关键路线法,在我国也称统筹法。它是利用网络理论制订计划,并对计划进行评价、审定的技术方法。

这种现代化的技术起源于美国,其中CPM(关键路线法)是美国杜邦公司和兰德公司于1957年联合研究提出的,而PERT(计划评审技术)则是在1958年由美国海军特种计划局和洛克希德公司在规划和研究在核潜艇上发射"北极星"导弹计划中首先提出的。网络计划技术主要包括以下三个阶段:

①项目分解阶段。将整个项目分解成若干个活动,确定各项活动所需的时间、人力、物力,明确各项活动之间的先后逻辑关系,列出活动表或作业表,建立整个项目的网络图以表示各项活动之间的相互关系。

②进度安排阶段。这一阶段的目的是编制一张表明每项活动开始和完成时间的时间进度表,进度表上应明确为了保证整个项目按时完成必须重点管理的关键活动。对于非关键活动,应提出其时差(富余时间),以便在资源限定的条件下进行资源的处理分配和平衡。为有效利用资源,可适当调整一些活动的开始时间和完成时间。

③有效控制阶段。应用网络图和时间进度表,定期对实际进度情况作出报告和分析,必要时可修改和更新网络图,决定新的措施和行动方案。

(2)网络计划技术的优点

把整个工程的各项任务的时间顺序和相关关系清晰地表示出来,指出完成工程的关键环节和路线,使管理人员在制订计划时既可统筹安排,又不失去重点;它通过调动非关键路线上的人力、物力和财力,加强关键任务,对工程的时间进度和资源利用实行优化;事先评定达到目标的可能性,指出实施中可能发生的困难点及其影响,减少了计划完成的风险;便于组织和控制,特别对于复杂的大项目,可分成许多子系统来进行控制。

3.1.5 企业资源计划(ERP)介绍

1. ERP概念

ERP(Enterprise Resource Planning),即企业资源计划系统,是指建立在信息技术基础上,以系统化的管理思想,为企业决策层及员工提供决策运行手段的管理平台。ERP系统集信息技术与先进的管理思想于一身,成为现代企业的运行模式,反映时代对企业合理调配资源、最大化地创造社会财富的要求,成为企业在信息时代生存、发展的基石。

具体来说,我们可以从管理思想、软件产品、管理系统三个层次给出它的定义:

①它是由美国著名的信息技术研究和分析公司Gartner提出的一整套企业管理系统体系标准,其实质是在MRP Ⅱ(Manufacturing Resources Planning,制造资源计划)基础上进一步发展而成的面向供应链(Supply Chain)的管理思想。

②它是综合应用了客户机/服务器体系、关系数据库结构、面向对象技术、图形用户界面、第四代语言(4GL)、网络通信等信息产业成果,以ERP管理思想为灵魂的软件产品。

③它是整合了企业管理理念、业务流程、基础数据、人力、物力、计算机硬件和软件于一体的企业资源管理系统。

2.企业资源与 ERP

厂房、生产线、加工设备、检测设备、运输工具等都是企业的硬件资源，人力、管理、信誉、融资能力、组织结构、员工的劳动热情等就是企业的软件资源。企业在运行发展中，这些资源相互作用，形成企业进行生产活动、完成客户订单、创造社会财富、实现企业价值的基础，反映企业在竞争发展中的地位。ERP 系统的管理对象便是上述各种资源及生产要素，通过 ERP 的使用，使企业的生产过程能及时、高质地完成客户的订单，最大限度地发挥这些资源的作用，并根据客户订单及生产状况做出调整资源的决策。

企业发展的重要标志便是合理调整和运用上述的资源，在没有 ERP 这样的现代化管理工具时，企业资源状况及调整方向不清楚，要做调整安排是相当困难的，调整过程会相当漫长，企业的组织结构只能是金字塔形的，部门间的协作交流相对较弱，资源的运行比较难以把握。信息技术的发展，特别是针对企业资源进行管理而设计的 ERP 系统正是针对这些问题设计的，成功推行的结果是促使企业更好地运用资源。

3.信息技术对资源管理的发展过程

计算机技术，特别是数据库技术的发展，为企业建立管理信息系统，甚至对改变管理思想起着不可估量的作用，管理思想的发展与信息技术的发展是互成因果的环路。而实践证明信息技术已在企业的管理层面扮演越来越重要的角色。信息技术最初在管理上的运用，也是十分简单的，主要是记录一些数据，方便查询和汇总，而现在发展到建立在全球互联网基础上的跨国企业的运行体系，可分作如下阶段：

（1）MIS 系统阶段（Management Information System）

企业的信息管理系统主要是记录大量原始数据，支持查询、汇总等方面的工作。

（2）MRP 阶段（Material Require Planning）

企业的信息管理系统对产品进行管理，借助计算机的运算能力及系统对客户订单、在库物料、产品构成的管理能力进行分析，实现依据客户订单、按照产品结构清单展开并计算物料需求计划，以实现减少库存，优化库存的管理目标。

（3）MRPⅡ阶段（Manufacture Resource Planning Ⅱ）

在 MRP 管理系统的基础上，系统增加了对企业生产中心、加工工时、生产能力等方面的管理，以实现计算机进行生产排程的功能，同时也将财务的功能囊括进来，在企业中形成以计算机为核心的闭环管理系统。这种管理系统已能动态监察到产、供、销的全部过程。

（4）ERP 阶段（Enterprise Resource Planning）

进入 ERP 阶段后，以计算机为核心的企业级的管理系统更为成熟，系统增加了包括财务预测、生产能力、调整资源调度等方面的功能；配合企业实现 JIT 全面管理、质量管理和生产资源调度管理及辅助决策的功能，成为企业进行生产管理及决策的平台工具。

（5）电子商务时代的 ERP

互联网技术的成熟为企业信息管理系统增加与客户或供应商实现信息共享和直接的数据交换的能力，从而强化了企业间的联系，形成共同发展的生存链，体现企业为达到生存竞争的供应链管理。ERP 系统相应实现这方面的功能，使决策者及业务部门实现跨企业的联合作战。

由此可见，ERP 的应用的确可以有效地促进现有企业管理的现代化、科学化，适应竞争日益激烈的市场要求，它的导入已经成为大势所趋。

【案例学习】

洛阳轴承集团 ERP 实施

洛阳轴承集团有限公司(简称“洛轴”)是我国“一五”期间建设的 156 项重点工程项目之一,也是目前我国规模最大的综合性轴承制造厂家之一。现有总资产 29.49 亿元,在职员工 3.01 万人。洛轴于 1999 年底开始实施 ERP。

一、洛轴对 ERP 的需求分析

洛轴的计算机应用工作起步于 1981 年。与国内其他大型企业一样,洛轴的信息化管理也经历了单项管理项目应用、部门信息管理系统的开发、企业信息网络的建立等阶段。30 多年来,在财务、人事、设备、生产、计划、供应和销售等部门开发出了一批适合企业特点的信息管理系统。但由于受当时技术条件和管理水平的局限,造成各管理系统相对独立,各子系统形成一个个信息“孤岛”,很难实现企业内部的信息共享。

随着企业运行机制的转换,原有粗放式的管理模式已经无法满足现代企业管理要求,这使得他们不得不考虑采用新的管理系统。目前,国内机电行业已经出现供大于求的现象。随着中国加入 WTO,洛轴将直接面临着更为激烈的无国界的市场竞争。“内忧外患”迫使洛轴决定实施 ERP 系统。

二、洛轴的 ERP 软件选型

(1)明确需求。首先考虑管理要达到的目标、实际管理中存在的问题以及这些问题的急迫程度及解决手段;其次考虑企业内部主要管理人员对此项需求是否已形成共识和足够重视等。

(2)软件的功能。首先,软件符合自身行业的特点;其次,软件可用部分的比率(取决于软件对企业的适用程度);最后,考虑系统的开放性,是否预留了各种接口。

(3)开发工具。软件应提供必要的开发工具,并同时保证该开发工具简单易学,适用方便,以便二次开发。

(4)软件文档。软件必须配备齐全的文档,其全面详细程度应达到用户能够自学使用,如用户手册、不同层次的培训教材以及实施指南等。

(5)价格问题。软件的投资一般包括:软件费用+服务支持费用+二次开发费用+因实施延误而损失的收益。

另外,软件商的信誉、稳定性、售后服务和技术支持也需要认真考虑。

洛轴最终选择了和佳公司的 ERP 软件。其核心产品 ERP 软件是国家 886/CIMS 主题办和中国软件行业协会力推的国产优秀软件产品,能够面对不同的行业提供成熟的解决方案,在国内有相当稳定的用户群,在业内有着很高的商誉。

三、洛轴的 ERP 系统的实施

按照“突破重点、逐步展开、先易后难、分步实施”的 16 字原则,把洛轴 ERP 系统的建设分为三个阶段:

第一阶段以强化企业的市场竞争力为重点,构建以集团公司财务、销售、物资供应为核心的 ERP 系统的基本框架,并通过远程网络系统对洛轴在全国各地的 20 多个子公司进行严格有效的管理。同时,选择一两个管理基础好的生产专业厂为试点。

第二阶段以降低生产成本为重点,在集团公司内部的主要生产专业厂全面实施 ERP 的生产管理系统。同时,与计算机辅助设计(CAD)、生产工艺(CAPP)系统相结合,建立起一套完整的生产动态管理网络系统。

第三阶段以全面提高企业素质为目标，将计算机辅助设计CAD系统、生产工艺CAPP系统、技术文件档案系统、辅助制造系统集成到ERP系统中，形成洛轴集团完整的信息网络。

洛轴ERP项目从1999年12月开始实施，在其后一年多的时间中，他们先后实施了和佳ERP的系统控制、产品管理、客户管理、库存管理、销售业务管理、应收账款管理、账务及报表等子系统管理。根据企业的实际情况和企业生产经营的需要，又与和佳公司合作，共同开发了销售门市零售、驻外销售公司管理、进出口业务管理及制单系统等模块，并在集团公司的多个单位进行了实施。同时，又以一个生产专业厂为试点，独立开发了生产计划管理、物料需求管理、车间作业计划管理、成本核算、质量管理等模块。

四、洛轴ERP系统的特点

(1)洛轴ERP系统实施过程中增加了企业必需的管理功能。

(2)业务流程重组。如在库存管理、产成品管理、发票管理和统计管理中，洛轴将仓库操作的数据按条件和时序产生相关的产成品台账、统计台账和财务凭证等数据；在销售业务流程中，洛轴以提货单数据为主线，由此产生后续的出库单或移库单、运输单、发票和客户的应收账款等数据，后续各环节只需对提货单进行选择或组合，不需要重复录入数据。

(3)严格的安全控制。每个登录者都有明确的操作权限。

(4)先进的系统应用平台。

思考题：

1.洛轴集团ERP系统的建设和实施经过了哪些阶段？

2.你认为ERP的实施对洛轴将会产生什么样的影响？

3.1.6 目标管理

1.目标管理的概念

传统的管理理论主要是针对执行人员的检查、监督与控制，而对管理者如何管理一直是困扰着人们的难题，因为管理者的工作不易定量化。20世纪50年代美国出现了一种新的管理制度——目标管理(MBO)，受到普遍欢迎，并得到广泛应用。目标管理是在泰罗的科学管理理论和行为科学理论的基础上发展起来的，是由美国著名管理学家彼得·德鲁克首先提出的。他在1954年出版的《管理实践》一书中将目标管理作为一套完整的思想和管理方法提出。

目标管理是以重视成果管理的思想为基础，组织中的上、下级管理人员共同参与制订一定时期内每个人必须达到的各项工作目标，并以此明确个人的主要责任领域。在实现目标过程中主要依靠自主管理和自我控制，最终根据目标的实现程度考核每个成员的贡献。

目标管理的思想是在1978年引入到我国的，伴随着各项计划指令层层分解落实方式的应用，特别是全面质量管理的开展，目标管理的思想在我国也得到广泛的重视。我国习惯将目标管理定义为：组织的领导层根据组织的需要，确定未来一定时期内所要达到的总目标，然后再将总目标层层分解落实，使组织中的各级各类人员，包括每个职工都有自己明确的目标和措施，并以此作为考核工作的依据。

目标管理具有三个方面的特点：

①目标管理强调了目标的重要性——结果管理。

②目标的制定和分解过程也是下级参与管理的过程。

③目标的实现要靠自我管理和自我控制为主，因此也较好地体现了以人为中心的主动式管理。

2.目标管理的步骤

(1)形成目标体系

组织的最高管理者,根据组织的需要与内部条件,制定出一定时期内经营活动所要达到的总目标,然后经过与上下左右的协商,将总目标层层分解到下级各单位和部门,以形成每个人的分目标。总目标指导分目标,分目标保证总目标,组织内部以总目标为中心,形成上下左右相互衔接、分工明确、协调一致的目标体系。目标的多少和目标实现的难易程度都要适当,而且要便于考核。在目标分解的同时,还伴随有权力的下放,即授权。

(2)组织实施

目标确定,权力下放后,各项具体目标是否能够如期完成就要靠执行者的自主管理了。上级管理者除非必须,否则不宜再具体针对每项措施做详细的指示,指手画脚、横加干预只能适得其反。但这不等于说上级可以撒手不管,上级管理者的责任从直接管理转变为间接控制,即针对下级的情况提出问题、提供信息,进行指导、协助,并且为下级更好地完成任务创造良好的工作环境。

(3)成果检查

成果检查既是上一个目标管理过程的结束,同时也是下一个目标管理过程的开始。通过成果检查,既能够作为奖惩的依据,也能发现工作中的薄弱环节和差距,为下一步做好工作创造了条件,提供了经验教训。成果检查的过程,一般是事先确定检查时间,到期后先由执行人自我检查,然后再上下协商,分析结果产生的原因,以便吸取经验教训,并为制定下一个目标做准备。对完成结果的奖惩办法是事先确定好的,实践中常常采用分级打分的方式,如达到预期目标以上,定为A级;刚好完成目标,定为B级;没有完成目标,但差距不大,定为C级;没有完成目标,且差距很大,定为D级。各级都有明确的奖励与惩罚的办法。

(4)考核依据

最终根据目标的实现程度考核每个成员的贡献。

3.目标管理的优缺点

目标管理开展以后,组织成员都有自己明确的工作目标,而且由于曾参与过目标的制定过程,这就使目标成为激励人们努力工作的要素。同时,也在一定程度上解决了以工作为中心的管理与以人为中心的管理之间的矛盾。目标管理在实践过程中表现出其他管理方法所替代不了的优点,但同时也暴露出一些局限性。

(1)目标管理的优点

首先,目标管理可以提高管理水平。因为目标的确定过程就是一次很好的问题分析过程,在上下共同参与,并经过几上几下确定目标后,组织中人员的责任就明确了。为了更好地实现目标,有关执行者一定要想办法,用尽可能少的付出来实现预定的目标,这本身就是加强管理的过程。组织内的成员都能够用最好的方式以实现目标为己任,管理水平也就能够得到逐步地提高。

其次,目标管理有助于克服组织中的许多问题。在目标分解及成果评价过程中,我们会发现组织结构中存在的问题,如因人设事、机构臃肿、互相推诿等;目标管理还可以克服工作上的随意性以及本位主义;目标管理强调以成果为中心,有助于管理者从众多的日常事务性工作中摆脱出来;目标管理较好地体现了分权制的思想,使权力的分配更加合理。

最后,目标管理有助于控制。控制就要有目标,而目标管理不仅仅是组织有一个未来要实现的总目标,而且围绕着总目标,各级各类管理者以至每个职工都有与之配套协调的分支目标和个人目标,这就使考核每个人的工作成为可能。根据每个部门、每个人完成目标的情况划分出等级，奖惩也有了依据。

(2)目标管理的缺点

首先，明确的目标不易确定。确定目标是目标管理的第一步，也是关键的一步。如果目标确定不合理，目标管理的优点就难以成立了。但是，所谓适当的目标又很难定义。一般认为，组织的目标不易太高，否则执行者会因难以实现而望之却步。组织目标也不易太低，否则难以保证资源的优化利用，执行者也缺乏压力。因此，适当的目标是指执行者需要努力才能实现的目标。实践中，目标分解的过程常常伴有上、下级的讨价还价，最终使目标偏低，目标管理的效果大受影响。因此，应该加强对目标管理方法的宣传，进一步认清目标管理能够给组织带来的好处，从而自觉确定平均先进水平的目标。

其次，重视了结果但忽视了过程。目标管理重在以结果说话，最终的评价也是针对结果的，这就有可能造成为了追求结果而忽视对过程的分析研究。比如，为了完成生产计划，将必要的设备维护修理计划取消，虽然目标完成了，但这是以牺牲长期利益为代价的。

再次，目标管理强调的是短期目标。目标管理过程中，为了便于目标的层层分解和落实，一般确定的是不超过一年的短期目标，但系统理论告诉我们，若干个短期目标的实现，不一定能保证最优长期目标的实现，有时为了保证长远利益不得不牺牲眼前利益。所以，应该加强各个短期目标与长期目标的协调配合问题，在长期目标的基础上，恰当确定各个时期的短期目标。

最后，目标管理是耗时耗资很多的工作。目标确定的过程就是一个艰苦的过程，需要花大力气分析论证，确定了总目标后再层层分解，更不是短时间能够完成的事情。因此，在目标管理的付出和效果之间存在着矛盾，必须认真分析并充分研究这个问题，即不要因花费时间和费用太多削弱了目标管理的效果，更不能为省事草率行事，使目标管理流于形式，失去意义。

【案例学习】

某机床厂的目标管理

某机床厂从2001年开始推行目标管理：为了充分发挥各职能部门的作用，充分调动1 000多名职能部门人员的积极性，该厂首先对厂部和科室实施了目标管理。经过一段时间的试点后，逐步推广到全厂各车间、工段和班组。多年的实践表明，目标管理改善了企业经营管理，挖掘了企业内部潜力，增强了企业的应变能力，提高了企业素质，取得了较好的经济效益。

按照目标管理的原则，该厂把目标管理分为三个阶段进行。

一、目标制定阶段

1.总目标的制定

该厂通过对国内外市场机床需求的调查，结合长远规划的要求，并根据企业的具体生产能力，提出了20××年“三提高”、“三突破”的总方针。所谓“三提高”，是指提高经济效益、提高管理水平和提高竞争能力；所谓“三突破”，是指在新产品数目、创汇和增收节支方面要有较大的突破。

在此基础上，该厂把总方针具体比、数量化，初步制订出总目标方案，并发动全厂员工反复讨论、不断补充，送职工代表大会研究通过，正式制定出全厂20××年的总目标。

2.部门目标的制定

企业总目标由厂长向全厂宣布后，全厂就对总目标进行层层分解、层层落实。各部门的分目标由各部门和厂企业管理委员会共同商定，先确定项目，再制定各项目的指标标准；其制定依据是厂总目标和有关部门负责拟订、经厂部批准下达的各项计划任务，原则是各部门的工作目标值只能高于总目标中的定量目标值。

同时，为了集中精力抓好目标的完成，目标的数量不可太多。为此，各部门的目标分为必考目标和参考目标两种。必考目标包括厂部明确下达的目标和部门主要的经济技术指标；参考目标包括部门的日常工作目标或主要协作项目；其中，必考目标一般控制在2～4项，参考目标项目可以多一些。目标完成标准由各部门以目标卡片的形式填报厂部，通过协调和讨论最后由厂部批准。

3.目标的进一步分解和落实

部门的目标确定了以后，接下来的工作就是目标的进一步分解和层层落实到每个人。

(1)部门内部小组(个人)目标管理，其形式和要求与部门目标制定相类似，拟定目标也采用目标卡片，由部门自行负责实施和考核。要求各个小组(个人)努力完成各自目标值，保证部门目标的如期完成。

(2)该厂部门目标的分解是采用流程图方式进行的。具体方法是：先把部门目标分解落实到职能组，任务级再分解落实到工段、工段再下达给个人。通过层层分解，全厂的总目标就落实到了每一个人身上。

二、目标实施阶段

该厂在目标实施过程中，主要抓了以下三项工作：

1.自我检查、自我控制和自我管理

目标卡片经主管副厂长批准后，一份存企业管理委员会，一份由制定单位自存。由于每一个部门、每一个人都有了具体的、定量的明确目标，所以在目标实施过程中，人们会自觉地、努力地实现这些目标，并对照目标进行自我检查、自我控制和自我管理。

这种"自我管理"，能充分调动各部门及每一个人的主观能动性和工作热情，充分挖掘自己的潜力，因此，完全改变了过去那种上级只管下达任务、下级只管汇报完成情况，并由上级不断检查、监督的传统管理办法。

2.加强经济考核

虽然该厂目标管理的循环周期为一年。但为了进一步落实经济责任制，及时纠正目标实施过程中与原目标之间的偏差，该厂打破了目标管理的一个循环周期只能考核一次、评定一次的束缚，坚持每一季度考核一次和年终总评定。这种加强经济考核的做法进一步调动了广大职工的积极性，有力地促进了经济责任制的落实。

3.重视信息反馈工作

为了随时了解目标实施过程中的动态情况，以便采取措施、及时协调，使目标能顺利实现，该厂十分重视目标实施过程中的信息反馈工作，并采用了两种信息反馈方法：

(1)建立"工作质量联系单"来及时反映工作质量和服务协作方面的情况。尤其当两个部门发生工作纠纷时，厂管理部门就能从"工作质量联系单"中及时了解情况，经过深入调查，尽快加以解决，这样就大大提高了工作效率、减少了部门之间不协调现象。

(2)通过"修正目标方案"来调整目标，内容包括目标项目、原定目标、修正目标以及修正原因等，并规定在工作条件发生重大变化需修改目标时，责任部门必须填写"修正目标方案"提交企业管理委员会，由该委员会提出意见交主管副厂长批准后方能修正目标。

该厂长在实施过程中由于狠抓了以上三项工作，因此，不仅大大加强了对目标实施动态的了解，更重要的是加强了各部门的责任心和主动性，从而使全厂各部门从过去等待问题找上门的被动局面，转变为积极寻找和解决问题的主动局面。

三、目标成果评定阶段

目标管理实际上就是根据成果来进行管理的，所以成果评定阶段显得十分重要，该厂采用了“自我评价”和上级主管部门评价相结合的做法，即在下一个季度第一个月的10日之前，每一部门必须把一份季度工作目标完成情况表报送企业管理委员会(在这份报表上，要求每一部门自己对上一阶段的工作做一恰如其分的评价)；企业管理委员会核实后，也给予恰当的评分；如必考目标为30分，一般目标为15分。每一项目标超过指标3%加1分，以后每增加3%再加1分。一般目标有一项未完成而不影响其他部门目标完成的，扣一般项目中的3分，影响其他部门目标完成的则扣分增加到5分：加1分相当于增加该部门基本奖金的1%，减1分则扣该部门奖金的1%。如果有一项必考目标未完成则扣至少10%的奖金。

该厂在目标成果评定工作中深深体会到：目标管理的基础是经济责任制，目标管理只有与明确的责任划分结合起来，才能深入持久、具有生命力，达到最终的成功。

思考题：

1.在目标管理过程中，应注意一些什么问题？

2.你认为实行目标管理时培养完整严肃的管理环境和制定自我管理的组织机制，哪个更重要？

【训练与练习】

下面是一份商业计划书的纲要，请参照这份案例，以小组为单位，选定一个产品，做一份商业计划书。

“××胶囊”商业计划书(纲要)

一、××胶囊产品的概况

××胶囊是JL药业集团公司研制开发的保健食品，内含体内平衡因子。经多年的实验证明，体内平衡因子具有改善胃肠功能和抗衰老的功效，对便秘、肥胖、色斑、粉刺及并发症等有一定的预防作用和疗效。

二、××胶囊生产计划

2001年生产50万盒、2002年500万盒、2003年1 000万盒、2004年1 500万盒、2005年2 000万盒(每盒60粒)。

三、××胶囊的市场前景分析

(一)我国保健品市场发展现状及展望

2000年，我国保健品销售额超过500亿元，其中，年销量超过10亿元的产品有红桃K、脑白金、昂立1号等。我国保健品市场在经过前些年的风雨洗礼后，已渐渐成熟，并被誉为“朝阳产业”。同时，由于百姓消费观念的变化，花钱买健康渐渐成为消费时尚。

××胶囊是一个具有国际品质的体内环保产品。体内环保在发达国家如美国、日本等已形成一股热潮。公司审时度势，率先研制推出体内环保产品——××胶囊。

(二)国际上体内环保消费及产品开发情况(略)

(三)××胶囊的市场优势

人们由于年龄的增长、工作的压力、生活方式的改变和饮食环境的污染及药物的毒副作用，造成体内平衡因子不断减少，致使机理失去平衡。通过摄入××——体内平衡因子，可改善胃肠功能，使体内保持平衡，恢复体内自然排毒除污的功能。

1. 体内环保与排毒、洗肠的区别(略)

2. 产品定位点

(1)××在我国首次提出“体内环保”概念，这一鲜明而独特的口号，必将冲破市场竞争的巨大压力，在市场竞争中取胜。

(2)科学而富有创造性的“体内平衡因子”的概念，定能掀起我国体内环保的一场深刻革命和消费热潮。

3. 市场机会点

(1)生态环境保护已深入人心，而××所倡导的“体内环保”概念，迎合了国际体内环保的消费潮流。

(2)生态环境污染的破坏、工作的压力、饮食的改变等，是导致便秘、肥胖、色斑等的主要原因，特别是女性。便秘、粉刺、色斑、皮肤老化等将使她们成为该胶囊的庞大而稳定的消费群体、市场潜力巨大。

4. ××胶囊的消费群体分析

(1)从性别的角度看，女性将是××胶囊消费的主力军。

(2)从疗效的角度看，便秘、肥胖患者将成为主要消费对象。

(3)××正是体内肠道的“清道夫”，人人都需要天天消除宿便。

因此，××胶囊市场发展潜力巨大。

四、营销策略

1. 市场目标

在新产品上市的第一年度，以山东、湖南、广东、福建、湖北等省市为重点市场，将这些地区作为本年度的主攻市场，以东北、华北、西南为次重点市场，将这些地区作为公司下一步考虑的重点市场。在第一年里，公司不以利润为出发点，重点做好市场部署工作，为以后的全国市场做演习。

2. 营销策略

为达到上述目标，公司有针对性地实施差异化的市场策略，以重点市场为主要战场。在广告方面，以电视、报纸为主要媒体。

五、经济效益分析(见表3—2)

表3—2　　经济效益分析

项目＼年份		2001	2002	2003	2004	2005
发展计划(万盒)		50	500	1 000	1 800	2 000
产值(万元)		3 400	34 000	68 000	122 400	136 000
收入(万元)		2 375	23 750	47 500	85 500	95 000
支出	成本费(万元)	630	6 300	12 600	22 680	25 200
	广告费	1 700	5 000	4 400	4 000	3 000
	合计(万元)	2 330	11 300	17 000	26 680	28 200
毛利(万元)		45	12 450	30 500	58 820	66 800

六、投资风险分析

1. 行业风险

保健食品品种繁多,竞争激烈。

2. 广告风险

广告投资较大。在广告大战中,如不注意搞好广告策划,建好终端销售网络,有可能失败。

七、投资说明

1. 资金需求及用途

2001年生产50万盒××胶囊,需原材料、包装费等630万元。投入广告费、网络建设费1 700万元,收入2 375万元,广告投入与收入之比为1∶2;2002年生产胶囊500万盒,需原材料、包装费6 300万元。广告费、网络建设费5 000万元,收入23 750万元,广告投入与收入之比为1∶5;从第三年开始,可以滚动发展,因网络已建好,广告费逐渐减少,广告效应会越来越大。

2. 成立股份公司

3. 投资参股模式

投资方可直接为本项目主体公司进行投资,并按投资协议持有项目公司扩资后一定比例的股份。投资方可以委派人员进入董事会参与公司的经营管理,尤其是监督本项目的进展。

八、公司基本情况

1. 公司概况

珠海JL药业集团公司成立于1991年11月,是一家以生物工程为主导产业、从事医药、保健品、化妆品等的生产。

2. 公司管理体系

(1)集团管理架构(略)

(2)管理团队(略)

(3)人力资源计划(略)

(4)激励机制:公司计划推行员工持股计划。

3.2 组 织

组织工作是管理的基本职能之一。在计划工作职能确定了组织的具体目标,并对实现目标的途径作了大致的安排之后,为了使人们能够有效地工作,还必须设计和维持一种组织结构,它包括组织机构、职务系统和相互关系。具体来说,就是要把为达到组织目标而必须从事的各项工作或活动进行分类组合,划分出若干部门,根据管理宽度原理,划分出若干管理层次,并把监督每一类工作或活动所必需的职权授予各层次、各部门的主管人员,以及规定上下左右之间的协调关系。

【小知识】

在自然科学领域，石墨与钻石都是由碳原子构成的，构成要素一样，但两者的力量和价值简直无法相提并论。钻石为什么会比石墨坚硬？钻石为什么比石墨值钱？造成它们之间差异的根本原因就是原子间晶体结构的差异：石墨的碳原子之间是“层状结构”，而钻石的碳原子之间是独特的“金刚石结构”。在工程技术领域，性能同等优良的机器零件，由于组装的经验和水平不同，装出来的机器在性能上可能相差很大。在军队，一队士兵数量上没有变化，仅仅由于组织和列阵的不同，在战斗力上就会表现出质的差异。那么，在经济组织里的情况怎样？

3.2.1 组织概述

1. 组织的含义

组织有两个含义：一是一般意义的组织。这是人们进行合作活动的必要条件。一般泛指各种各样的社会组织或事业单位、企业、机关、学校、医院、工会等。美国管理学家切斯特·巴纳德认为：由于生理的、心理的、物质的、社会的限制，人们为了达到个人的和共同的目标，就必须合作，于是形成了群体，即组织。

二是管理学意义的组织。这是按照一定目的和程序而组成的一种权责角色结构(The Structure of Roles)，其中有四个重要概念：

①职权(Authority)。指经由一定的正式程序所赋予某项职位的一种权力。居其位者，可以承担指挥、监督、控制以及惩罚、裁决等工作。这种权力是一种职位的权力，而不是某一特定个人的权力。

②职责(Responsibility)。指在某项职位上应该完成某项任务的责任。

③负责(Accountability)。反映上下级之间的一种关系。下级有向上级报告自己工作绩效的义务或责任，上级有对下级的工作进行必要指导的责任。

④组织系统图(Organizational Chart)。反映组织内各机构、岗位上下左右相互关系的一种图表。

2. 组织工作

(1)组织工作的含义

组织工作是指为了实现组织的共同目标而确定组织内各要素及其相互关系的活动过程，也就是设计一种组织结构，并使之运转的过程。

(2)组织工作的特点

①组织工作是一个过程。组织工作是根据组织的目标，考虑组织内外部环境来建立和协调组织结构的过程。这个过程一般的步骤为：A.确定组织目标；B.对目标进行分解，拟定派生目标；C.确认为实现目标所必需的各项业务工作并加以分类；D.根据可利用的人力、物力及利用它们的最好方法来划分各种工作，由此形成部门；E.将进行业务活动所必需的职权授予各部门的负责人，由此形成职务说明书，规定该职务的职责和权限；F.通过职权关系和信息系统，把各部门的业务活动上下左右紧密地联系起来。

②组织工作是动态的。通过组织工作建立起来的组织结构不是一成不变的，而是随着组织内外部要素的变化而变化的。由于任何组织都是社会系统中的一个子系统，它在不断地与

外部环境进行能量、信息、材料等的输入和输出，而这种输入和输出一般会影响组织目标。随着时间的推移，原来的目标由于环境变化，可能不太适宜了，那么这时依据计划工作中的“改变航道”原理，必须根据环境条件的变化，不断地修正目标。目标的变化自然又会影响随同目标而产生的组织结构，为使组织结构能切实起到促进组织目标实现的作用，就必须对组织结构作出适应性的调整。

(3)组织工作要回答或解决的基本问题

①决定管理宽度从而引起组织结构分级的因素是什么？

②决定各种类型部门划分的因素是什么？按各种标志划分部门的优缺点有哪些？

③在把各种业务工作指定给既定的部门时，要考虑哪些因素？

④组织中存在着哪些职权关系？

⑤为什么应该把组织中的职权分散到组织结构的各部门？

⑥管理者应该如何把组织理论应用到实际工作中去？

3. 非正式组织

(1)非正式组织的概念

非正式组织是指存在于正式组织之中，人们在共同工作中所形成的靠感情和非正式规则组合的群体。非正式组织与正式组织相互依存，前者对后者的效率有很大的影响。

(2)非正式组织形成的原因

①共同的利益指向。在一个正式组织中，虽然存在一个共同的正式目标，但在这个目标之下，各个成员又都有自己的利益，如果一部分成员的共同利益比较接近或相同，就容易对一些问题作出同样的反应，久而久之，就会自然而然地形成一种非正式组织。

②共同的价值观和兴趣爱好。在一个正式组织中，如果一部分成员在性格、爱好、情感、志向等方面存在着一致性，就自然而然地会经常接触、形成伙伴关系。这种伙伴关系会对正式组织的工作产生有利或不利的影响，从而发展为非正式组织。

③具有类似的经历或背景。在一个正式组织中，同乡、同事、同学、师徒等具有类似的经历或背景的人都会加强之间的接触和往来，并在工作中互相作用，进而形成非正式组织。

非正式组织是相对于正式组织而言的。由于它是无形的，因而，要认识非正式组织，就只能从其行为特征上来把握。

(3)非正式组织的的作用

非正式组织的作用可以分为两个方面：积极作用和消极作用。一个非正式组织是发挥积极作用还是产生消极作用，取决于非正式组织的内部结构和形成的基础。当非正式组织的结构与正式组织一致时，就会发挥积极作用。而当两者相悖时，尤其当正式组织的领导在非正式组织成员中失去威信时，就会产生消极作用，具体有以下几方面：

①非正式组织的存在会增强组织内职工间的凝聚力。

②非正式组织的存在会增加信息沟通，使人们更快地取得一致性。

③非正式组织的存在可能会增加激励，也可能会减少激励。

非正式组织的存在是客观的，不以人的意志为转移。其作用也是客观存在的，不以人是否承认它而转移。并且，非正式组织与正式组织之间存在着十分密切的关系。所以，对待非正式组织，必须采取正确的态度，以发挥非正式组织的积极作用，抑制乃至消除其消极作用。

(4)对非正式组织应有清楚地认识和正确的态度

在我国，由于长期以来组织理论不发达，对非正式组织缺乏深入的分析和研究，因此在认

识上有许多偏差。这会影响非正式组织积极性的发挥,这些认识概括起来主要有以下几种:

①不承认企业及其他组织中存在非正式组织,不能实事求是地对待非正式组织。

②把非正式组织与正式组织对立起来,只看到它的消极作用,而看不到它的积极作用。

③认为非正式组织无足轻重,采取放任自流的态度,不闻不问。

这些认识显然应加以更正。对非正式组织应采取一分为二的态度,既要看到它具有消极作用的一面,更要看到只要对其加以引导,它就具有积极作用的一面。这样,才可能采取正确的措施。

(5)采取合理措施,使非正式组织为实现组织目标服务

①利用非正式组织成员之间情感密切的特点,引导他们互相取长补短、互帮互学,提高职工的生产技术水平,提高劳动生产率。

②利用非正式组织成员之间互相信任、说话投机、有共同语言的特点,引导他们开展批评与自我批评,克服缺点、发扬优点,不断提高思想政治水平和工作能力。

③利用非正式组织信息沟通迅速的特点,可及时收集职工对组织工作的意见和要求,使领导做到心中有数,知彼知己。

④利用非正式组织的凝聚力强,能较好地满足成员的社交等心理需求的特点,可以有意识地把有些组织无力顾及的群众工作交给他们去做,这对于解决群众的特殊疑难问题、促进组织内部安定团结具有重要作用。

⑤利用非正式组织内群体压力大,成员的从众心理强、标准化倾向强的特点,在制定定额、确定任务和目标、分配任务时,只要有可能的话,标准就可适当提高,难度也可以适当加大,以提高工作效率,克服工作难关。

⑥利用非正式组织中自然形成的领袖人物具有说话灵、威信高、能力较强、影响力较大的特点,在情况允许的条件下,对其领袖人物可以适当信任、依靠,并授予他相应的权力,从而把整个非正式组织纳入企业正式组织目标的轨道。

此外,还应针对不同的非正式组织的不同性质,分别采取不同的对策,对症下药。概括来说就是:对有积极作用的非正式组织应予以支持、帮助,如群众自发组织的革新小组、学习小组等;对于有消极影响的非正式组织,则应给予积极引导,加以改造,削弱其作用,促进其向有利的方面转变。

【案例学习】

员工为何不满意

阳贡公司是一家中外合资的高科技企业,其技术在国内同行业中居于领先水平。公司拥有员工100人左右,其中的技术、业务人员绝大部分为近几年毕业的大学生,其余为高中学历的操作人员。目前,公司员工当中普遍存在着对公司的不满情绪,辞职率也相当高。

员工对公司的不满始于公司筹建初期,当时公司曾派遣一批技术人员出国培训,这批技术人员在培训期间结下了深厚的友谊,回国后也经常聚会。在出国期间,他们合法获得了出国人员的学习补助金,但在回国后公司领导要求他们将补助金交给公司,于是矛盾出现了。技术人员据理不交,双方僵持不下,公司领导便找这些人逐个反复谈话,言辞激烈,并采取一些行政制裁措施给他们施加压力。少数几个人曾经出现了犹豫,却遭到其他人员的强烈批评,最终这批人员当中没有一个人按领导的意图行事,这导致双方矛盾日趋激化。

最后,公司领导不得不承认这些人已形成了一个非正式组织团体。由于没有法律依据,公

司只好作罢。因为这件事造成公司内耗相当大,公司领导因为这批技术人员"不服从"上级而非常气恼,对他们有了一些成见,而这些技术人员也知道领导对他们的看法。于是,陆续有人开始寻找机会"跳槽"。一次,公司领导得知一家同行业的公司来"挖人",公司内部也有不少技术人员前去应聘,为了准确地知道公司内部有哪些人去应聘,公司领导特意安排两个心腹装作应聘人员前去打探,并得到了应聘人员的名单。谁知这个秘密不胫而走,应聘人员都知道自己已经上了"黑名单",于是相继辞职而去。

由于人员频繁离职,公司不得不从外面招聘以补足空缺。为了能吸引招聘人员,公司向求职人员许诺住房、高薪等一系列优惠条件,但被招人员进入公司后,却发现当初的许诺难以条条兑现,非常不满,不少人干了不久就"另谋高就"了。为了留住人才,公司购买了两栋商品房分给部分骨干员工,同时规定,该用房不得出售。员工离开公司时,需将住房退给公司。这一规定的本意是想借住房留住人才,但却使大家觉得没有安全感。另外,公司强调住房只分给骨干人员,剩下将近一半的房子宁肯空着也不给那些急需住房的员工。这极大地打击了其他员工的积极性,情绪低落,甚至有消极怠工的现象。

在工资奖金制度方面,公司也一再进行调整。工资和奖金的结构变得越来越复杂,但大多数员工的收入水平并没有多大变化。公司本想通过调整,使员工的工作绩效与收入挂钩,从而调动员工的积极性,但频繁的工资调整使大家越来越注重工资奖金收入,而每次的调整又没有明显的改善。于是,大家产生了失望情绪。此外,大家发现在几次调整过程中,真正受益的只有领导和个别职能部门的人员,如人事部门。这样一来,原本希望公平的措施却产生了更不公平的效果。员工们怨气颇多,认为公司调整工资奖金,不过是为了使一些人得到好处,完全没有起到调动员工积极性的作用。

公司的考勤制度只是针对一般员工,却给了与他同级或在他上级的人员以很大的自由度,如规定一般员工每天上下班必须打卡,迟到1分钟就要扣除全月奖金的30%,而主管以上人员上下班不需打卡,即使迟到也没有任何惩罚措施。普通员工对此十分不满,于是他们也想出了一些办法来对付这种严格的考勤制度,如不请假、找人代替打卡或有意制造加班机会等方法。公司人员岗位的安排也存在一定的问题。本可以由本、专科毕业生做的工作却由硕士、博士来干,大家普遍觉得自己是大材小用,工作缺乏挑战性和成就感。员工们非常关心企业的经营与发展情况。特别是近来整个行业不景气,大家更是关心企业的下一步发展和对策,但公司领导在这方面很少与员工沟通。公司员工已经无心工作,上班时间经常聚在一起议论公司的各种做法以及前景问题。

思考题:

1. 对于公司中存在的非正式组织,阳贡公司的处理方法是否得当?如果是你,你会怎么做?
2. 你认为可以采取什么措施来改善该企业目前的状况?

3.2.2 组织结构设计

组织结构设计指的是对组织的结构和活动进行创构、变革和再设计。组织结构设计的目的就是要通过创构柔性灵活的组织,动态地适应外在环境变化的要求,并且能够在组织演化成长的过程中,有效集聚新的组织资源要素,同时协调好组织中部门间的人员与任务间的关系,使员工明确自己在组织中应有的权利和应负的责任,有效地保证组织活动的开展,确保组织目标的实现。

1. 组织结构设计的基本原则

组织结构设计是否合理有效，对于组织成功与否举足轻重。

(1)有效性原则

①要求组织结构设计要为组织目标服务并有利于组织目标的实现。

②有效性原则要求组织结构设计的本身要有效率。

③有效性原则还要求以较少的人员、较少的层次、较少的时间达到较好的管理效果。

(2)统一领导和分级管理原则

①统一领导和分级管理原则是处理上下级之间关系的一条重要原则，它要求每个职务都要有人负责，每个人都知道其直接领导是谁、下级是谁。

②在正常情况下，等级链上的每一个上级领导不得越权指挥，但可以越级检查，下级也不要越级请示，但可以越级反映情况和提出建议。

③一般来说，凡是关系组织全局的一些重要权力，均应集中于企业最高管理层；而属于履行企业日常管理中的职权问题，则应逐级分散授予中层或基层去管理。

(3)权责对等原则

在委以责任的同时，必须委以自主完成工作所需要的权力，权责必须对等，这是管理组织原则中非常重要的一项。

(4)协调原则

协调原则是管理组织的一条重要原则，它要求及时调整和改善企业内部(在某些方面也包括外部)各单位、各部门之间的关系，排除各种矛盾，保证组织结构上下左右有条不紊地运行，使整个组织能够步调一致地去实现组织目标。

(5)分工与协作原则

①分工是按照提高管理的专业化程度和工作效率的要求，把组织的任务、目标分成各个层次、各个部门以及各个人的任务和目标，明确与其相适应的工作及完成任务的手段、方式和方法。

②协作是指明确部门与部门之间以及部门内部的协调关系和配合的方法。

③分工与协作是相辅相成的，只有分工没有协作，分工就失去意义，而没有分工就谈不上协作。

(6)弹性结构原则

现代组织理论非常强调组织结构应具有弹性。所谓具有弹性，是指一个组织的部门机构、人员的职责和职位都应适应环境的变化而做相应的变动。这种弹性在组织结构设计中可以做以下考虑：

①按任务和目标需要设立岗位，不按人设岗。

②干部的定期更换。

③实行职工一专多能。

④实行多种用工制度，使组织内人员富有弹性。

2. 组织设计的基本程序

一般来说，组织设计包括四项基本内容：工作划分、工作归类、管理层次、职权关系。这四项基本内容构成了组织设计的四个基本步骤，即一般程序，如图 3—3 所示。

(1)工作划分，确定具体目标

①实现计划拟定的目标，是组织的总任务。作为管理者必须把这个总任务划分成许多具体的工作任务，使组织内的每个成员承担一部分。

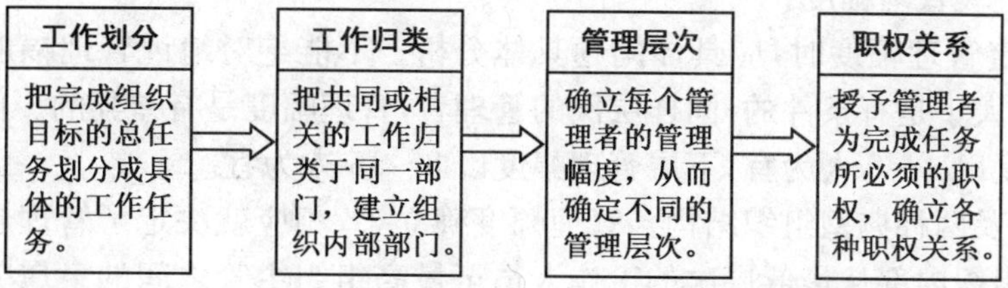

图3—3 组织设计的基本程序

②工作划分应根据目标一致和效率优先的原则进行。

③工作划分没有一个统一的标准。它是随组织任务不同、人员素质不同、所拥有的资源不同而不同的。我们把组织内的工作按其性质不同划分为两类：作业工作和管理工作。

④所谓作业工作，是以实际作业为主的工作。对这类工作的划分应注意的问题有：一是按专业化考虑，在划分工作时必须发挥专业化的优点；二是考虑作业流程的要求，使作业划分既有分工又有协作；三是这类工作人员特别需要具备技术能力。

⑤管理工作是以管理目标所配备的人员，从事配置物质资料、资金和选择工作方法为主的工作。对这类工作的划分应注意的问题有：一是这类工作人员特别需要具备的是管理能力；二是必须考虑管理费用成本，管理工作划分时要有成本、费用的约束。

(2)工作归类，建立工作部门

①在把总任务分成许多具体任务后，下一步工作就是将性质相同的或相近的工作进行归类合并，在组织内部建立职能各异的部门，如生产部门、销售部门、人事部门、财务部门等。

②以工作归类为基础建立部门的基本方法可参照如下：A.按产品建立划分部门。这种方法是按产品类别或产品系列对企业经营活动进行归类划分，特别是大型、复杂的组织按产品划分部门很重要。B.按生产顺序或设备类型建立划分部门。这种方法就是根据生产工艺特点把相同的工艺归类到一个部门。C.按企业的职能建立划分部门。这里的职能指的是具体的业务活动，这种方法把企业内相同或相似的业务活动归类到一个部门。D.按地区建立划分部门。这种方法比较适应于在地理上较为分散的企业，也是一种比较普遍的方法。

(3)确定管理幅度，划分管理层次

①管理幅度及其主要影响因素。所谓管理幅度，是指一个管理者能够直接地、有效地管理的人数，也就是要求一个管理者有一个"适度"的管理范围。这个"适度"如何确定，至今没有一个公认的客观标准。这是因为影响管理幅度的因素很多，所以对管理幅度的适度性就很难确定。

一是主管、部属能力的高低。凡是能力强、精力充沛、经验丰富的优秀管理者，管理幅度可适当大些；反之，则相应减少。

二是职务的性质。职务性质较繁杂，需要创造、创新力度大的，对外联系比较频繁的，管理幅度应小些；反之，管理幅度应增大。

三是对业务部门、参谋人员的重视和利用程度。重视组织的作用，对于指挥、监督的调整能获得很大帮助，在这种情况下幅度可适当扩大。

四是信息、交通传递方式的便捷程度。交通方便、信息传递灵便的，对于组织要素转移和控制、调整、命令传达都非常有利，管理幅度应适当增大。

五是组织内部制度完善状况。对部属活动成果有完善的会计、统计、信息反馈和评价的严格管理制度，可扩大管理幅度。

因此，在确定管理幅度时，应具体问题具体分析。不能绝对地说管理幅度是大好还是小好。管理幅度的大小是有条件的，同样层次的管理者，管理幅度是有差异的。但就一般情况来说，上层管理幅度以 4～8 人为宜，下层管理幅度以 8～15 人为宜。

②管理层次及两种典型组织结构。管理幅度确立了，相应就决定了管理层次。所谓管理层次，是指一个组织内部从最低层次的工作人员至最高组织主管之间的隶属关系数目。管理幅度与管理层次呈反比关系。由于管理幅度的大小不同形成了两种形式的组织结构：第一种是管理幅度窄，组织层次多的高长式组织结构；第二种是管理幅度宽，组织层次少的扁平式组织结构。

第一种，高长式的组织结构。在高长式的组织结构中，每个管理人员领导的下属人数较少，层次较多，如图 3－4 所示。

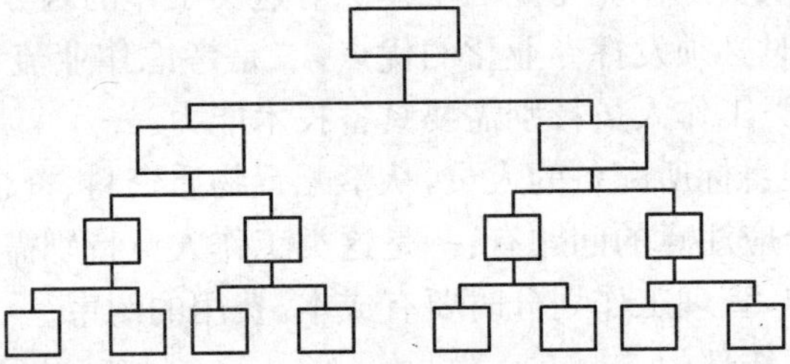

图 3－4 高长式的组织结构

优点：可以进行严密的控制和监督；使上下级之间联络迅速。缺点：容易造成上级过多地插手下级的工作；管理层次多，引起管理费用增加；最高层与最低层距离拉长，信息的传递缓慢，容易失真。

第二种，扁平式组织结构。在扁平式组织结构中，管理人员管理幅度宽、层次少，如图 3－5所示。

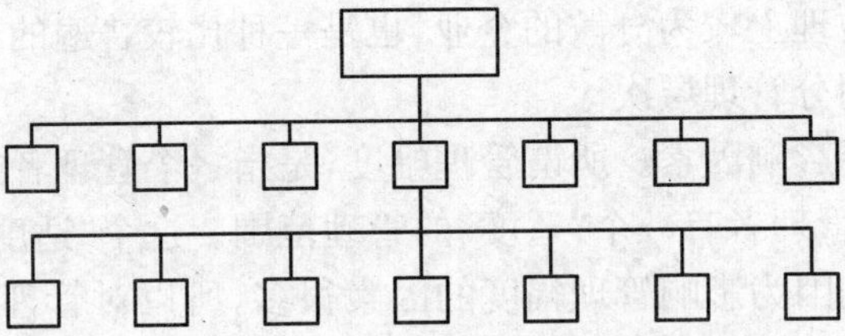

图 3－5 扁平式组织结构

优点：由于管理层次少，组织机构精简、工作效率较高，管理费用也可大大节约。缺点：上级主管负担较重；容易出现失控的危险；组建要求较高，它要求管理者有良好素质，要求上级授权，要求制定明确的目标、计划和政策，还要求谨慎地选好下层人员。

高长式的组织结构与扁平式的组织结构各有其优缺点，一个组织采用何种结构形式应根据具体的情况确定。较为理想的组织结构应是管理幅度与管理层次趋于均衡，能以最低的管理成本完成组织的目标。

(4)实行授权，建立组织的职权关系

在组织内部各个部门和每个管理层次中，必须设置一系列的职位，每个职位配置合适的人选，每个人员具有与职位相称的职务，负有一定的责任和义务，并由组织授予完成工作、履行职责的权力，这就是授权。授权是组织设计的重要内容。

①纵向职权关系，即上下级间的职权关系。这种职权关系是沿着组织内部管理层次由上而下建立的，形成了一条命令链来下达命令和执行决策。正确处理上下级间职权关系需注意几点：一是明确职责的绝对性；二是职权和职责应该对等；三是授权要明确、彻底；四是保持良好的沟通。

②横向职权关系，即直线部门与参谋部门之间的职权关系。直线职权是一种等级式的职权，直线管理人员具有决策权与指挥权，可以向下发布命令，下级必须执行。而参谋职权是一种顾问性或服务性的职权，其作用主要是协助直线职权去完成组织目标。

但在实际管理工作中，直线管理人员和参谋人员经常发生冲突。要处理好直线职权和参谋职权的关系应注意两点：第一，应明确设立参谋职位的目的；第二，应明确直线人员和参谋人员的关系。

【小练习】

请你在了解自己所在院校的教学及其他工作情况的基础上，谈谈应如何设计所在院校的组织结构。

3.2.3　常见的组织结构形式

组织结构是表明组织各部分排列顺序、空间位置、聚散状态、联系方式以及各要素之间相互关系的一种模式，是执行管理和经济模式的体制。

接下来，我们学习六种常见的企业组织结构。

1. 直线型组织结构

直线型组织结构也称为单线型组织结构，是最早使用也是最为简单的一种组织结构类型，是指组织没有职能机构，从最高管理层到最基层，实行直线垂直领导，如图 3－6 所示。

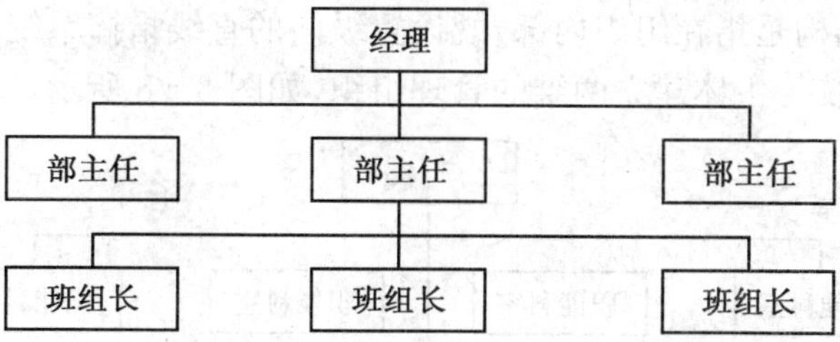

图 3－6　直线型组织结构

这种组织结构的特点包括：每个主管人员对其直接下属有直接职权；每个人只能向一位直接上级报告；主管人员在其管辖的范围内，有绝对的职权或完全的职权。

优点是：①结构简单，易统一指挥，责任和权限比较明确，有利于迅速做出决定；②指挥和管理工作集中在企业行政负责人一人手中，下属不会得到互相抵触的指令，便于全面执行纪律和进行监督。

缺点是：如果企业规模较大，业务复杂，所有管理职能仍要由一人承担，需要找到全能的管理者，但这是非常困难的事。

适用于：没有必要按职能实行专业化管理的小型企业，或现场作业管理。

2. 职能型组织结构

职能型组织结构是采用按职能实行专业化分工的管理办法，即在总负责人下设立职能机构人员，把相应的管理职责和权力交给这些职能机构，各职能机构在自己业务范围内可以向下级单位下达命令和指示，直接指挥下级单位，如图 3－7 所示。

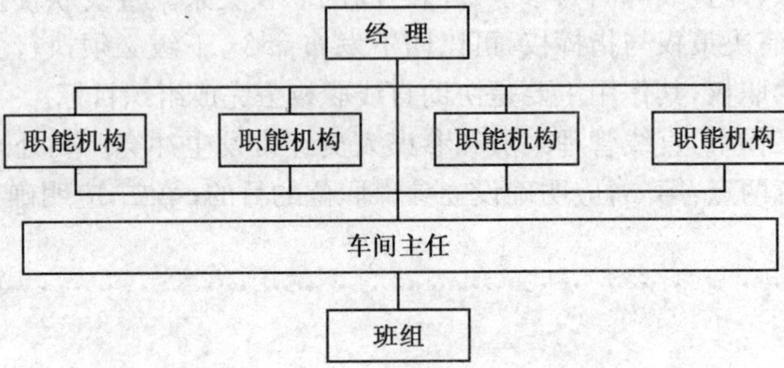

图 3－7 职能型组织结构

优点是：①具有适应管理工作分工较细的特点，能充分发挥职能机构的专业管理作用；②由于吸收专家参与管理，减轻了上层主管人员的负担，使他们可以集中精力以履行自己的职责。

缺点是：①由于实行多头领导，妨碍对企业生产经营活动的统一指挥，容易造成管理混乱；②不利于明确划分直线领导人员和职能部门的职责和权限；③各职能部门往往从本部门的业务工作出发，不能很好地相互配合，横向联系差，对环境变化的适应性也差；④不适合培养高层次管理人员。

适用于：在实际工作中，事实上不存在纯粹的职能型组织结构，企业一般不采用。

3. 直线职能型组织结构

直线职能型组织结构是指在组织内部，既设置纵向的直线指挥系统，又设置横向的职能管理系统，以直线指挥系统为主体建立两维的管理组织，如图 3－8 所示。

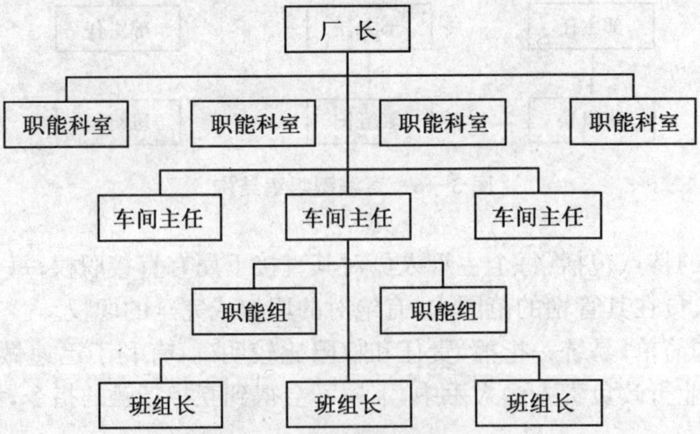

图 3－8 直线职能型组织结构

优点是:①各级直线领导人员都有相应的职能机构和人员作为其参谋和助手,因而能够对本部门的生产、技术、经济活动进行有效的指挥,以适应许多企业管理工作比较复杂和细致的特点;②每个部门都是由直线领导人员统一指挥和管理,有利于实行严格的责任制度。

缺点是:①由于各部门分担不同的专业管理工作,观察和处理问题的角度不同,因此常常会出现矛盾,也不利于各部门之间的意见沟通,加大了协调工作量;②各部门遇到问题,要先向直线领导请示报告,然后才能处理,这既加重了高层领导人员的负担,也造成生产经营活动的迟缓,最终造成效率低下。

适用于:一般在企业规模比较小,产品品种比较简单,工艺比较稳定,市场销售情况比较容易掌握的情况下采用。

4. 事业部型组织结构

事业部型组织结构是美国通用汽车公司总裁斯隆于 1924 年提出的,因而也被称为“斯隆模型”。它是目前国内外大型企业普遍采用的一种组织结构形式,其特点是:把企业的生产经营活动,按产品或地区不同,建立不同的经营事业部;同时,每个经营事业部是一个利润中心,在总公司领导下,实行统一政策、分散经营、独立核算、自负盈亏,如图 3-9 所示。

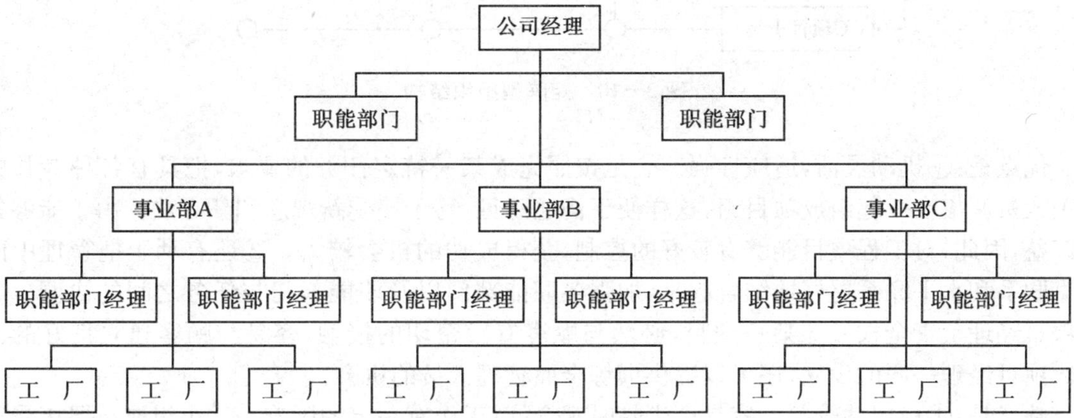

图 3-9 事业部型组织结构

这一形式大多流行于跨国企业,设计上通常设有中央服务部门,如采购、人事、财物、广告等,向各地区提供专业性的服务。

优点是:①按产品或地区划分事业部后,总公司可以根据各个事业部的资料,对各产品和地区的情况有所了解,能够迅速做出反应,有利于公司的最高领导层摆脱日常行政事务,真正成为强有力的决策机构;②能加强公司所属各事业部领导人的责任心,充分调动他们做好企业生产经营活动的积极性和主动性,增强企业生产经营活动的适应能力;③它有利于把联合化和专业化结合起来,一个公司可以经营种类很多的产品,形成大型联合企业,而每个事业部及其所属工厂,又可以集中力量生产某一种或几种产品,甚至也可以集中生产产品的某些零件,实现高度专业化;④每一个产品的地区事业部都是一个利润中心,总公司可以从每一个利润中心的盈亏而获知哪一个部门业绩较佳,每个事业部的负责人都要承担责任,容易调动积极性。

缺点是:①容易使各事业部只考虑自己的利益,影响各事业部之间的协作;②公司与各事业部的职能机构重叠,用人较多,费用较大。

适用于:这种组织结构形式适合企业规模较大、产品种类较多、各种产品之间的工艺差别也较大、市场条件变化较快、要求适应性比较强的大型联合企业或跨国公司。

5. 矩阵型组织结构

矩阵型组织结构又称规划目标型结构，它是把按职能划分的部门和按产品（或项目、服务等）划分的部门结合起来组成一个矩阵，使同一名员工既与原职能部门保持组织同业务上的联系，又参加产品或项目小组的工作。为了保证完成一定的管理目标，每个项目小组都设负责人，在组织的最高主管直接领导下进行工作。这种组织结构形式的特点是打破了传统的"一个员工只有一个头儿"的命令统一原则，使一个员工属于两个甚至两个以上的部门，如图 3—10 所示。

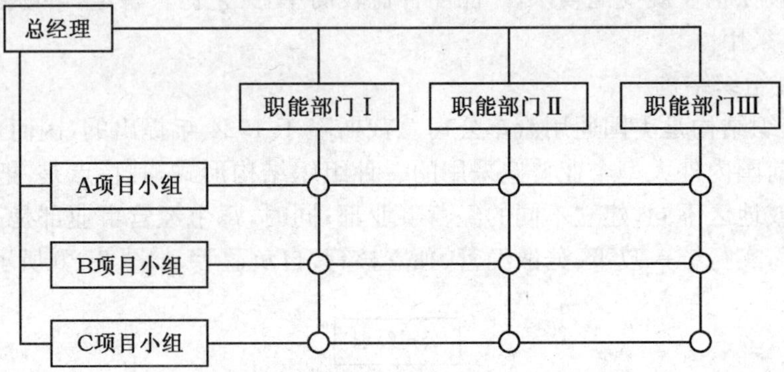

图 3—10 矩阵型组织结构

优点是：①机动灵活，适应性强。它是按照完成某一特定任务的要求，把具有各种专长的有关人员调集在一起组成项目组，这样便于沟通意见，易于接受新观念和新方法。由于能够集思广益，因此，对工程项目能够有较好的控制，获得成功的机会较大。②还有利于把管理中的垂直联系和水平联系更好地结合起来，加强各职能部门以及职能部门与任务之间的协调。工程项目经理负责全权领导某一项目，必然与顾客有较密切的接触，容易与顾客建立良好的关系。项目经理一职的设立，还可以提供训练全面管理人员的机会。

缺点是：①稳定性较差。容易产生临时观念，对工作有一定的影响。②小组成员要接受双重领导，既隶属于职能部门，又隶属于项目小组，若两个部门的意见不统一，就会使他们的工作无所适从。③从职能部门看，人员经常调进调出，会给正常工作造成某些困难。

适用于：设计、研制等创新性质的工作，如军工、航天工业和高科技产业。

采用这种组织结构形式，选好项目负责人很重要。良好的项目负责人应该具备以下条件：具有选择、组织与领导不同技术人员成为一个有效工作组织的能力；对整个工程和产品所需的技术有全盘的了解；具有主持会议与沟通信息的能力；具有了解法律条文，可以与顾客磋商合约的能力；具有解决各组工作人员之间矛盾的能力；具有分析事物，提供简明扼要的资料给最高管理层决策用的能力。

6. 子公司制

子公司制是一种比事业部制更彻底的分权机构。它的主要特点是：①母公司和子公司不是行政上的隶属关系，而是资产上的联结关系。母公司对子公司的控制，主要是通过股权。②子公司同事业部不同，它在法律上是具有法人资格的独立企业。子公司自主经营、独立核算、自负盈亏，独立承担民事责任。如果说事业部是总公司下的一个利润责任中心，则子公司是总公司下属的一个投资责任中心，对所投资产负有保值、增值的责任。

优点是：①由于母、子公司在法律上各为独立法人，因此母公司不需要承担子公司的债务责任,相对降低了经营风险;②子公司要自主经营、自负盈亏,使子公司有较强的责任感和经营积极性。

缺点是:①母公司对子公司不能直接行使行政指挥权;②母公司和子公司各为独立纳税单位,互相之间的经营往来及子公司的盈利所得,需双重纳税。

适用于:采用股份制且实行跨行业多种经营的大型集团公司。

【训练与练习】

渤海液压公司的组织结构变革

渤海液压公司是渤海机械集团公司的下属公司,是以原来的金工二车间为基础成立的,成立于2002年8月,王经理就是在公司成立之时走马上任的。2002年之前,金工二车间的组织结构如图3—11所示。

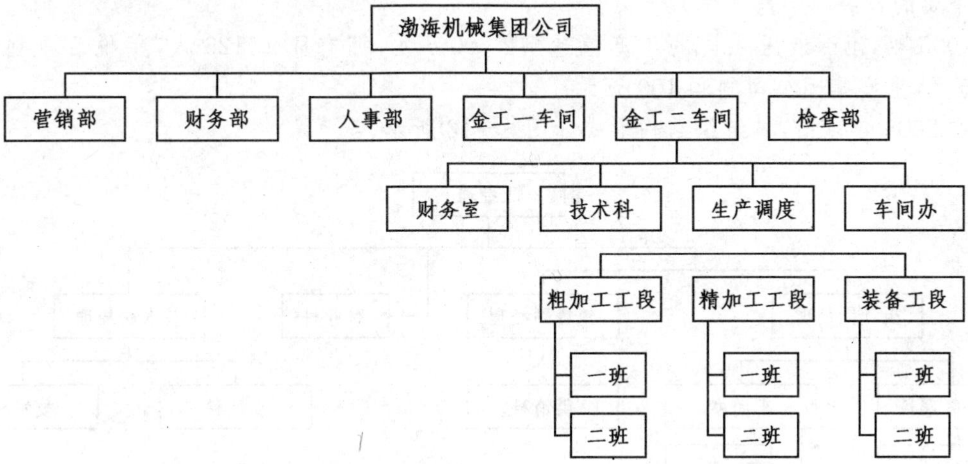

图3—11　渤海液压公司成立以前金工二车间的组织结构

渤海机械集团公司主要为全国各大钢厂、电厂、矿山、码头等单位提供装卸设备、焦炉设备、矿山车辆、轧钢设备等几大类产品。这些产品均为重型机械设备,其吨位大、产值高。比如,电厂用来卸煤的卸车系统,一般由翻车机、推车机、拔车机、摘钩设备等组成,这套设备自重近500吨,设备合同价格800多万元。所以,集团一般是先与用户签订供货合同,然后根据用户需求及合同规定进行设计、组织生产并负责现场安装和售后服务等一系列问题。为了更好地组织设备的设计、生产,集团公司把设备分成三大部分:机械、电气、液压。机械部分主要为钢结构,一般由机械加工等分厂制造;电气为自动控制部分,由电气公司负责设计制造;而液压部分是实现设备自动控制功能的执行机构,由渤海液压公司负责,渤海液压公司负责液压系统的设计、生产、服务等工作,公司的产品就是为重型设备配套的液压系统,以及在设备能力和人员允许的情况下,为厂家生产一些机械设备上的小型备件,同时还开发一些小型液压设备。

渤海液压公司生产的液压系统在机械设备中是技术含量比较高的部分,对系统清洁度要求高(清洁度高可以延长系统的使用寿命,还可以降低系统故障率、减少维修耗费)。如何安排生产以达到系统的清洁度要求一直是公司追求的目标。

该公司在2005年的生产流程如下：液压配套设备是机械设备的执行机构，一般由泵站、阀站、油缸和马达等执行元件和管件构成。公司根据市场开发部的订货合同，由生产科下达设计任务书；市场开发部中负责该项目的人员负责与机械、电气部分的协调工作，并负责该项目具体的方案设计和施工设计；施工设计结束后需经内部审查、整个设备设计的联合会审；整个审查通过后，图纸转给生产科，由生产科组织生产。生产科的供应人员根据图纸负责外购元件的购买，如油缸、液压阀等元件。生产科把一套生产图纸转给技术科，技术科进行工艺文件的技术准备工作；然后，再由生产科组织备料、下料等工作，加工车间根据工艺路线开始加工，加工完的零件入半成品库；最后，装配车间根据图纸及工艺文件到标准件库、半成品库领件，加上由装配部门自己制作的零部件，进行清洗、组装、配管、管路磷化、装配及试车等一系列工作，经检查调试通过后设备表面喷漆、包装待发运(包装工作由集团公司下属的包装公司总负责)。

2005年，渤海液压公司的年产值达到2 500万元，拥有职工129人，年税后净利润为210万元，上交集团公司利润100万元。

在2005年以前，其组织结构形式如图3—12所示。

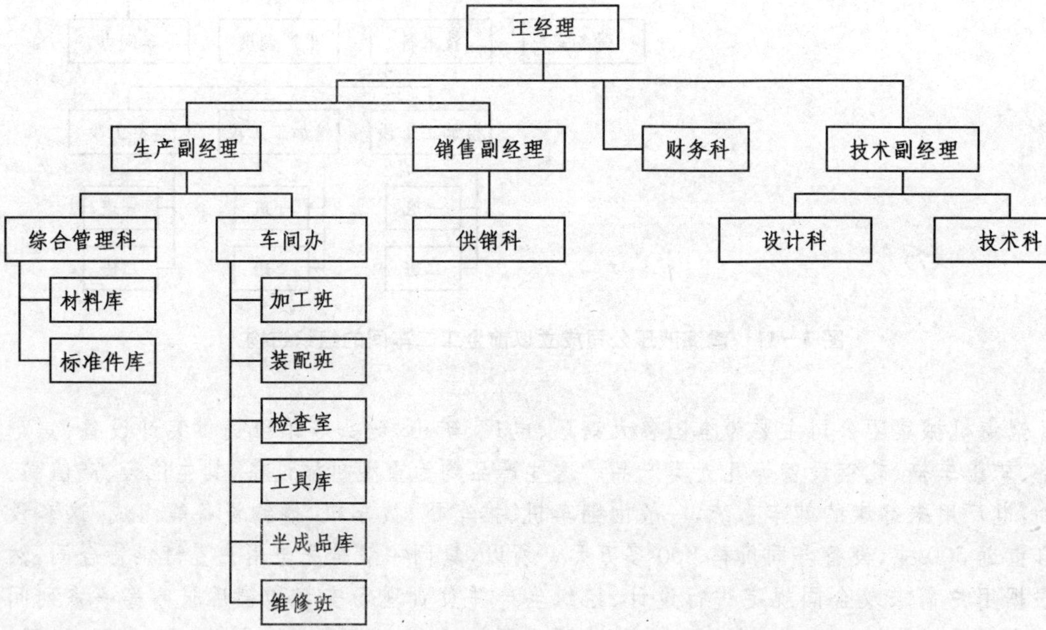

图3—12 渤海液压公司2005年以前的组织结构

王经理除了对公司的整体生产经营负责外，还主管财务工作，负责营运资金的安排和调度。王经理下面有生产、销售、技术三个副经理，其中以生产副经理的担子最重。在公司从成立到2005年3月以前的这段时期里，由于国家正在深化经济体制改革，经济迅速发展，各大钢厂、电厂等一些大项目上马，使得重机行业一时呈现出一派欣欣向荣的景象，渤海液压公司也不例外，每年生产满负荷，公司产值连年递增，由2002年成立时的800万元，上升到2004年的1 500万元，税后利润也由120万元上升到160万元。由于公司业务的快速发展，王经理也就无暇考虑公司内部机构存在的一些问题；出现问题时，由王经理召集各部门负责人召开一个临时会议讨论解决了事，对问题产生的原因一般也不做深层次的研究。

综合管理科科长陈忠，主要负责公司的生产计划编排、生产调度安排等。他曾说过下面这样一段话："在公司里生产是重头戏，要一切为生产服务。可是，有时生产中急需一些元件装配试车时，我们往往只能通知供销科派人去购买，等供销科的人买回来入库后再领用，要花很长一段时间，耽误了生产进度，延误了产品的出厂日期。虽然我们做生产计划、安排生产进度，生产这方面我们能控制，但设计科、技术科的进度我们就不好说了，设计图纸的进度、工艺技术文件的准备进度也就只能靠他们自觉控制，在我们着急时只能在每周一次的例会上提一提、催一催罢了。我们的生产进度是按照合同交货期制定的，但计划有时也只能是空头计划，尤其是生产周期短的任务，如何能及时完成我们心里也没有把握。"

设计科吕科长也常常抱怨：现在工人的质量意识太差，产品出厂检验也不严格，致使产品到达用户后，需要现场服务的技术人员太多，最多时我们科有八九个人在现场，只剩下四五个人在科里，我们就无法顺利开展设计工作，耽误些时间当然不能责怪我们。况且现场服务又脏又累，科里的人也不太愿意长时间离家出差在外，他们也想坐下来搞好他们自己的设计工作。

2005 年以后，我国的经济发展速度比前几年有所放慢。整个机械行业很不景气，竞争加剧，如何降低成本、开拓市场、加强竞争能力就成了王经理的心头病。而且，首要问题就是要解决内部各部门之间的协调问题。王经理对渤海液压公司的组织结构进行了一次调整。经调整后的组织结构如图 3—13 所示。

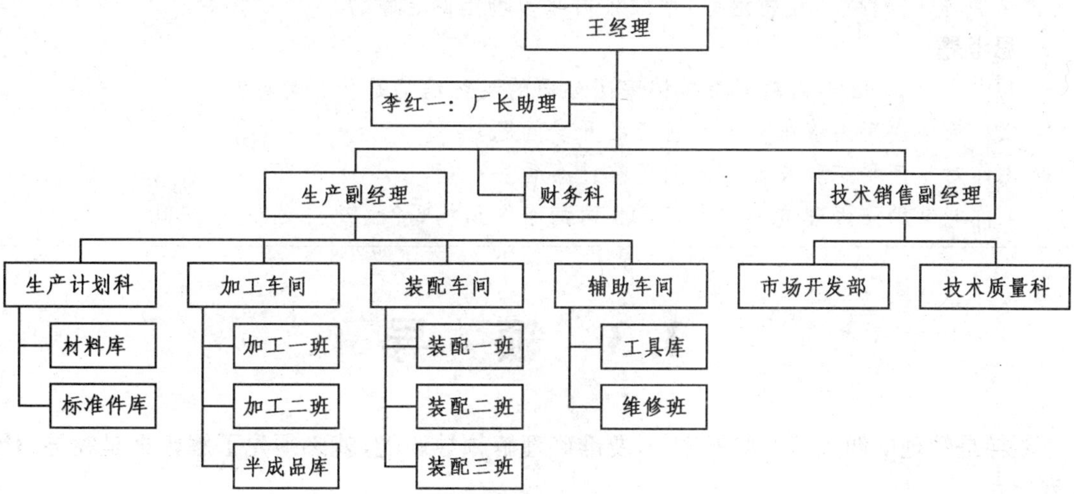

图 3—13　渤海液压公司 2005 年以后的组织结构

新的组织结构中比较显著的变化就是成立了市场开发部和技术质量科，以及对车间内部工作进行的重新安排。市场开发部和技术质量科两个部门由一个技术销售副经理统一负责，综合管理科更名为生产计划科。原供销科中负责供应的人员并入生产计划科，原供销科中的销售人员并入设计科组成市场开发部。市场开发部对各项目实行项目负责人制度，由一个人负责一个项目的洽谈、设计、采购、现场服务及督促生产进度并监督合同的执行情况。技术质量科由原技术科和检查室人员组成，负责技术准备文件、检验文件的编制及监督执行和生产中各工序的质量检查等工作，这样可使公司在质量管理方面的工作向ISO9001质量体系靠拢，以符合集团公司对质量管理体系的要求。

以前抢占外面的市场很不容易，公司大部分订单来自集团内部。现在市场开发部相对于以前供销科和设计科实力大大增强了。原来的销售人员和设计人员对相互间的业务都不熟悉。设计人员一般习惯在办公室里从事设计工作，不太愿意到外面去拉客户做生意。现在的市场开发部共有15人，其中4人具有高级职称、3人具有中级职称，其余为具有初级职称；4名高级职称的人员中有一人为退休返聘人员，其技术好、经验丰富，在本行业中认识的人比较多。

在新的组织结构下，各车间都能很好地完成自己的任务，各自的生产效率比原来有所提高。但还存在一些不协调的情况：各车间为了完成自己的任务，往往不重视其他部门的特殊要求。对于这种情况，生产计划科陈科长也常常感到无能为力。当装配急需的零件需要加工时，加工车间常常以自己正在赶进度、机床占用等为理由，不能及时加工而耽误了装配进度；加工车间有时急需刀具，但辅助车间也常常以缺乏资金为由而推迟购买。每周的具体任务和上周生产中出现的问题一般在每周的生产例会上提出来讨论，各部门的负责人也可以提出自己的问题，由大家讨论，最后由生产副经理拍板决定问题解决的实施方案。而在平时生产过程中出现的涉及相互之间的问题时，一般是很难得到及时解决的。

对于现在出现的这些问题和意见，王经理都非常关注。目前的局面虽然比较复杂，但王经理依然充满了信心。王经理在进一步思索着：如何能进一步完善新的组织结构，在公司内部管理上多钻研，挖掘潜力，增强公司在市场上的竞争力。

思考题：

1.你认为2002年以前渤海机械集团公司的组织结构是什么类型？

2.如何解决渤海液压公司的新产品开发问题？

3.你对生产科陈科长面临的问题有什么看法？

4.你能帮助王经理进一步完善该公司的组织结构吗？

3.3 领 导

领导是管理的四大基本职能之一，要准确理解领导职能，就必须先了解什么是领导、什么是领导者。

3.3.1 领导与领导者

1. 领导与领导者的含义

孔茨给领导下的定义是："领导是一种影响力，是引导人们行为，从而使人们情愿地、热心地实现组织或群体目标的过程。"这一定义包含了三层含义：首先，它揭示了领导的本质，即影响力。这种影响力能够引导人们的行为，这里的引导，是指人们以某种方式或跟随一个特定过程的行为。第二，这个定义指出了领导是一个过程，是引导人们行为的过程。第三，这个定义指出了领导的目的。领导是一项目的性非常强的行为过程,它的目的在于使人们心甘情愿地、热心地实现组织或群体的目标而努力。

德鲁克认为:“领导者的唯一定义就是其与后面的追随者的关系。”也就是说,对领导者的理解主要是针对追随者以及二者的关系。

领导是一种影响力,是一种过程。在实现共同目的这一过程中,追随者所做的是自愿行为。也就是说,理想的追随者是有自己独立思维和独立判断的个体,在实现共同目的的过程中,领导者与追随者是一种伙伴关系,而不是命令关系。领导者与追随者是彼此独立的而又互惠的,不是某一方依附或服从另一方。在实现共同目的过程中,只是因为不同的角色和不同责任。大雁的一些特征可以帮助我们理解管理者与追随者的关系:第一,轮流当领头鸟,没有永远在前方领航的;第二,它们会选择能够化解矛盾的鸟作为领头者;第三,当一只鸟在前面领航时,其他的鸟儿一定用鸣声表达对它的追随与应和。

作为领导者,必须是一个具有独立思维的人,具有在一定情境下阐述目标并推动目标达成的行为个体。坚定的信念、清晰地阐述目标(目标愿景化)、正直的品格是领导者的核心。领导者无论是在行为还是认识上都清楚其与追随者之间的伙伴关系。卢梭认为:“有人把自己看作是别人的主人,但他比别人还更是奴隶”,“任何把自己看作是别人的主人的人,他自己就是奴隶。即使他并非总是果真如此,他也毕竟确实具有奴隶的灵魂,并且在首先遇到奴役他的强者面前,他会卑躬屈膝”。

2.管理者的领导职能

管理者所行使的领导职能,也可以认为是一种狭义的领导概念,也就是根据组织的目标在既定条件或情景下,如何影响组织成员去实现目标。一个有效的管理者发挥领导职能,能够有力地影响其组织成员,使其成员现有的技能、才智和技术水平得到充分的发挥,从而使组织取得更高的绩效。

基于领导职能在管理工作中的重要作用,有人认为,在理想条件下,所有的管理者都应该是领导者,也即应成为拥有管理职权并影响或促进成员共同努力实现既定目标的人。领导职能与管理工作中的计划、组织、控制等其他职能的区别突出表现在:领导职能是与人的因素密切相关的。因而在领导职能开展的过程中,具有更大的艺术性。

领导职能包含以下四个方面的含义:

①发挥领导职能一定要与组织的其他人员发生联系;

②发挥领导职能过程中的权力(影响力)在管理者与其他成员中的分配是不平等的;

③发挥领导职能就是对成员有影响力,而不仅仅是按照制度、政策、程序、规则等处理事务的责任;

④发挥领导职能是通过影响力去实现组织的目标,如可以影响成员在正常工作中更努力、更主动加班等。

3.领导职能的作用

在组织内管理者行使领导职能,就是在实现组织目标的同时,巧妙地将组织成员个人愿望和需要的满足与组织目标的实现结合起来,影响组织成员更积极、主动地去实现组织目标。行使领导职能不可避免地要与沟通、激励等发生关系,以及营造组织气氛和建设组织文化等内容。

具体来说,领导的作用体现在三个方面:

(1)沟通协调作用

组织的目标是通过分工与协作来实现的。即使组织制定了明确的目标，但由于组织中的成员对目标的理解、对技术的掌握和对客观情况的认识因他们的知识、能力、信念等方面的差异而不同，人们在思想认识上发生分歧、在行动上出现偏离目标的现象都是不可避免的。因此，需要领导者来协调人们的关系和活动，使组织成员步调一致地朝着共同的目标前进。

(2)指挥引导作用

在组织的分工与协作活动中，领导应该通过引导、指挥或先导活动，帮助组织成员最大限度地实现组织的目标。尽管引导、指挥、先导等活动略有差异，但共同的要求都是：领导者不是站在组织成员的后面去推动、去督促，而是作为领导者来引导成员前进，鼓舞成员去奋力实现组织的目标。

(3)激励鼓舞作用

任何组织都是由不同需求、欲望和态度的个人所组成的，组织成员的个人目标与组织目标不可能完全一致。领导活动的目的就在于把个人目标与组织目标结合起来，引导组织成员为实现组织目标而作出贡献。领导工作的作用很大程度上表现为调动组织中每个成员的积极性，使其以高昂的士气为组织作出贡献。如果领导不具备激励、鼓舞的能力，那么，即便组织内拥有再多的优秀人才，也很难发挥整体作用。

3.3.2 领导者的权力

所谓权力，是指一个人主动影响他人行为的内在能力。一个人能够行使他的权力，首先要弄清楚权力的基础。一般来说，权力主要来自两个方面：一是来自于职位的权力，这种权力是由于领导者所处的位置由上级和组织赋予的，这样的权力随职务的变动而变动。在职就有权，不在职就无权。人们往往出于压力和习惯不得不服从这种职位权力。二是来自于个人的权力。这种权力不是由于领导者在组织的位置，而是由于自身的某些特殊条件才具有的，如领导者高尚的品德、丰富的经验、卓越的工作能力和业绩、良好的人际关系以及特有的人格魅力等。来自职位的权力有三个：法定权、奖赏权和强制权。来自个人的权力有两个：专家权和典范权。

1.来自职位的权力

(1)法定权

法定权是指组织内各领导职位所固有的合法的、正式的权力。平时人们常说的权力，就是法定权，也就是组织安排你担任某种职务，其实这是最弱的一个权力。因为中国有句古话，叫作“阳奉阴违”，别人表面上承认你、服从你，私下有什么想法就不一定知道了。现在已进入了市场经济时代，资源自由竞争，一切都靠大家共同的支持和认定，而不是仅靠组织的规定，所以这是最弱的权力。

(2)奖赏权

奖赏权是指提供奖金、提薪、升职、赞扬、理想的工作安排和其他任何令人愉悦的东西的权力。

【小思考】

你如何看待“重赏之下必有勇夫”，一个领导手中若有很大的奖赏权力，是否他就有很大的影响力？

(3)强制权

强制权是指给予扣发工资奖金、降职、批评、分配较差的工作，甚至开除等惩罚性措施的权力。

【小练习】

小组讨论：

1. 你认为大学的学生干部拥有多少法定权、奖赏权和强制权？

2.你认为要想成为一名优秀的学生干部应主要依靠什么权利？

2.来自个人的权力

作为一个领导最需要的权力是两个比较强大的权力：一个是专家权，另一个是典范权。

(1)专家权

专家权，一般是指专业技能，这应该是广义的解释。作为一个领导，从基层开始做起来，其技术能力和专业技巧，会随着职务的提升，范围会慢慢变得比较狭窄，而观念化的能力范围慢慢会扩大。因为作为一家现代化的企业领导，要具备多元化的技术、观点、能力，要懂专业技术以外的政治学、社会学、心理学，要懂经济学、货币学、银行学，要懂贸易、金融，甚至还要懂财税法规、艺术、美学。如果一个管理者具备这样的专家权，具备这样的专业技能，属下的员工就自然而然地服从你，把你称作师傅，把你当成一切技术的领导者、一切知识的拥有者，自然就会水到渠成地呈现出管理者的权威。所以，每天要抽一点时间来充实这种专业技能。

(2)典范权

一个人如果有个人魅力，他的典范权就大。一般来说，精神领袖的典范权最大。英国已故的戴安娜王妃在生前换顶帽子，就会引来众多模仿者，这就是一种个人魅力。美国著名歌手迈克尔·杰克逊，拿起吉他一唱一跳，就会吸引大批观众都为他而疯狂，这也是个人魅力。

【小案例】

周恩来总理去世以后联合国为他降半旗，这件事情在联合国历史上是非常少有的，没有想到引起别的国家代表的抗议，他们说，他们的总统或总理逝世了，联合国也没降半旗，怎么中国的周恩来逝世了，联合国就降半旗？联合国是这样答复的：各位代表，中国是一个有10亿人口的大国，他们的周先生，掌管这么大的一个资源，听说在世界各地没有他个人一分钱存款，周恩来先生没有子女，整个中国的孩子们就都是他的子女，你们哪个国家的领袖、元首、总理如果像他一样，联合国也降半旗。这就叫作个人魅力。中国的周恩来总理在联合国里被认为是一个很值得尊敬的人，所以他去世时联合国为哀悼这位深受世界人民尊敬的中国伟人而降半旗，这就是个人魅力。

3.3.3 领导者素质

1.西方的领导特质理论

西方研究领导者素质的成果被称作“领导特质理论”，又称作领导性格理论。它集中回答了这样的问题：领导者应该具备哪些素质？怎样正确地挑选领导者？这种理论首先是由心理学家开始研究的，他们的出发点为：根据领导效果的好坏，找出好的领导人与差的领导人在个人品质或特性方面有哪些差异，由此确定优秀的领导人应具备哪些特质。研究者认为，只要找出成功领导人应具备的特质，再考察某个组织中的领导者是否具备这些特质，就能断定他是不是一个优秀的领导人。这种归纳分析法成了研究领导特质理论的基本方法。

【小案例】

玛格丽特·撒切尔(Margaret Thatcher)执政英国首相时期,她的领导风格非常引人注目,人们常常这样描述她:自信、铁腕、坚定、雷厉风行……这些特点均指的是素质。许多撒切尔首相的拥护者认为她之所以成为一个令世人瞩目的领袖,就是由于她具备了领导者的这些素质。

领导特质理论按其对领导特质来源所做的不同解释,可分为传统领导特质理论和现代领导特质理论。

(1)传统领导特质理论

传统领导特质理论认为,领导者的品质基本上是天生的,与后天的培养、训练和实践无关。为发现那些生来具有领导者特质的人,许多心理学家对社会上特别成功的领导者进行了深入的案例分析和档案资料分析,试图找出天才领导者的个体特征。例如,美国领导特质理论研究者爱德文·吉赛利(Edwin Ghiselli)通过对美国境内90家不同企业的300多名经理人调查研究,认为有效领导的六种特质(依次排序)有:监督能力、对职业成就的需要、聪明、果断力、自信与主动性。又如,美国的诺尔弗·斯多基尔(Ralph Stodgill)则认为领导者应具有以下特质:良知、诚实可靠、勤奋勇敢、有责任心、富有理想、人际关系良好、风度优雅、干练胜任、体格健壮、非常聪明、有组织力、有判断力等。

(2)现代领导特质理论

现代领导特质理论认为,成功领导者的许多品质和特征是在后天的领导实践中逐步培养、锻炼出来的。根据现代领导特质理论,为了获得有效的领导者,需要建立明确的选拔标准,制订具体的培训方案,采取严格的考核指标。近年来,领导理论研究者又提出了以领导魅力理论为核心的新特质理论,"魅力"是一种领导者个人具备的带有鼓励性的人际吸引力,包括个性、能力、经验和坎坷经历中形成的综合素质等。在其他条件均等的条件下,具有魅力的领导者将更能够成功地影响下属行为,并实现组织目标。近年来,我国许多著名企业家,尤其是民营企业家,如史玉柱、马云等,除了能力、素质和成长环境以外,独特的领导魅力也是他们获得成功的重要条件。

2. 我国领导特质理论的研究总结

我国从20世纪80年代初开始,也对领导的特质理论进行了一系列的研究,概括来看,我国优秀的领导者应具备的素质包括四大方面,即良好的政治素质、思想素质、知识素质和心理素质。

(1)政治素质

能坚持四项基本原则,坚持改革开放,自觉按党的路线、方针、政策办事,自觉地维护人民利益、国家利益。

(2)思想素质

领导者应该牢固树立三种基本观念(群众观念、劳动观念、辩证唯物主义观念)和八种现代意识(商品经济意识、市场竞争意识、效率效益意识、开拓创新意识、风险意识、服务意识、诚信意识、法制意识)。

(3)知识素质

①基础知识:这是领导者最起码的知识基础,包括语文、数学、物理、化学、生物、历史、地理等中学范围内的基础知识。

②人文社会知识：任何组织都是社会的细胞，在社会的大环境中生存和发展，与社会发生千丝万缕的联系。各级领导者都应丰富自己的人文社会知识，特别是关于哲学、政治、文化、道德、法律和历史方面的知识，以确保作出正确的决策，并有效地加以实施。

③科学技术知识：科学技术是第一生产力，科学技术日新月异，谁掌握了明日的技术，谁就在竞争中稳操胜券。领导者应力求在自己从事的领域中成为专家，又要有比专家更广博的知识面。

④管理知识：现代管理理论是一切领导者的必学科目，也是成功领导者的护身法宝。在实践中创造性地应用管理知识，就会形成独具特色的领导艺术。

(4)心理素质

心理素质是形成独特领导风格的决定性因素，也是选择领导者的重要标准。心理素质包括追求、意志、情感、风度和能力五个方面。

①追求 ：指人的志向，其行为和动机的指向，即理想、信念和价值观。优秀的领导者应该有崇高的理想、坚定的信念和积极向上的价值观，应该有强烈的事业心和社会责任感。

②意志：指领导者自觉地确定目标，并根据目标来支配、调节自己的行为，从而实现预定目标的心理过程。领导者的意志坚强表现为较强的坚定性、果断性、自制力、独立精神、克服困难的勇气和坚持精神。在工作中总会遇到各种困难，在困难面前表现出什么样的意志品质，是迎难而上还是畏难思退，会极大地影响工作的结果。

③情感：任何职位都希望其承担者具有积极的情感(热爱工作、热情待人、热烈追求)，克服消极的情感(冷漠、孤傲、嫉妒、虚伪等)。情感与性格有关，领导者的性格和情感互相影响、互相感染，在一定程度上决定了工作气氛、人际关系和群体风气。

④风度：领导者应该具有宽容大度、高瞻远瞩、临危不乱、光明磊落、机智幽默的风度，从而增加个人的人格魅力。宽容大度是指容人性，“厚德载物”的宽广胸怀，可以吸引天下人才为其服务；高瞻远瞩是指预见性，站得高、看得远是领导者高于常人的地方；临危不乱是指镇静，面对任何紧迫、危险的形势，镇定如山；光明磊落是指透明，领导者出以公心，办事公道，才能取信于民，获得部下的信任和爱戴；机智幽默是指机敏和亲切，机智是应变的智慧，幽默是人际关系的润滑剂，领导者具有机智幽默的风度，不仅可以在非常事件中四两拨千斤，化险为夷，而且可以化干戈为玉帛，获得一片喝彩声，这是领导者个人魅力的重要方面。

⑤能力：领导者要具有很强的决策能力和丰富的管理知识。领导者的决策能力和管理能力与以下几种具体能力有关：A.直觉的能力，即对外界事物的观察能力、认知能力，也就是人们常说的“悟性”；B.抽象思维的能力，即透过现象抓住本质的能力，理清支流把握主流的能力，总结实践形成概念的能力，在相互联系中摸索规律的能力；C.组织和协调的能力，即善于将有限的人力资源组织起来协调工作的能力，处理工作中的矛盾和冲突的能力，知人和用人的能力，改善人际关系的能力等；D.自我发展的能力，即不断学习新知识、掌握新技能的自我完善的能力，包括自学能力、自我反省能力、吸收新事物的能力；E.创新能力，即开拓新知识、新技术、新产品、新方法的创造能力，包括批判力、创造力、联想力、想象力。

近百年来的大量研究使我们得出这样的结论：具备某些特质确实能提高领导者成功的可能性，但没有一种特质是促使领导成功的必然，这说明特质论在解释领导行为方面并不成功。20世纪40年代开始，研究者把注意力转向其他方向，特质理论就已不再占据主导地位了。20世纪40年代末至60年代中期，关于领导的研究着重于对领导者偏爱的行为风格进行考察。

【小练习】

共同分享：你最欣赏的领导者是谁？他（她）身上有哪些素质是最打动你的？

3.3.4 领导方式

所谓领导方式，又称领导风格或领导作风，就是对不同类型领导行为形态的概括。人们在现实中常会有这样的感受：有的领导和蔼可亲、平易近人，给组织成员以充分的信任和自主权；有的则严厉专断、高高在上，不体贴别人。领导风格的差异，是由于他们对"权力"的认识和运用方式不同，对任务和人员之间的关系有不同的理解、态度和实践。不同的领导人，以及同一领导人在不同的时期和场合，都可能表现出不同的领导风格。

领导方式的主要理论有：利克特的四种领导方式、领导行为四分图、管理方格理论、领导的权变理论。

1. 利克特的四种领导方式

美国密歇根大学伦西斯·利克特（Rensis Likert）发表了一种领导理论，他认为在所有管理工作中，对人的领导是最重要的中心工作。典型的领导方式可分为四类：专制—权威式、开明—权威式、协商式、群体参与式，如图 3－14 所示。

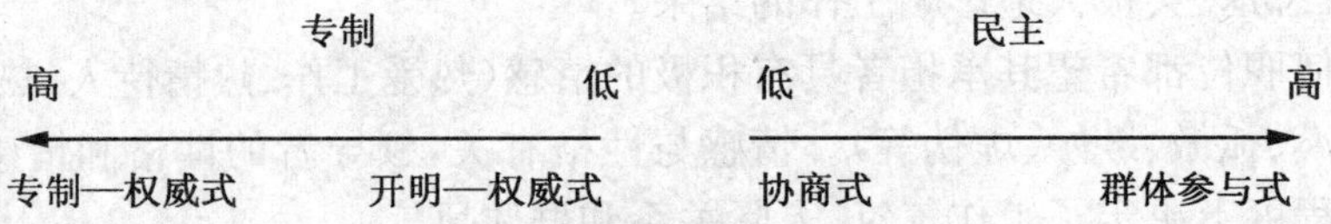

图 3－14 利克特的四种领导方式

（1）专制—权威式

所有的决策由管理者自己制定，他决定做什么，由谁来做，如何做以及何时完成。管理者对下属很少信任，下属如不能按指令完成任务，将会受到威胁和惩罚。沟通方式是自上而下的。

（2）开明—权威式

管理者以恩赐态度对待下属，双方的信任关系呈主仆间的信赖关系。决策由上级制定，下级在执行中有不同程度的自由和灵活性，有时也允许下属参与决策，并根据任务完成的情况给予奖惩。这种领导方式是奖励和惩罚并用，有一定程度的自下而上的沟通，下属有一定的参与权，但管理者仍牢牢掌握控制权。

（3）协商式

管理人员对下属成员有很大的信心，但不完全放心。主要采取奖赏的方式来进行激励，沟通方式是上下双向的，在制定总体决策和主要政策时，允许下属部门对具体问题作出决策，并在某些情况下进行协商。

（4）群体参与式

在这种情况下，管理者与组织成员相互信任，上下级处于平等地位，共同协商讨论问题，组织成员广泛地参与重大决策过程。鼓励群体参与制定具有挑战性又切合实际的目标，控制过程分散在整个组织之中，强调自我控制和解决问题。所谓参与管理，包含三个基本概念：①管理人员要创造条件让员工体验出自己受到上级和各方面支持，感觉到自己的价值。换言之，领导必须拿出行动和事实来，使员工体会并感受到领导的支持和重视。这就是利克特论及的"支持关系理论”。②应用集体决策和集体监督。一个完整的组织，应由一系列群体交叉重叠组成，以各群体为单位开展工作。各群体单位的领导是上一级单位的成员，即由各级管理人员担任群体间的联系。③给组织树立高标准的目标。一个组织的领导及其成员都要有高标准的志向，确立高标准的目标，并通过目标的实现过程来满足个人的需要。

利克特认为群体参与式的效率是最高的。根据利克特的调查研究发现：①一个部门领导在管理工作中如果以员工为中心，即不仅关心员工的工作，而且关心其需要和愿望，则该部门的效率高；如果以工作为中心，即领导主要关心员工的工作，很少考虑员工的需要和愿望，则该部门的效率低。②一个部门的领导与员工接触时间越多，则效率越高；与员工接触时间越少，则效率越低。③领导越是注重授权，听取下属意见，让他们参与决策，则效率越高；反之，越是专权独裁，效率越低。

2. 领导行为四分图

领导行为四分图如图3—15所示。1945年起，在美国俄亥俄州立大学斯多迪尔和沙特尔两位教授的领导下，对大型组织的领导行为做了一系列深入研究。他们用高度概括的方法，通过对1 000多种描述领导行为的因素进行筛选，最后归并为两类主要领导行为：一类为组织型，由领导确立组织目标和抓好组织，严格要求下属，确保其努力实现目标；另一类为关心型，领导和下属的相互关系体现为互相信任、互相尊重，上级关心并考虑下属的意见和感情，通过参与管理来调动人的积极性。

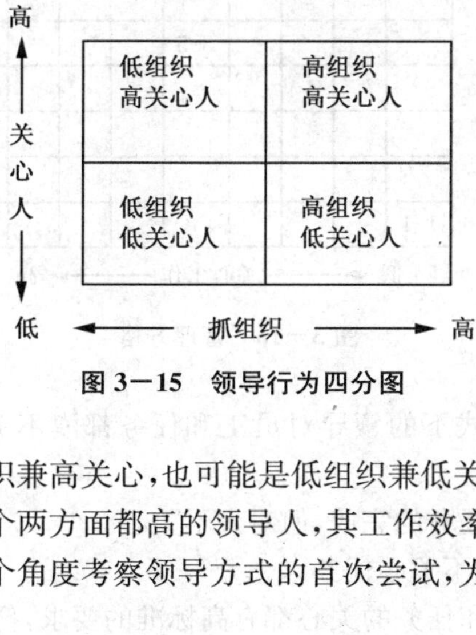

图3—15 领导行为四分图

一位管理者可能是高组织兼高关心，也可能是低组织兼低关心，或此高彼低。领导行为是这两类行为的具体结合。一个两方面都高的领导人，其工作效率及领导有效性必然较高。用四分图研究领导行为是从两个角度考察领导方式的首次尝试，为研究领导行为指出了一个新的途径。

【小案例】

爱穿工作服的总裁

当我们在旅行中或在电视里看到驰骋在世界五大洲的本田轿车和摩托车时，会自然而然地想起本田公司的创始人——本田宗一郎。这个奇迹的创造者并非富家子弟，也不是名牌大学的高才生。本田宗一郎出身清贫，没钱上学，一生全靠自我奋斗、自学成才。他是从修自行车起家的，在艰苦的创业道路上曾屡遭挫折。

他的公司只认才干，不认文凭，不拘一格选拔人才是他一贯的用人之道。在公司里，经常可以看到他身穿白色工作服和工人们一同出入车间，同桌进餐。本田宗一郎认为，这样有利于沟通意见、协调关系，也能够及时了解工人的生产情况和情绪。在他眼里，工人绝非机器，如果将工人和机器置于同等地位，那么企业就要破产了。他鼓励员工发牢骚、提建议、献计献策，工人的建议被采纳后记录评分，当积分达到某一标准时，颁发“本田奖”或免费出国旅游。因此，工人非常喜欢这位爱穿工作服的总裁。

试想：在本田宗一郎先生身上，体现了哪些类型的领导方式？

3.管理方格理论

在四分图的基础上，罗伯特·布莱克（Robert Blake）和简·穆顿（Jane Mouton）于1964年在《新管理方格》一书中提出了管理方格理论。他们用一张九等分的方格图组成一个两维矩阵。横坐标表示管理者对任务的关系程度，纵坐标表示对人的关心程度。纵横共组成81个小方格，每一个小方格代表一种领导方式。其中有五种典型的领导方式：①1—1型（贫乏型），②9—1型（任务型），③1—9型（俱乐部型），④9—9型（协作型），⑤5—5型（中间型）。管理方格如图3—16所示。

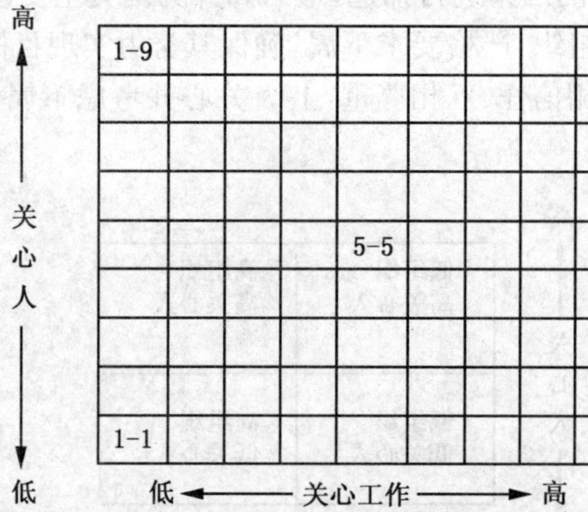

图3—16 管理方格

①1—1型。这种领导方式下的领导对员工和任务都漠不关心，只能维持组织成员的地位，工作越省事越好。

②9—1型。管理者注重任务的完成，但对人不关心。

③1—9型。友好待人，但不关心任务。

④9—9型。管理者对人和任务的关心都有高标准的要求，努力使员工个人需要和组织目标有效地结合起来，依靠互尊互信、群体协作取得成果。

⑤5—5型。管理者折中地在关心人和关心任务两者之间取得平衡。

布莱克和穆顿认为，9—9型的领导方式最有效，是领导者改进其领导行为的目标模式。无论处于哪一个管理方格中，都可以通过专门的管理方格法培训和学习，使之向理想的领导模式转变。

布莱克和穆顿所主张的9—9型的领导方式，只是理论上的理想模式，但对现实工作具有指导意义。

4. 领导的权变理论

领导的权变理论涉及两个方面：一是领导者的工作情境；二是领导风格（或领导方式）。领导的权变理论主要有：菲德勒模型、途径—目标领导理论等。

领导工作情境，总的来说，包括被领导者素质和环境条件两大方面。领导方式对特定情境的适用性标准：与特定情境相适合的领导方式，往往是有效的；而与特定情境不适合的领导方式，则往往是无效的。

不同的人在领导行为表现上会有很大的不同，实际中何种领导方式最适宜、最有效，要视具体的工作情境而定。一名领导者在紧急状态下可能是十分专断的，如火灾发生的情况下，消防队长很难有足够的时间与消防队员商量灭火的最好方式；而与科研人员打交道的领导者则可能在研究和试验过程中给予科研人员以充分的参与和自由。

领导的权变理论认为，领导的有效性不单取决于领导者的个人行为。某领导方式在实际工作中是否有效还取决于具体的情境。某一情境下具有相当效能的领导方式，在另一情境下可能失去效能。任何一种领导方式，都不可能是绝对最好的，或者绝对不好的。对领导行为有效性的评价，实际上并不取决于领导者所采取的某一特定领导方式，而是根据该领导方式所应用的情境而定。没有最好的领导模式，只有最合适的领导模式，这就是权宜制变的权变原理在领导工作中的体现。

(1)菲德勒模型

菲德勒模型是心理学家菲德勒经过15年的研究于1967年提出的，通常称为菲德勒权变模型或菲德勒权变理论。菲德勒模型指出，有效的群体绩效取决于以下两个因素的合理匹配：与下属相互作用的领导者风格；情境对领导者的控制和影响程度。菲德勒开发了一种工具，称为最难共事者问卷(Least Preferred Co-worker Questionnaire，LPC)，用以测量个体是任务取向型还是关系取向型。另外，他还提出三项情境因素：领导者—成员关系、任务结构和职位权力。他相信通过操作这三项因素能与领导者的行为取向进行恰当匹配，如图3—17所示。

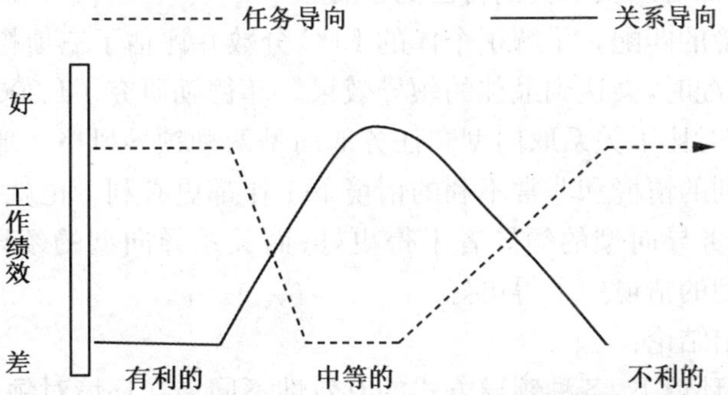

类型	Ⅰ	Ⅱ	Ⅲ	Ⅳ	Ⅴ	Ⅵ	Ⅶ	Ⅷ
● 领导—成员关系	好	好	好	好	差	差	差	差
● 任务结构	高	高	低	低	高	高	低	低
● 职位权力	强	弱	强	弱	强	弱	强	弱

图3—17　菲德勒模型

该模型内容描述如下：

①确定领导风格。菲德勒相信影响领导成功的关键因素之一是个体的基础领导风格，因此他首先试图发现这种基础风格是什么。为此，他设计了LPC问卷，让测试者回想自己共事过的所有同事，并找出一个最难共事者。在LPC问卷的回答基础上，可以判断出其最基本的

领导风格。如果很乐意与同事形成友好的人际关系，也就是说，如果你把最难共事的同事描述得比较积极(LPC 得分高)，菲德勒称之为关系取向型；相反，如果你对最难共事的同事看法比较消极(LPC 得分低)，你可能主要感兴趣的是生产，因而称之为任务取向型。另外，有大约16％的回答者分数处于中间水平，很难被划入任务取向型或关系取向型中进行预测，因而下面的讨论都是针对其余 84％的人进行的。

菲德勒认为一个人的领导风格是与生俱来的，个人不可能改变自己的风格去适应变化的情境。这意味着如果情境要求的是任务取向型的领导者，而在此领导岗位上的却是关系取向型领导者时，要想达到最佳效果，则要么改变情境，要么替换领导者。

②确定情境。用 LPC 问卷对个体的基础领导风格进行评估之后，需要再对情境进行评估，并将领导者与情境进行匹配。菲德勒列出了三个确定领导有效性的关键要素。它们是领导者—成员关系、任务结构和职位权力，具体定义如下：

领导者—成员关系：领导者对下属信任、信赖和尊重的程度。

任务结构：工作任务的程序化程度(即结构化或非结构化)。

职位权力：领导者拥有的权力变量(如聘用、解雇、训导、晋升、加薪等)的影响程度。

菲德勒模型的下一步是根据这三项权变变量来评估情境。领导者—成员关系或好或差，任务结构或高或低，职位权力或强或弱。他指出，领导者—成员关系越好，任务的结构化程度越高，职位权力越强，则领导者拥有的控制和影响力也越高。比如，一个非常有利的情境(即领导者的控制力很高)可能包括：下属对在职领导者十分尊重和信任(领导者—成员关系好)，所从事的工作(如薪金计算、填写报表)具体明确(工作结构化高)，工作给他提供了充分自由来奖励或惩罚下属(职位权力强)。相反，如果一个资金筹措小组不喜欢他们的领导者则为不够有利的情境，此时，领导者的控制力很小。总之，三项权变变量综合起来，便得到八种不同的情境或类型，每个领导者都可以从中找到自己的位置。

③领导者与情境的匹配。了解了个体的 LPC 分数并评估了三项权变因素之后，菲德勒模型指出，二者相互匹配时，会达到最佳的领导效果。菲德勒研究了1 200个工作群体，对八种情境类型的每一种，均对比了关系取向型和任务取向型两种领导风格。他得出结论：任务取向型的领导者在非常有利的情境和非常不利的情境下工作都更有利。也就是说，当面对Ⅰ、Ⅱ、Ⅲ、Ⅷ类型的情境时，任务导向型的领导者干得更好；而关系导向型的领导者则在中等有利的情境，即Ⅳ、Ⅴ、Ⅵ、Ⅶ型的情境中干得更好。

菲德勒由此得出结论：

第一，在不同的环境下，各种领导方式的有效性不同。在环境对领导者是否有利处于中间状态时，以人际关系为中心的领导方式比较有效；在对领导者非常有利或不利的环境中，则以工作为中心的领导方式比较有效。因而，不能说哪种方式一定好、哪种方式一定不好，要有权变观点，要视环境状况而定。

第二，领导的有效性既然取决于两方面的因素，那么提高领导有效性需要从两方面努力：一是改变环境状况，如改善上下级关系、健全责任制等；二是改变领导方式，这正是研究领导方式的目的所在。

(2)途径—目标领导理论

途径—目标领导理论(Path-goal Theory)是加拿大多伦多大学的组织行为学教授罗伯特·豪斯和米切尔等人提出的一种领导权变模型。该理论的核心在于，领导者的工作是帮助下属达到他们的目标，并提供必要的指导和支持，以确保他们各自的目标与群体或组织的总体目标相一致。“路径—目标”的概念即来自于这种观念，即有效的领导者通过明确指明实现工作目标的途径来帮助下属，并为下属清理路程中的各种路障和危险，从而使下属的这一“旅行”更为顺利。该理论模型如图3—18所示。

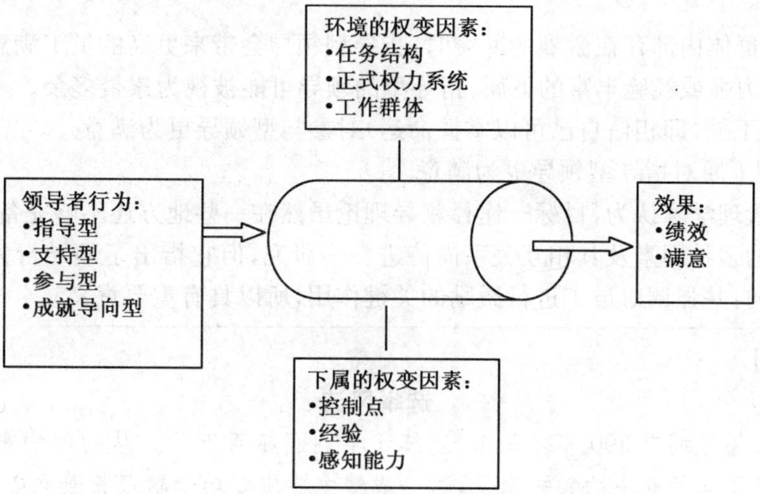

图3—18　路径—目标模型

该模型内容描述如下：

①领导者行为。按照路径—目标理论，领导者的行为被下属接受的程度取决于下属将这种行为视为获得满足的即时源泉还是作为未来获得满足的手段。领导者行为的激励作用在于：第一，它使下属的需要满足与有效的工作绩效联系在一起；第二，它提供了有效的工作绩效所必需的辅导、指导、支持和奖励。为了考察这些方面，豪斯确定了四种领导行为：

A. 指导型领导：让下属知道对他们的期望是什么，以及完成工作的时间安排，并对如何完成任务给予具体指导。

B. 支持型领导：十分友善，并表现出对下属需求的关怀。

C. 参与型领导：与下属共同磋商，并在决策之前充分考虑下属的建议。

D. 成就取向型领导：设置有挑战性的目标，并期望下属实现自己的最佳水平。

②情景因素。与菲德勒的领导行为观点相反，豪斯认为领导者是弹性灵活的，同一领导者可以根据不同的情境表现出任何一种领导风格。他提出了两类情境或权变变量作为领导行为与结果之间关系的中间变量：

A. 下属的权变因素：控制点、经验和感知能力。即下属对于自身行为结果的原因的解释（内因或者外因），以及员工对于自身完成任务努力的评价。

B. 下属控制范围之外的环境权变因素：任务结构、正式权力系统以及工作群体。环境因素中更关键的是环境权变因素，这些环境形成领导者所面临的不确定性，从而影响了员工的工作动机。

③结论。这一理论指出，当情景因素与领导者行为相比，重复多余或领导者行为与下属特点不一致时，效果均不佳。由此，该理论得出以下结论：

A. 与具有高度结构化和安排完好的任务相比，当任务不明或压力过大时，指导型领导会带来更高的满意度。

B. 当任务结构不清时，成就取向型领导将会提高下属的期待水平，使他们坚信努力必会带来成功的工作绩效。

C. 当下属执行结构化任务时，支持型领导会带来员工的高绩效和高满意度。

D. 组织中的正式权力关系越明确、越官僚化，领导者越应表现出支持型行为，降低指导型行为。

E. 当工作群体内部存在激烈的冲突时，指导型领导会带来更高的员工满意度。

F. 对于能力强或经验丰富的下属，指导型的领导可能被视为累赘多余。

G. 内控型下属（即相信自己可以掌握命运）对参与型领导更为满意。

H. 外控型下属对指导型领导更为满意。

西方一些管理学家认为，目标—途径领导理论虽然在一些地方还不够完备，如对确定领导方式时应考虑的多种因素及其相互关系尚待进一步研究，但它指出了领导行为在管理领域中今后的发展趋向，并强调对员工进行激励的关键作用，所以具有重要意义。

【训练与练习】

选举风波

齐山市帐篷厂拥有300多名职工，连续4年利润超百万元。从初创的艰难起步，到现在达到并保持了同行业中的领先水平，这一成绩主要应归功于副厂长兼党委书记王展志的努力，因为厂长身体状况长期不佳，基本上不管事。

王展志现年50岁，年富力强，在轻工行业工作了20多年，在领导和同事中间留下了踏实肯干的印象。1992年初，他被调任为齐山市帐篷厂副厂长，实际上挑起了负责全厂的重任。上任之初，他狠抓产品质量，创立品牌，很快就打开了局面。在目前国有企业普遍不景气的情况下，他意识到设备落后是本厂发展的最大障碍，便四处筹集资金500万元，准备引进新的生产设备。与此同时，他还采取措施完善职工的生产、生活设施，改善职工的劳动条件。

1998年初，厂长去世。主管单位齐山市轻工总公司认为帐篷厂的基础较好，王厂长又在企业界影响较大，决定在帐篷厂试点民选厂长。经过征询厂领导的意见，并在车间和班组进行了摸底，总公司又于3月14日招标答辩前，特地选择了一位声望一般的工会主席和另一名副厂长作为“陪选”的候选人。3月14日，总公司领导信心十足，邀请了同行业准备试点的企业进行观摩，还通知几家新闻媒体进行采访，以扩大试点影响。

进行完竞选演说之后，王展志的心情是舒坦而平静的。对这次选举他十分有把握，以为这是板上钉钉的，在场的总公司领导也满意地和他握手致意。

然而，宣布民主投票的结果时，却是如此出人意料：250名职工参加投票，3名候选人均不足20票，其余均为投外国明星、国内名人的废票。竞选委员会宣布本次投票暂停。事后了解得知，青年职工几乎全是弃权或乱投。

是王厂长真的不胜任工作，还是职工中有其他的选择？总公司领导高度重视这个情况。第二天下午，总公司党委书记张得胜与公司干部中的几位同志一齐前往帐篷厂。

王展志受到的打击是沉重的，他准备写辞职报告。车间的工作基本上都停了，轮班的工人坐着小声议论；一些女工则干脆拿出了毛线织毛衣；工人都在等这件事的最终结果。张得胜等人去职工宿舍与轮休的工人聊天，很快事情的脉络就比较清楚了。

青年职工说，王厂长的确不容易，每天总是最早到厂、最迟离开，真正是一心扑在事业上，把厂子当作自己的家。但他工作方法简单，态度生硬，主观武断，碰到员工有错误的地方就大发脾气。他一天到晚都在忙着厂务，从不与下属沟通，不去了解员工的需要，职工虽然也知道王厂长是一心为了厂子，但在情感上很难与王厂长产生共鸣。有些职工由于受过王厂长的过火批评，意见很大，经常背地里发牢骚，这种人在青年职工中有一定影响。然而，由于中层干部基本上都是由王厂长亲自提拔，他们对王厂长相当敬畏，所以员工的意见很难通过中层干部到达王厂长的桌面上。另外，总公司由于帐篷厂效益独树一帜，因而从各方面都相当支持王厂长。而且，王厂长在企业里由基层干到高层，对管理工厂很有自己的一套，各种规章制度、计划组织都严格而合理，职工的牢骚只能在私下场合引起喝彩，他们也不敢进行消极怠工。职工认为这次选举是一个绝好的发表意见的机会，能引起总公司的关注，并希望能换一个工作作风不一样的厂长。

张得胜认为这样一个勤勤恳恳的优秀厂长，却得到这样的评价，在当前的形势下，这样的同志已不适合再当厂长。经过研究，初步定下将其平调到总公司担任行政职务。

思考题：

1.你是怎样评价王展志的领导作风？

2.你认为他的领导风格最接近管理方格理论中的哪一种类型？

3.为什么王展志会在干部与职工中得到两种截然不同的评价？

4.如果你是王展志，并继续担任厂长，你会采取什么样的行动？

3.4 控 制

管理的控制职能，是对组织绩效进行衡量与纠正，以确保组织目标以及为实现目标所制订的计划能够得以完成。

3.4.1 控制的基本概念和类型

要理解控制，需要把控制与计划的职能联系起来。

1. 控制与计划

控制是指通过制订计划或绩效的衡量标准，以及建立信息反馈系统，检查实际工作的进度及其结果，及时发现偏差以及产生偏差的原因，并采取措施纠正偏差的一系列活动。控制与计划的关系如下：

(1)控制保证了计划的实施和完成

有些人认为，计划和控制这两项职能是不可能分割的。虽然，在管理学中一般从概念上对两者加以区分，实际上，人们仍然可以把计划与控制看成是一把剪刀的两刃，缺一刃，剪刀就没用了。没有了目标与计划，控制就无从谈起。也就是说，管理人员首先要制订计划，然后计划又成为评定其行动及其效果是否符合需要的标准。

(2)计划与控制是同一事物的两个方面

一方面，有目标和计划而没有控制，人们可能知道自己干了什么，但无法知道自己干得怎么样、存在哪些问题、哪些方面需要改进。另一方面，有控制而没有目标和计划，人们将不知道控制什么，也不知道怎么控制。计划越明确、全面和完整，控制效果也越好。没有计划就无法衡量行动是否偏离计划，更谈不上纠正偏差。计划是控制的前提，控制是完成计划的保证。如果没有控制系统，没有实际与计划的比较，就不知道计划是否完成，计划就毫无意义。

(3)计划与控制是密不可分的

从广义的角度来看，控制工作并不仅限于按照既定的计划标准来衡量和纠正计划执行中的偏差，它同时还包含着在必要的时候修改计划标准，以使计划更加适合于实际情况这一层次的含义。

现实中，组织的运行往往是“非零”起步的，这样，上阶段控制的结果可能导致组织确立新的目标、提出新的计划，并在组织结构、人员配备等方面做出相应的改变。在实际工作中，很难区分控制与计划究竟哪个是开始、哪个是结束。控制可以说是管理工作过程的终结，又是一个管理工作过程的开始。而且，计划与控制工作的内容还常常相互交织在一起。

2. 管理控制的目标和特点

(1)管理控制的目标

衡量绩效并采取纠正措施，也就是控制，其主要目标有两个：

①限制偏差的积累。一般来说，任何工作的开展都不免要出现一些偏差。虽然小的偏差和失误不会立即就给组织带来严重的损害，但在组织运行一段时间后，随着小偏差的积少成多和累积放大，最终就可能对计划目标的实现造成威胁，甚至给组织酿成灾难性的后果。防微杜渐、及早地发现潜在的错误和问题并进行处理，有助于确保组织按预定的轨迹运行下去。有效的管理控制系统应当能够及时地获取偏差信息，及时地采取纠正偏差措施，以防止偏差的累积而影响到组织目标的顺利实现。

②适应环境的变化。组织计划和目标在制订出来后总要经过一段时间的实施才能够实现。在这段实施过程中，组织内部的条件和外部环境可能会发生一些变化，内外环境的变化不仅会妨碍计划的实施进程，甚至影响计划本身的科学性和现实性。因此，任何组织都需要构建有效的控制系统，帮助管理人员预测和把握内外环境的变化，并对这些变化带来的机会和威胁做出正确、有力的反应，以将组织调整到适应的状态。

管理控制无论是着眼于纠正执行中的偏差还是适应环境的变化，都是紧紧围绕着组织的目标进行的。与其他工作一样，控制工作也具有明确的、目的性的特征。也就是说，管理控制工作并不是管理者的主观任意行为，而是受一定的目标指引，按政策、程序、规则进行的，服务于达成组织特定目标的需要。在行使控制职能时，是一种责任而不是一种权力，是促使组织更有效地实现其根本目标。

(2)管理控制的特点

管理控制的主要特点如下：

①整体性。这包含两层意思：一是从控制的主体来看，完成计划和实现目标是组织全体成员共同的责任，管理控制应该成为组织全体成员的职责，而不单单是管理人员的职责。再从控制的对象来看，管理控制覆盖组织的各个方面，人、财、物、时间、信息等资源，各层次、各部门、各单位的工作，以及企业生产经营的各个不同阶段等，都是管理控制的对象。不仅如此，在管理控制中需要把整个组织的活动作为一个整体来看待，使各个方面的控制能协调一致，达到整体的优化。

②动态性。组织是动态的，其外部环境和内部条件随时都发生着变化，从而决定了控制标准和方法不可能固定不变。管理控制的动态性，可以保持和提高控制工作的有效性与灵活性。

③人性化。管理工作不能忽视人性方面的因素。管理工作应该是提高员工工作能力的工具，而不仅仅是监督，更重要的是指导和帮助。管理者可以制订偏差纠正计划，但这种计划要靠员工去实施，只有当员工认识到纠正偏差的必要性并具备纠正能力时，偏差才会被纠正。通过纠偏工作，管理者可以帮助员工分析偏差产生的原因，端正员工的工作态度，指导他们采取

纠正的措施。这样，既能达到控制的目的，又能提高员工的工作和自我控制能力。

3.控制的过程与要素

管理控制的工作过程，一般由以下三个主要步骤组成：

(1)制定控制目标，确立控制标准

控制目标、控制标准是控制工作得以开展的前提，是检验和衡量实际工作的依据和尺度。如果没有控制目标、标准，便无法衡量实际工作，控制工作也就失去了目的性。

(2)衡量实际工作，获取偏差信息

偏差信息是实际工作情况或结果与控制标准要求之间所发生偏离程度的信息。了解和掌握偏差信息，是控制工作的重要环节。如果没有或无法得到这方面的信息，那么就无法知道是否应该采取纠正措施以及采取多大强度的纠正措施，这样控制工作便无法正常地开展。信息是控制的前提和基础。

(3)分析偏差原因，采取纠正措施

任何控制行动都是针对问题及其产生的原因而采取相应的解决对策。纠正措施、对策、办法的提出必须建立在对偏差原因进行正确分析的基础上。不正确的归因会导致控制行为的低效、无效甚至负效果。

总之，控制目标与标准、偏差信息、纠正措施是控制工作的三项基本要素。它们相互关联、相互依存、缺一不可。另外，有效的管理控制不仅要能够保证计划中的偏差得到及时纠正，同时还要能在实际情况发生了变化又不是计划执行过程所可能控制的时候，适当地修正控制的标准以及调整或改变原有的计划，使组织的运行更好地适应新的环境条件。真正有效的管理控制系统应该具有这种“调适”和“适应”的功能。

4.管理控制的基本类型

管理控制按照分类的不同，可以有各种各样的分类法。其中最常见的一种分类是根据控制信息获取的方式和时点不同而将管理控制划分为前馈控制、过程控制、反馈控制三类。如图3－19所示。

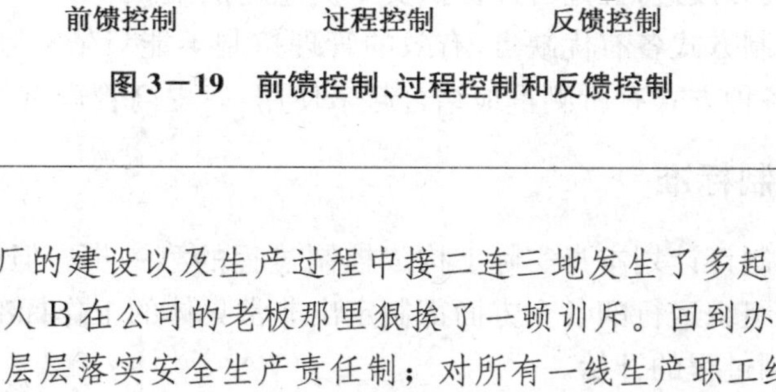

图3－19　前馈控制、过程控制和反馈控制

【小案例】

某企业在新工厂的建设以及生产过程中接二连三地发生了多起恶性人员伤亡事故。为此，新工厂的负责人B在公司的老板那里狠挨了一顿训斥。回到办公室后，B立即召集有关科室的负责人，层层落实安全生产责任制；对所有一线生产职工结合本岗位特点进行了安全培训、教育；并建立了“互保对子”，使相互协作的生产职工相互监督、检查“互保对

子”的安全生产保障状况。由控制角度来看，该企业在这件事上采取了前馈控制、过程控制和反馈控制的综合措施来确保生产事故不再发生。

(1)前馈控制

前馈控制也称事前控制或预先控制，是指在工作开始前对工作中可能产生的偏差进行预测和估计并采取防范措施，将可能的偏差消除于产生之前。如组织需要制定一系列规章制度让员工遵守，以这种事前对基本行为的规范来保证工作的顺利进行。前馈控制是一种防患于未然的控制，是一种预防性管理。

在三种控制方式中，前馈控制的优点表现在预防偏差的出现，是在工作开始前针对某项计划行动所依赖的条件进行，不针对具体人员，容易被接受和实施。前馈控制需要准确的信息，并要充分了解前馈控制的因素与计划工作的影响关系。

(2)过程控制

在工作进行中所进行的控制，称作过程控制，也称现场控制、同步控制或同期控制。过程控制主要有监督和指导两项职能。监督是按照预定标准检查正在进行的工作，以保证目标的实现；指导是管理者针对工作中出现的问题，在现场指导改进工作，或与员工共同讨论，正确地完成所规定的任务。

过程控制优点是对出现的偏差及时纠正，有助于提高工作人员的工作能力和自我控制能力。但是，过程控制受时间、精力以及业务水平的制约。过程控制的应用范围较窄，一般来说，对于便于计量的工作较易进行过程控制。工作人员的自检就属于过程控制。对于系统性、复杂性或难计量的问题，一般过程控制难以解决。

(3)反馈控制

反馈控制是在工作结束或行为发生之后进行的控制，常称事后控制。反馈控制是把注意力集中于工作或行为的结果上，通过对已形成的结果进行测量、比较和分析，发现偏差情况，依此采取措施，对今后的工作进行纠正。

反馈控制的主要弊端是，在纠正措施实施前，偏差、损失已经产生，只能“亡羊补牢”。但是，反馈控制可在如下五个方面发生作用：一是在周期性的重复活动中，可以避免下一次活动发生类似的问题，也就是反馈控制的纠偏措施可以转化为预防性的措施，进行前馈控制；二是可以消除偏差对后续活动的影响，如产品在出厂前所进行的最终的质量检验，剔除不合格品，可避免这些产品流入市场后对品牌信誉和顾客使用造成不利影响；三是相关人员可以总结教训，了解工作失误的原因，为下一轮工作的正确开展提供依据；四是系统性、复杂性的偏差只有通过事后分析才能解决和改进；五是可以提供员工奖惩的依据。

总的来说，三种控制方式各有优缺点，有效的管理控制不能只依靠某一种控制方式，而必须根据特定的情况将各种方式有所侧重地结合起来使用，以提高管理有效性。

3.4.2 制定控制标准

从逻辑关系上说，制订计划本身实际上构成控制过程的第一步。但由于计划相对来说是比较概要的，不可能对组织运行的各个方面都制定出非常具体的工作标准。因此，应以制定专门的控制标准作为控制过程的开始。

1.标准的含义

标准是一种作为规范而建立起来的测量标尺或尺度。标准是测定实际绩效的基础。对照控制标准，就可以作出判断。标准是控制工作的起点。

标准有很多种，有时间标准，指完成某项工作或服务的时间规定；有质量标准，指保证质量因素的各种要求；还有行为标准、定额标准等。控制标准必须要求标准的有效性，也就是标准能在控制中发挥应有的作用。

一般来说，标准的特性有以下几个方面：

(1)简明性

即对标准的量值、单位、可允许的偏差范围要有明确的说明，对标准的表述要易懂，便于理解和把握。

(2)使用性

建立标准要有利于组织目标的实现，要对每一项工作的衡量都有明确规定，具体的时间幅度和具体的衡量内容与要求，以便准确地反映组织活动的状态。

(3)一致性

建立标准应该体现协调一致，公平合理原则。各项控制标准应该彼此协调，不可相互冲突。

(4)可行性

标准是衡量实际工作的，必须根据实际情况制定，包括具体工具、能力等。

(5)可操作性

标准要便于对实际工作绩效进行衡量、比较、评价。一般用定量标准，而对一些定性的绩效可转化为次、率等标准来衡量，或使用各种量表的形式来衡量。

(6)相对稳定性

这是说标准的继承性、改进等要求，并且具有一定的弹性，能对环境变化有一定的适应性，能对特殊情况例外处理。

【小案例】

“如果训练一个日本人，让他每天擦六遍桌子，他一定会这样做；而一个中国人开始会擦六遍，慢慢觉得五遍、四遍也可以，最后索性不擦了！”张瑞敏的观察一针见血，他熟悉中国人的秉性，知道中国人做事的最大毛病是做事不到位，每天工作欠缺一点，天长日久就成为落后的顽症。他想，需要一个管理机制专攻这一毛病，这一机制同时还要承担下述功能：领导在与不在，企业照样良性运转。

因此，他发明一套管理方法称作“OEC”。其中，“O”代表“Overall”，意为“全面的”，“E”代表“Every one, Every thing, Every day”，意为“每个人、每件事、每一天”，“C”代表“Control and Clear”，意为“控制和清理”，其含义是全方位地对每个人每一天所做的每件事进行控制和清理，做到“日事日毕，日清日高”，每天的工作每天完成，而且每天的工作质量都有一点儿(1%)提高。这就是控制标准，有了这样的控制标准，从车间工人到集团总部的每一位干部都知道自己每天应干些什么，甚至可能自己考核自己的工作，领取自己该得到的那份报酬。

具体来说，OEC管理模式意味着企业每天所有的事都有人管，所有的人均有管理、控制内容，并依据工作标准对各自控制的事项，按规定的计划执行，每日把实施结果与计划指标对照、总结、纠偏，达到对事物发展过程日日控制、事事控制的目的，确保事物向预定目标发展。这一管理方法可以概括为五句话：总账不漏项，事事有人管，人人都管事，管事凭效果，管人凭考核。

2.制定控制标准的过程

控制标准的制定是一个过程，虽然标准是由组织目标和计划转变来的，但是仍然有一个制定的过程。确定衡量对象，选择关键衡量点，然后制定衡量标准。

(1)确定衡量对象

哪些需要衡量，也就是哪些需要控制，这是决定控制标准之前首先需要明确的事情。只有明确了衡量的对象，才能知道如何衡量，也就是衡量标准。最重要的也是首先应该衡量的是组织活动成果。也就是说，首先要明确分析组织活动想要实现什么样的目标。按照组织目标体系的要求，就可以对有关成果指标的完成情况进行衡量。因此，也有人说，无法衡量的任务往往是难以实现的，没有制订出衡量指标的计划将很难执行。对组织活动成果的衡量，往往只能事后进行。为了使组织活动成果具有可靠的保障，从理想角度看，必须对全部影响组织实现目标成果的因素都进行衡量。但这种全面性是不经济的，也是很难实现的。因此，通常的做法是，选择那些对实现组织目标成果有重大影响的因素进行重点衡量。

(2)选择衡量关键点

重点的衡量对象确定下来，还必须选定衡量的关键点，才能制定衡量的标准。对于衡量的关键点，一般应考虑以下三个方面：一是影响整个组织工作有效运行的重要事项；二是能在重大的损失出现之前显示相互差异的事项；三是若干能反映组织主要绩效水平的时间与空间分布均匀的衡量点。

良好的控制来源于衡量关键点的选择。在选择衡量关键点时，管理人员应对自己提以下问题：什么是最好的反映本组织的指标？在计划目标未实现时，什么信息可以最快、最准确地衡量工作的进展？什么信息能最好地确定关键的偏差？什么信息能衡量成功或失败？什么样的衡量可以取得必要的信息并且成本最低？等等。

(3)制定衡量标准

衡量标准的制定，最简单的情况是把计划过程中形成的可考核的目标直接作为衡量标准，但如前所述，现实中更多的情况往往是需要通过一些科学的方法将某一计划目标分解为一系列具体可操作的衡量标准。衡量标准可分为定量标准和定性标准两大类。衡量标准应该从有利于组织目标实现的总体要求来加以确定。

【小案例】

海尔的服务有个十分响亮的名字——海尔国际星级服务。海尔的“星级服务”大体包括三方面的内容。首先是售前服务：实实在在地介绍产品的特性和功能，通过不厌其烦地讲解和演示，为顾客答疑解惑。如海尔产品的质量好究竟好在哪里，功能全究竟全在何处，如何安全操作，用户享有哪些权利等，从而使顾客心中有数，以便在购买时进行比较与选择。其次是售中服务：在有条件的地方实行“无搬动服务”，向购买海尔产品的用户提供送货上门、安装到位、现场调试、月内回访等项服务。最后是售后服务：通过微机等先进手段与用户保持联系，出现问题及时解决，以百分之百的热情弥补工作中可能存在的万分之一的失误。

“星级服务”有一整套规范化标准：售前、售中提供详尽热情的咨询服务；任何时候，均为顾客送货到家；根据用户指定的时间、空间，给予最方便的安装；上门调试，示范性指导使用，保证一试就会；售后跟踪，上门服务，出现问题 24 小时之内答复，使用户绝无后顾之忧。

3.4.3 衡量实际工作(获取偏差信息)

如果所有的偏差都能在产生之前被发现,都可以通过预防性管理来解决,那将是一种理想的纠偏方式。无论预防性管理如何强化,现实中总有一些偏差不能被预见。在这种客观的条件下,最满意的方式就是:必要的纠偏行为能在偏差产生后迅速采取。为此,要求管理者及时地获得能够反映偏差是否产生并能判定其影响程度的可靠信息。为了及时、正确地获得偏差信息,管理者在实际衡量工作中要注意以下几个方面:

1.确定适宜的衡量方式

对照标准衡量实际工作,以取得偏差信息,是控制过程的第二步。衡量实绩的目的是为了取得衡量对象的有关信息。在对实绩进行衡量前,应该对需要衡量什么、如何衡量、间隔多长时间进行衡量以及由谁来负责衡量等做出安排。

(1)衡量的项目

衡量的项目也就是衡量什么,是衡量工作中最重要的方面。针对决定实际工作绩效好坏的重要特征项进行衡量。但实际中容易出现一种趋向,即侧重于衡量那些容易衡量的项目,而忽视那些不易衡量、较不明显但实际相当重要的项目。衡量项目应该围绕构成良好绩效的重要特征项目来进行,而不是偏向那些易衡量的项目。

(2)衡量的方法

一般可以通过如下几种方法获得衡量实际工作绩效方面的资料和信息:①观察;②利用报表和报告;③抽样调查;④召开会议;等等。一般来说,不同的衡量项目以及由谁衡量等确定衡量方法,一般是几种方法结合使用。

(3)衡量的频率

适当的衡量频率是非常关键的,过多不仅费用过高,也会给员工带来负面影响,过少则信息量不足反映偏差现实情况。

(4)衡量的主体

由谁来衡量,将对控制效果和控制方式都产生影响。在传统的质量管理中的自检、互检、专检等,就是衡量的主体不一样。

2.建立有效的反馈信息

对实际情况进行衡量的目的,是为了提供有用的信息,为纠正偏差提供依据。将有效的信息迅速地反馈与集中,并根据纠偏指令迅速地对问题做出处理,是非常必要的。

信息能有效地服务于纠偏,需要符合以下三项基本要求:

(1)信息的及时性

一方面,对信息的收集要及时。信息具有很强的时效性,对那些无法追忆和不能再现的重要信息,如没有及时记录和收集,过后便很难再获取。而且,对于大多数信息来说,如果不能及时收集,信息的价值就会大大降低。因此,组织内部要建立健全统计、原始记录工作,促使组织成员养成重视信息收集的意识,培养其信息收集方法。另一方面,信息的加工、检索和传递工作也要及时。如果信息不能及时提供给各相关人员,信息的价值就会丧失,甚至会给组织带来无形或有形的损失。

(2)信息的可靠性

只有依靠准确、可靠的信息才可能对工作中的问题作出正确的决策。信息的可靠性首先来源于准确,包括准确地收集信息、完整的信息传递等环节。

(3)信息的适用性

收集信息是为了利用信息。要对信息的种类、范围、详细程度、使用频率等进行整理、分析,并保证为相关人员提供精确而又满足要求的信息。

3.通过衡量实际绩效,检验标准的客观性和有效性

衡量工作成效是以预定的标准来进行的。这就出现一个问题:偏差到底是执行中出现的问题还是标准本身存在的问题呢?检验标准的客观性和有效性,是要分析对标准执行情况的测量是否符合衡量需要的信息。通过衡量的过程,既获得偏差信息,也对不能提供有效信息或容易产生误导作用的不适宜标准进行剔除,以便制定出科学合理的控制标准。

3.4.4 采取纠正措施

对实际工作进行衡量之后,下一步就是将衡量结果与标准进行对比。如果有较大的偏差,则要分析造成偏差的原因并采取纠正措施;如果没有偏差,则要分析标准是否有足够的先进性,在认定标准水平合适的情况下,将之作为成功的经验予以分析总结并用于指导今后或其他的工作。

在采取纠正的情况下,需要在制定和实施纠正措施过程中注意下述几个方面:

1.找出偏差产生的原因

实际工作中并非所有的偏差都会影响组织的最终成果,有些偏差可能是由于计划本身和执行过程中的问题造成的,而另一些偏差可能是由于某些偶然、暂时、局部性的因素引起的,从而不一定会对组织活动的最终结果产生重要影响。因此,在采取纠偏措施以前,必须首先对反映偏差的信息进行评估和分析。评估和分析偏差信息时,首先要判别偏差的严重程度,判断其是否会对组织活动的效率和效果产生影响;其次是探讨导致偏差产生的主要原因。

偏差纠正措施的确定要以正确分析偏差原因为依据。现实中,同一偏差可能会由各种不同的原因造成。这就要求有关人员要认真了解偏差信息并对影响因素进行深入、透彻的分析,真正透过表面现象找出造成偏差的深层原因,为"对症下药"地制定纠偏措施提供保证。

2.选择适当的纠正措施

针对偏差产生的主要和所确定的纠正对象,可采取的处理措施有三种:第一种,对于因工作失误造成的问题,主要是"纠偏",即通过政策、程序、规则的执行,确保工作与目标的接近或吻合;第二种,若计划目标不切合实际,控制工作则主要是按实际情况修改计划;第三种,若组织运行环境出现了重大变化,致使计划失去了客观的依据,那么相应的措施是启动备用计划或重新启动计划。

一般来说,选择适当的纠正措施时要注意以下问题:

(1)保持纠正方案的双重优化

纠正措施和方案,不仅要根据其实施对象的不同加以权变选择,而且即便对于同一对象,也要根据具体情况而采取多种不同的方案。因此,判断纠正方案的合适性需要考虑纠正措施的经济性和有效性,以达到投入最少、成本最小,解决偏差效果最好的目的。

(2)充分考虑原有计划实施的影响

这种纠正措施有点类似于"追踪决策"的性质,因此对原计划的实施要有所考虑。

(3)应急性纠正行动与永久性纠正措施并重

"头痛医头,脚痛医脚"也许可以当作应急性纠正行动,但要从根本上解决问题还需要与永久性纠正措施并重。

(4)注意消除组织成员对纠正措施的疑虑

纠正措施的实施,都会在不同程度上引起组织结构、人员关系和活动方式的调整,从而多多少少触及某些组织成员的利益。不同的组织成员会因此对纠正措施持有不相同的态度。有人可能幸灾乐祸,有人会煽风点火对偏差夸大其词,有人将偏差与错误混为一谈。对纠正措施支持、观望、抵触的人都会存在。纠正措施和方案在付诸实施时可能出现人为性障碍。

【小案例】

海尔生产线的10个重点工序都有质量控制台,155个质量控制点都有质量跟踪单,产品从第一道工序到出厂都建立了详细档案。麦当劳的面包不圆和切口不平都不会出售;奶浆接货温度要在4摄氏度以下,高1摄氏度就退货;一片小小的牛肉饼要经过40多项质量控制检查;生菜从冷藏库拿到配料台上只有2个小时的保鲜期,过时就扔掉;生产过程采用电脑操作和标准操作,制作好的成品和时间牌一起放到成品保温槽中;炸薯条超过7分钟,汉堡包超过19分钟就要毫不吝惜地扔掉。所有这些知名公司都是优质产品的代名词,是他们对产品质量、工作质量的有效控制,才有如此优异的成绩。

3.有效纠偏原则

为了使纠偏工作做得更加切实有效,一般应注意以下几条原则:

(1)纠偏应与计划和组织相适应

纠偏的目的是保证计划的顺利实现。健全的组织结构有两方面的含义:一方面,要能在组织中将反映实际情况和工作状态的信息迅速地上传下达,保证联络渠道的畅通;另一方面,要做到权责分明,使组织中的每个部门、每个人都能切实担负起自己的责任。否则,偏差一旦出现就难以纠正,纠偏也就不可能得以实现。

(2)纠偏应该突出重点,强调例外

理解衡量的关键点非常重要。对例外情况的注意,是管理工作的重点,也是纠偏的重点。因为,例外总是带来更多值得重视的信息。

(3)纠偏应该具有灵活性、及时性和经济性的特点

灵活性是指纠偏系统能适应主客观条件的变化,持续地发挥作用,纠偏工作本身是变化的,其依据的标准、衡量工作所用的方法等都可能会随着情况的变化而变化。

纠偏工作还必须注意及时性。信息是纠偏的基础,为提高纠偏的及时性,信息的收集和传递必须及时。如果信息的收集和传递不及时,信息处理时间又过长,偏差便得不到及时纠正。更有甚者,实际情况已经发生了变化,这时采取的纠正措施不仅不能产生积极作用,反而会带来消极的影响。

为了纠偏而支出的费用以及由纠偏而增加的收益都直接与纠偏程度相关。也就是说,纠偏工作一定要坚持适度的原则,以便提高经济性。

(4)纠偏过程应避免出现目标扭曲问题

组织在将规则、程序和预算这些低层次的计划作为纠偏标准时,最容易发生目标与手段本末倒置的问题。本来,规则、程序和预算只是组织实现高层次计划目标的手段,但在实际控制过程中,有关人员对这些手段的关注可能超过对实现组织目标的关注,或者忘记了这些手段性措施只是为实现组织目标服务的,以致出现了遵守规定或完成预算而不顾控制效果的种种刻板、僵硬、扭曲的行为。所以一定要注意次一层级控制标准的从属性和服务性地位,这一点对于成功、有效地实施控制至关重要。

(5)控制工作应注重培养组织成员的自我控制能力

自我控制有助于发挥员工的主动性、积极性和创造性;自我控制有助于减少控制费用的支出;自我控制有助于提高控制的及时性和准确性。

3.4.5 控制方法

控制方法是属于管理学科的专业课程中的内容,如财务控制方法在“财务管理”等课程中学习;质量控制方法在“质量管理”等课程中学习;综合绩效控制方法在“绩效管理”或“人力资源管理”等课程中学习;信息技术在“管理信息系统”等课程中学习;等等。了解控制方法与理解管理控制职能是相辅相成的。在这里,我们只是简单地将控制方法做一些介绍。

1.预算控制

这是一种计划技术,是未来某一个时期具体的、数字化的计划,它把计划分解成以货币或其他数量单位的预算指标,要求各个部门的运作和开支在预算范围内。预算也是一种控制技术,它把预算指标作为控制标准,用来衡量其计划的执行情况。

(1)收支预算

收支预算包括收入预算和支出预算。收入预算主要是在某个计划期的有关收益及其来源,像企业有销售收入、租金、专利收入及其他投资收益等,可根据具体情况作相应预算。支出预算即计划期各种费用支出的预算。

(2)实物预算

实物预算是以实物为计量单位的预算。它的范围很广,包括产量预算、人工预算、原材料消耗预算、燃料消耗预算、库存预算等。

(3)投资预算

投资预算一般包括建新厂、买房产、购买机器设备等扩大固定资产投资以及其他方面的投资预算。

(4)现金预算

现金预算是指根据收支预算确定在计划期内的现金的收支情况,让管理者清楚自己有多少现金,够不够一些设想的开支,从中也可以发现是否有多余的现金库存或不合适的开支。

(5)综合预算

综合预算是指考虑各种因素后的多项内容的预算。它的单位可以是货币,也可以是实物,如资产负债表预算等。

2.审计控制

下面所要学习的就是针对企业的整体运行和经营活动的一项控制技术——审计。审计控制包括以下三个方面:

(1)外部审计

外部审计通常是由一个独立的公共会计事务所来进行的。其主要目的是测定企业的财务记录是否真实地反映了企业的财务状况,验证这些记录是否准确,测定是否一贯地实施了既定的会计程序。而其作用是间接的,它主要是针对企业的财务记录,不包括计划、政策和作业以及一些非财务部门。

(2)内部审计

内部审计是由企业组织内部的特殊人员负责进行的。其目的是为内部控制提供依据和手段,它力图测定其他控制的效能,因此,内部审计可以被看作是对其他控制形式的总控制。其作用:第一,内部审计提供了一种测定程序和方法,来检查企业在实现其目标、遵循既定政策方面是否成功;第二,内部审计可以对企业政策、计划的可行性和有效性、控制方式等方面提出改进建议和措施;第三,内部审计使高层管理人员对企业的经营管理状况、收支状况和信用状况有一个清晰的了解和全面的认识。

(3)管理审计

管理审计是由企业自己负责进行的。管理审计较之传统的审计,履行更加广泛的职能。其主要职能就是通过对市场趋势、技术的最新发展,影响企业的政治和社会因素的研究分析;通过对企业的外部环境进行客观的预测,确定企业在行业中的位置,拟订今后的发展规划;为企业的管理人员提供企业内部生产经营各个方面的信息和资料,帮助他们正确地进行经营决策和控制。

3.作业控制

作业控制是为了保证各项作业计划的顺利进行而做的一系列工作。作业控制一般包括质量控制、进度控制、库存控制等。

(1)质量控制

质量控制是指以技术依据为衡量标准来检验产品的质量。

(2)进度控制

进度控制是指根据产品生产或项目建设进度计划的要求,对各阶段活动开始和结束时间所进行的控制。

(3)库存控制

库存控制是指对量大面广的原材料、燃料、配件、在制品、半成品和产成品等存货品种和数量的控制。

4.人事管理控制

管理者除了对本组织的预算、财务和生产、销售进行控制外,还必须注意对人事方面的管理进行控制。从本质上讲,人事方面的管理控制主要集中在对组织内人力资源的管理上。具体包括两个方面:一是主要人事比率的控制,二是对管理人员和一般员工在工作中的成绩、能力及态度做出客观公正的考核、评价和分析鉴定。

【训练与练习】

对于同学们来说,接触最多、最熟悉的组织就是学校。请你根据上述控制理论,以小组为单位制定一份能够有效保证教学质量的控制方案。

本章小结

管理职能是管理者为了有效地管理必须具备的功能,或者说是管理者在执行其任务时应该做的工作。无论管理者所在的组织性质多么不同,组织所处的环境有多么不同,但管理人员所从事的管理职能却是大体相同的,管理活动的过程就是管理的职能逐步展开和实现的过程。因而,本章所学的四大基本职能是管理学的核心内容。

【测试题】

1.简述计划工作的基本步骤。

2.简述管理的组织职能。
3.画出组织结构的主要类型。
4.简述领导应具备的素质。
5.简述管理的控制职能。
6.简述控制的主要步骤。

第4章

如何得到领导的认可

在职场中，或许你付出了很多的智慧、心血、时间和汗水，但如果没有得到领导的认可，那么等于你所付出的一切是没有价值的；而要想迅速得到领导的认可，需要在工作中学会合理的坚持与圆满的沟通，能够贯彻领导的战略意图，完成领导的预定目标，有效提升个人执行力，能够将企业战略、规划转化成为效益、成果。

学习目标

1. 掌握得到领导认可的对策；
2. 理解执行力的四要素；
3. 掌握提升个人执行力的方法。

案例导入

当今中国内地最有价值的职业经理人，大家都知道是唐骏。唐骏打了15年工，挣了15亿元的薪水，他先是给比尔·盖茨打工10年，比尔·盖茨发给他的薪水是每年1亿元人民币。后来他离开了微软到了盛大，给陈天桥打工，4年挣了4亿元人民币的薪水。2008年，他从盛大转会到新华都。到新华都上班的第一天，老板陈发树就给了他一纸合同，转给他大概有1亿元的股份。也就是说，他打工15年，挣了15亿元的薪水。

唐骏那么有钱，他为什么不自己做老板呢？唐骏说他曾经做过老板，在美国的时候就开过好几家公司，如娱乐公司、律师事务所。但他发现他的公司虽然开得不错，但是好像无论怎么做，也做不大。于是，他便投身到另一个平台上去。就到了微软，做了一个小小的程序员。然后，当上中层领导。他不断地努力，当上了高层领导，得到比尔·盖茨的赏识，一步一步成为微软大中华区的总裁。离开微软的时候，比尔·盖茨授予他终身荣誉总裁。

【问题引出】

1. 每个人都希望得到领导的认可，但常常不尽如人意。有人抱怨怀才不遇，有人愤慨没有得到公正待遇。到底如何才能得到领导的认可呢？

2. 作为企业中层管理者不能“承上”就无法“启下”，自己对上司的安排没有很强的执行力，那你的下属也很难对你的安排有很强的执行力。

4.1 得到领导认可的八大对策

4.1.1 领导都是对的

领导也是人,是人都会犯错误。他既然能够犯错误,为什么他都是对的呢?领导作为一个个体,作为一个独立的人,肯定会经常犯错误,这是不可避免的,但是在职场里面,当他以你的领导的身份出现的时候,你要相信他是对的,领导的指示要坚决执行。因为一个企业或一个组织如果不能令行禁止,它将无法正常有效地运转,甚至陷入混乱。另外,人们常常会低估领导的智慧,站在自己的角度和高度,依靠自己的阅历和智慧,常常无法真正领会领导的意图。当你去执行了,或经过一段时间的检验,你往往会发现领导确实是正确的。

4.1.2 合理的坚持与圆满的沟通

当领导的意见和你的意见不一致的时候,领导要叫你向东,你一听向东是万丈深渊,死路一条。这个时候你固然要执行、要服从,但是你又不能不讲话。如果你去执行,你心里面可能有点想不通,这个时候第一是执行,第二是沟通。

首先要表态坚决执行,但是沟通不可以放弃。领导叫向东,我就向东,死路一条我也不管,那是愚忠,那不是我们所希望的,而是要沟通。与领导沟通的时候,要注意沟通方式比沟通内容更重要,所以要倡导合理的坚持、圆满的沟通。既然决定要向东,不妨再来讨论一下,向东可能是会带来什么结果,向西会产生什么利弊。只要这个领导不是那种故步自封、刚愎自用的人,他自己就会明白,而不是由你来指出他错在哪里。由下属指出来自己错在哪里的方式往往是领导不愿意接受的。在交流当中,很愉快的方式,人们称为圆满的沟通。

4.1.3 不要伤害领导的自尊心

跟领导沟通的时候,不要伤害领导的自尊心、自信心。领导也是人,你伤害到一个人的自尊心,这个人往往就会失去理性,而领导失去理性是一件可怕的事情,因为领导每天都在做决策,你不断地在伤害他的自信心,说他这不行那不对,他这个不擅长那个不精通。你不断地打击他的自信心,他再做决策,成功的概率会有几何?所以做下属的一定要明白,你和领导沟通,不要伤害他的自尊心,不要伤害他的自信心。

【小案例】

假设某一天,公司里出了一个小事故,总经理以为这件事情是你干的,总经理就劈头盖脸批评你,大庭广众之下那么多人,批评得可难听了,时间又长。批评完了,总经理回到办公室一想:“今天这个事情我批评张三,批评得那么长时间,批评得那么难听,张三怎么一点反应都没有呢,看来要调查一下。”一调查,不好,事情出来了。一调查发现这个事故是李四干的,根本就不是张三干的,而在那么多人在场的情况下,总经理劈头盖脸地批评张三,这个倒不是出于本意,而是确实把人搞错了,这个时候总经理感觉到过意不去,总得跟张三说两句,解释这件事情。终于有机会找到张三,把张三叫到自己办公室,把门关上,然后总经理就开始讲:“张三,那天批评你批评得那么难听,那么长时间,你说一声这个事情跟你没关系不就拉倒了嘛，你怎么一声不吭？”言下之意，我批评你批评得那么激动，你也有责任。

这时候就看张三怎么表态了，他大概有三种回应方式：

一种回应方式是非常平淡无奇的：“总经理，这个事情发生以后，确实也不太好，我也知道你心里很难过，但是完了就完了，总经理你也不要太在意，这个事情我没有受什么影响，你放心吧。”言下之意，这个事情我也不在意，我不会计较的，这是一种很平淡无奇的回应方式。

比较糟糕的回应方式是：“总经理，这个事情真的是李四干的，李四经常这样干，这个事情真的跟我没关系。”总经理一听，你这个人不堪成大器、小肚鸡肠，还喜欢在背后说人家的坏话，不光明磊落，遇到事情你为什么不能在会上讲，不能公开讲呢？

优秀的职业经理人应该这样表现：“总经理，你批评我批评得很正确，出现这样的事情，我们大家都很痛心，假如我想得周到一点，绝对不会出现这样的局面，不过你放心，总经理，你那天生完气，发完火以后，我们立即就开了一个会，而且立即拿出一个方案出来，以后再也不可能出现这样的事情，总经理你放心好了，在这个问题上，不用你再操心。”如果张三这样跟总经理讲话，总经理会很感动。这个事情跟张三没关系，而且生完气、发完火以后，张三居然开会，就拿出一个方案出来，还跟总经理讲不要再为这个事情操心，这样的中层干部到哪里找。

4.1.4　不议论领导的是非

“管住自己的嘴巴。”大家都知道这一句话，都明白这个道理，但是在工作当中，有的人管不住自己的嘴，有的时候就胡说八道，把一些不该讲的讲出来。这是不可以的，他是你的领导，你去谈论他生活中或者工作中的某一些事情，尤其是负面的事情，对你的发展很不好，尤其是揭领导的短，更不好。传到领导的耳朵里面，你还想不想在公司待了。

不要议论领导的是非，尤其在中国，西方的企业可能还有一点不一样，在西方工作就是工作，人际化的因素还少一点，而中国的企业里面，人际化因素会非常多。在这样的情况下，你再去谈老板的是非、长短，那就很不合适。中层干部在组织机构里面是承上启下，只有做到不议论领导的是非，才能做到承上启下。如果你老是议论领导的是非，被你的下属听到了，下属也会议论你，对你可能会有一个判断，对高层领导也会有一个判断，接下来再想做到承上启下，就很不容易。

4.1.5　承上启下与上传下达

承上启下跟上传下达是有区别的，很多中层干部仅仅满足于上传下达，而做不到承上启下。上传下达就是领导讲了，我再去跟下面的人讲，事情就做完了。至于下面的人接下来采取什么行动，我不知道，也不用负责，这就叫上传下达。而承上启下是付诸行动、确保结果。

【小案例】

总经理把你叫过去：“王主任，去年我们隔壁那个单位被一场大火烧得光光，损失巨大，咱们单位不能失火。”你一听：“总经理。我知道了。”回到下面：“各位，听清楚，总经理刚才讲了，去年隔壁那个单位一场大火，损失很大，我们单位不能失火。”谁知道就在你讲完的两天以后，自己公司真的有一场大火，烧得光光，总经理气得把你找过来：“王主任，两天前我跟你讲，不要失火，不要失火，两天的时间，你真的就把一场大火搞出来了，你什么意思。"你一听很委屈："总经理，你那天跟我讲不要失火，我马上就跟他们讲了，不相信你去调查，我跟张三讲了，跟李四讲了，跟王五讲了，跟赵六讲了，跟他们讲得很清楚不要失火，谁知道还是失火了，我也没办法。"这就叫上传下达：我传达了，他们还要失火，关我什么事，这个事情跟我没关系。

【小案例】

总经理说："王主任，去年我们隔壁单位一场大火损失很大，我们单位要吸取教训，不能失火。"你一听："总经理，我知道了。"回到下面："张三，你去检查一下，我们的灭火器械是不是要更新。李四，你跟我们当地的消防官兵联系一下，是不是请他们今天晚上、明天晚上来做两场消防培训。赵六，据说市场上有一种新的智能喷水系统，是不是要买一套回来。小王，针对我们公司的现状，拿出一套火灾爆发的预案出来，你仔细看清楚，我们公司的火灾隐患在哪里，拿出一套预案，这套预案要立即启动。"这叫承上启下。

所以，承上启下跟上传下达的区别在于付诸行动、确保结果，这才叫执行力。仅仅是上传下达，那不叫执行力。

中层干部夹在中间，免不了有的时候要受上下的挤压，受"夹板气"，有的人"夹板气"受多了以后，就开始明哲保身，有一些手段就违背了职场里面的一些职责，承上启下做不到了，上传下达做得也不理想，甚至有的开始出现欺上瞒下或者欺下瞒上，出卖领导的状况都会发生。

【小案例】

假设你是车间的赵主任，你的公司规定员工不允许在车间里抽烟。有一天，公司总经理从你的车间门口经过，还是发现员工张三在车间里抽烟，总经理很生气，回到他的办公室，就把你找过去："赵主任，公司三令五申，车间里不允许抽烟，但是几分钟前，我从你的车间门口经过，还是发现张三在里面抽烟，这样的事情怎么得了，屡禁不止、屡教不改，我的意见是让张三这样的员工，下午5:00之前离开公司。杀一儆百，这种事情一定要采用高压政策，让大家明白在车间里面是不允许抽烟的，赵主任你看呢？"作为下属，你一听总经理希望下午5:00之前让张三离开，那你也不好多讲："总经理，好，我来办。"

离开总经理办公室后，你回到自己车间，把张三找过来："张三，有个事情要跟你沟通一下，你在什么地方抽烟不行，非到车间里来抽烟，你什么时间抽烟不行，为什么要等总经理来的时候在车间里抽烟，总经理说叫你下午5:00之前离开公司，我也没有什么办法。"张三一听，恨不得去找总经理拼命，这个总经理多坏，看到我抽一支烟就要把我开除，车间里面抽烟的人多呢，为什么就要把我开除。你作为车间主任还逍遥自在，张三这次被开除，是总经理开除的，是他们之间的矛盾，但是你不介入他们之间的纷争，这叫出卖领导。

4.1.6 用数字说话，结果至上

作为一个职业经理人，能否得到领导的认可，它的基石就是你做的事情、你的绩效；衡量一个企业成功与否的很重要的标准，是能否有利润；衡量一个职业经理人、一个中层干部是否优秀的很重要的标准，就是绩效如何。这个绩效是你在职场里的立身之根本。绩效可理解为结果，结果至上、绩效至上，你究竟做了多少事情，而且这个事情最好要用数字来说话。

1. 汇报工作谈结果

你跟领导交流谈工作的时候，一定要养成这个习惯：汇报工作谈结果，请示工作谈方案。汇报工作一定要先讲结果，但是有的人不太习惯。

> **【小案例】**
>
> 总经理安排小张去做一项工作，做了两个月后，总经理问他："小张，这个事情做得怎么样？"然后他跟总经理汇报："总经理，两个月来，我做了多少事情，我遇到了多少困难，我想出了多少办法，接下来又发生了什么状况，接下来我又出了什么主意……"讲了两个小时。总经理问："小张，这个事情做成了没有？""报告总经理，不好意思，没做成。"

为什么谈过程？因为有的职业经理人、中层干部，唯恐领导不知道自己在做什么，而领导更关心的是事情做成了没有，结果是怎么一回事。所以要养成习惯，跟领导汇报工作谈结果。

先谈结果，后谈过程，这有一点像男人的思维方式和女人的思维方式，男人的思维方式往往是结果型的，而女人的思维方式往往是过程型的。从买东西、购物这个角度就能看得出来，男人去买东西，到超市、商场买东西肯定是直奔主题，而且看到一款合适以后，马上就掏钱，买完东西掉头就走，眼光不见其余。而女士就不一样，女士进商场之前，几乎没有想过要买什么东西，但是一旦进去后，很难出得来，好不容易出来了，手上大包小包。女人就是过程型的，而男人往往是结果型的，当然，很多女领导也是结果型的。

2. 关注过程

老板为什么用你？不就希望你得出一个结果来吗？有人讲，那跟领导汇报工作只谈结果，领导要的就是结果嘛，那过程就不管了。错！这个概念要辩证地看，领导首先要结果，同时领导有权力关注过程，千万不能二选一。比如说，这个月的目标是做300万元销售额，平时上班不上班你不用管我，愿来就来，不愿来就不来，想干什么事情你不用管我，反正到月底我把300万元给你，这样的行为不是管理者所希望的。管理者重视结果，同时不放弃过程的管理，既要结果，也要过程，这两者不排斥。

4.1.7　请领导做选择题

> **【小案例】**
>
> 作为中层干部，我们的部门经常会发生一些状况，发生状况以后，就要请示领导该怎么解决。在请示领导的时候，我们可能会遇到两种类型的领导：一种类型是好领导，脾气很好、性格很好；另一种领导就不理想，你去请示他："总经理，我这个部门出现这样的事情，您看怎么解决？"话刚讲完，这个总经理桌子一拍："这个事情要我操心吗？这种事情还来问我吗？回去好好想想这个事情怎么弄，明天上午9:00我在办公室等你，拿方案来见我，看看你怎么想的。"本来是诚惶诚恐地想请这个总经理点拨、指导一下的，结果反而自己被训了一通，明天9:00还得带方案去见他。

通过上面的案例，客观来讲，在第一种类型领导手下干活，可能比较舒服；在第二种类型领导手下干活，可能心情不太好。但是，从你的职业生涯发展的角度上来说，可能后者更有利于你的职业的成长，在前者领导手下做事情比较舒服，但是除非你有强烈的上进心，除非你自己有奋发图强的意志，才可能成长速度非常快。但是，人都是有惰性的，做着做着就变成大事小事都是领导做主，自己仅仅是一个操作者而已，这不利于你职业生涯的发展。而后者看起来脾气不好，看起来不大好相处，但是他给你充足的机会，让你自己去思考问题。

如果部门发生状况，当遇到的是第二种类型的、态度不好、脾气不好的领导，部门又出现这样的事情，该怎么办？你自己要动脑筋想一想，说："总经理，这个事情我已经想过了，大概有三个方案可以解决，我不清楚哪一个方案更好一点。"总经理一听，"好，你讲讲看。"讲给他听完，这时候总经理就来劲了，因为他面临的是一道选择题。

上学的时候喜欢做选择题，不喜欢做问答题，再来联系到工作当中，为什么老板有的时候脸色很难看，脾气不好，喜欢骂人，那都是因为问答题太多。本来今天老板心情挺好，到公司来上班，哼着小曲，忽然一个部门经理冲过来："总经理，你看我的部门出现这样的事情怎么解决。"一道问答题，总经理当仁不让，只能埋头苦干做那一道问答题，还没理出个头绪出来，旁边一个部门经理冲过来："总经理，不得了，这个事情你看怎么处理？"又是一道问答题，总经理接下来埋头苦干，两道问答题把他弄得焦头烂额，这个时候第三个部门经理再冲上来说："总经理，你看这个事情怎么弄？"对此，总经理肯定很郁闷。

所以，有的时候被领导批评不是你自己的水平问题，而是运气差，怎么能够降低被领导批评的概率？无非就是请示工作的时候把选择题做好，做好了以后，他批评人的概率就大为降低。总经理有时在想：在咱们公司，张经理还是不错的，经常拿一些选择题给我做，那个王部长老是拿问答题来考我，看我哪一天收拾他！如何得到领导的好感，如何得到领导的认可？很重要的一个原则就是出了事情多让领导做选择题。

4.1.8 让领导做好人

之所以会有好人、坏人之分，是因为人的情感很丰富，人的自我评价通常会有一个参照物，好人、坏人就是给他做参照的。参照以后，接下来他的心理感受可能就不一样。人会感觉幸福，是因为跟某人一比较，你太成功了，所以你就感到很幸福。而你会感到痛苦，是因为你和某人一比较，自己实在是跟人家相差太远，所以感到痛苦。好人、坏人也是来给你比较的，就像在做销售的时候，销售里面有红脸、白脸的说法。遇到金额比较大的生意，通常要两人以上的组合去谈，一个做好人，一个做坏人。

【小案例】

你和老板一起到李总那儿去谈生意，你们计划把这一批物资卖给李总，报价是50万元，但是你俩心知肚明，对方出价还价只要不低于40万元，就可以卖给他。客户李总谈来谈去，开始报价说42万元，如果同意马上就成交，立即开支票。底线是40万元，对方出价42万元，肯定能成交，你们心里肯定高兴，但是不能喜形于色，如果这样，客户马上就变脸，说："42万元是10年付清，今年付2万元，明年付3万元……"

在这样的情况下，好人、坏人就显得很重要。客人说42万元就成交，这时候尽管你们心里都知道能成交，但是作为下级，作为销售人员，这时候你赶快要把计算器掏出来，点着计算器跟老板讲："老板，无论如何，42万元不能卖，你42万元卖给他，我以后在市场上就没办法混了，我卖给全国那么多客户，都是50万元，你今天42万元卖给他，那些老客户怎么办。你今天42万元卖给他，我这个月就没有奖金了，我没有奖金，日子就过不下去，你不清楚，我的老婆是很厉害的。"恨不得眼泪都要掉下来了，这时候李总可能心里就有想法，看来42万元是少了一点，但是我最多出价45万元。

这个时候老板就出场了，老板做好人。老板讲："你这个人怎么回事，做销售做了那么多年,卖给全国50万元,这是很正常的、应该的,但是你看,今天是我们的客户李总,很重要,是我们公司长期的合作伙伴。我们跟李总的关系50年不变,你卖给他只能卖42万元,多卖一分钱我找你算账。还说没奖金日子过不下去,哪一天把你老婆领过来,我们领教领教。"这时候李总一听,世上还是好人多,立即就开支票给你们。

有了好人、坏人这一组合以后,对方的感受就不一样了。

同样的道理,我们在管理部下、管理基层员工时,当运用制度进行管理,尤其在运用惩罚性的手段进行管理的时候,如批评员工、扣钱、训斥、记过等。一旦运用这些惩罚性手段管理基层员工的时候,一定要记住中层干部做坏人,你充当执行者,而高层领导做好人,只有这样才和谐。

【小案例】

今天张三犯了错误,你作为部门经理,劈头盖脸地把他批评一通,罚了他200元。张三心里很不好受,他心里想:这个鬼公司,这什么部门经理,把我搞成这个样子,真难受,不行我就马上跳槽。他走出你的办公室,走在公司走廊里,突然遇到总经理。总经理这时候也要当坏人:"张三,你太不应该了,那个事情怎么能这样干呢?"劈头盖脸又是一顿训斥,张三心里想:算了,这个公司真的是干不下去了,部门经理把我批评一通,总经理又把我批评一通,还有什么干头。他立马就走人了。

按照所设计的原则就不是这样,部门经理把他批评一通,他心里很难过,干不下去了,恐怕要跳槽了,走出部门经理的办公室,迎面遇上总经理,总经理这时候做好人就不一样了。总经理说:"张三,最近做得怎么样,收入还可以吧,来,张三,我们握个手。"然后,张三握着总经理的手,一股暖流流遍全身,心里立即会有想法,部门经理太坏了,总经理人真太好,跳槽的事先暂时不做决定。

中层干部做坏人,事情能够做好;高层领导做好人,员工队伍就会稳定。如果高层领导做坏人,中层干部也做坏人,员工看不到前途,就会跑光。如果大家都做好人,这个公司就没有执行力,惩罚性的手段谁也不去实施,松松垮垮的公司怎么会有利润,怎么会有好的结果。所以最佳的组合是中层领导做坏人,执行得很坚决;高层领导去做好人,好人做得很彻底,员工队伍就非常稳固。

4.2　提高管理者的执行力

4.2.1　什么是执行力

所谓执行力,指的是贯彻战略意图,完成预定目标的能力,是把企业战略、规划转化成为效益、成果的关键。执行力包含完成任务的意愿、完成任务的能力、完成任务的程度。执行力,就个人而言,就是把想做的事做成功的能力。

执行力是企业各阶层人员理解并组织实施的能力。决策层定位于"做正确的事",中层干部定位是"做事正确",基层员工的定位是"正确地做事"。那么,为什么要如此强调中层干部的执行力?要充分认识中层干部自身的地位和作用。中层干部是各部门的负责人,是中层执行者，是联结高层领导班子和普通职工的纽带，是每一个部门的中坚力量。其自身角色应定位准确，行为正常，执行力强；其自身角色定位不准，角色错位，职责不清，执行力就会下降。

外企 CEO 关注最多的是战略和策略的问题；而国内企业家感慨最多的却是执行力的问题。有些企业家经常感到自己的好想法不能实现，具体表现在：新的营销策略已经开会说明了，一到下面就走样；即便确实按照公司的指示去做了，但就是产生不了预期的结果；财务部对促销费用审核非常严格，但年终核算时发现费用增加了销量没增加；大区经理都签了目标责任书了，但还是完成不了任务；公司员工都在忙，但就是不出成绩；一件小事吩咐下去 3 个月还解决不了，并且没有主动的反馈，要等到自己过问才知道……

此时，大部分企业家认为公司执行力差是员工能力和态度的问题，这种观点是不对的。执行力差是现象，管理不善才是本质。外企执行力强是现象，有提高员工执行力的机制才是本质。实际上可以这样认为：个别员工执行力差是能力的问题；公司整体执行力差就是管理的问题！

1. 执行力差的五大原因

通过对大量国内企业的研究并与外企进行对比，可以发现执行力差的原因不外乎以下五个方面：

(1)员工不知道干什么

有的公司没有明确的能够落实的战略规划，没有明确的营销策略，甚至没有年度营销大纲，使员工得不到明确的指令；也有的公司营销策略不符合市场需求，员工只好自发地进行修改；还有一些公司政策经常变，策略反复改，再加上信息沟通不畅，使员工们很茫然，只好靠惯性和自己的理解去做事。这就使员工的工作重点和公司脱节，公司的重要工作不能执行或完成。

(2)不知道怎么干

外企的员工入职后一般要经过严格的培训。几年前，外企流行招聘非医药专业的大学生做医药代表，但是正式上岗前都要把产品知识烂熟于胸，都要经过 1～2 周的销售技巧培训，以后每年都有规定时长(如 40 个小时/每年)的培训。

而国内企业则不然，要么没有培训直接上岗，要么培训没有针对性和实操性，如有的公司对员工做励志培训和拓展训练，使员工热血沸腾但工作怎么干还是不知道；有的公司给低层员工做一些行业趋势、宏观战略的培训，也还是没有教给他们方法。

当然，这里面还有一个比较普遍的深层次原因，就是中高层领导业务能力差，自己不知道怎么干，就没法对下面的人说清楚，总监说不清，经理也说不清，最后是真正执行的最底层不会干，有苦说不出。

(3)干起来不顺畅

如果士兵在前线打仗，后勤给养供应不上，通信中断，请求支援但是指挥部没有反应，负伤了得不到快速的救护，那么士兵的斗志显然会受到很大的影响。

公司亦然，2 000元的促销费用要经理批，经理批完总监批，总监批完副总批，副总批完财务批，财务批完董事长批。结果总监出差耽误了 15 天，副总出差耽误了 15 天，财务不懂业务，搞不懂这笔钱该花不该花，也不想去求证，就把这事搁置了 1 个月，最后这笔钱终于批下来了，但是已过了 3 个月，已经不需要做促销了。申请者一开始要不断地解释为什么花这笔钱，然后又要不断地解释为什么不花，或者是花了但效果不好又要找出一堆理由，热情被消耗，慢慢地就变得不主动做事了。

(4)不知道干好了有什么好处

古代作战时,如果一座城池久攻不下,攻城的将军一般会下一道命令:城破后 3 天内士兵可以随意烧杀抢掠。结果士气大振,一天城破。

国内企业也大多有对员工的激励措施,尤其对销售更是必不可少的。但是在制定激励政策时却往往犯一个错误,就是把政策制定的太过复杂,使员工很难算出来下个月自己花多少精力达到什么结果能拿多少奖金。这样就使激励政策的作用大打折扣。

销售永远都是只看眼前的,这是工作性质决定的,当眼前的好处看不到时自然就没有太大的兴致去做。

(5)知道干不好没什么坏处

如果只有“城破后 3 天内士兵可以随意烧杀抢掠”的承诺而没有“当逃兵立斩”的规定,肯定会有一部分士兵找机会开溜,从而动摇军心。知道干不好没什么坏处来自于三个方面:一是没有评估;二是考核指标不合理;三是处罚不重或没有处罚。

很多部门的工作成果不适合用硬性的指标来考核,比如,财务部、市场部和后勤部就很难设定直接的评价指标。这些部门的工作就需要懂业务的高管根据经验评估,如果高管没有能力做出公允的评估,内驱力不强的员工就可能懈怠工作。

考核指标不合理是国内企业最常犯的严重错误,突出表现在定性指标太多,诸如团队精神、创新能力、忠诚度等,这些指标的考核分带有太多的人为因素,而实际生活中又偏偏有一个共性的现象,就是“业务能力强的人往往不太听话,不干活的人往往人缘比较好”。这会造成什么后果呢? 不干活的人照样能够获得很高的综合评分,个人利益不受影响。

处罚不重或没有处罚也比较常见,有的是亲缘、血缘、地缘关系,能放一马就放一马;有的是自己的人,当然不能处罚;有的虽然是民企但是保留着国企作风,你好我好大家好。当罚而不罚严重破坏了游戏规则,“榜样的力量是无穷的,坏榜样的危害也是无穷的”。

2. 解决执行差难题的五大方法

清楚了执行力差的原因,解决的办法也就变得明朗了,那就是要做到“目标明确、方法可行、流程合理、激励到位、考核有效”。

(1)目标明确

对于销售业务线来说,目标明确就是要落实指标。指标准确、能落实,是做预算、定政策、激励考核的基础,是销售管理中最重要的事。大多数公司的年度销售指标也分解到大区、省区、办事处和代表,但这还远远不够,销售指标要想既准确又能落实,必须层层分解,直到不能再分。

使目标明确的另一个辅助手段是工作单制,工作单上明确描述工作内容、期望结果、完成时限、可用资源、负责人、主要协助人等,签字生效。工作单在两种情况下会发挥明显的作用:一是跨部门协作时。由于各部门都有自己的重点工作和业务侧重,所以各个部门对工作的理解很难一致,并且协作的工作容易被本部门的工作挤占而造成拖延。比如,市场部和生产部就包装改进问题的合作中就可用到,包装如何改动,涉及尺寸、色值、字体、字号等很多细节,如果单纯电话沟通会有很多歧义,写出工作单就很清楚,从而提高工作效率。二是中层管理者给执行者下达指令时,由于执行者的业务能力限制可能对该指令不能完全理解,也有可能中层管理者自己都没有想清楚,而执行者又不敢仔细问,造成执行不利。所以,工作单的主要作用是要让工作要求更加清楚,而不是为了签字落实责任。

(2)方法可行

岳飞靠发明钩镰枪，教士兵钩马腿而大破金兀术的拐子马。如果没有这个可行的方法，岳家军再勇猛也未必能取胜。执行层的任务既然是执行，管理者就应该假设他们没有思想，从而对其提供具体的操作方法。

制定一个可行的方法需要决策、支持、反馈三个环节有效配合。决策不能是根据领导的意愿拍脑门决定，而是要结合市场情况充分论证；支持可以是高级员工给下属的业务指导，也可以是专业的内部或外部培训，其中需要注意的是，对于执行层来说，传授工具和方法远比传递思想更重要，励志培训不会带来多少业务增长，解决问题更多是靠方法而非热情；任何一个方法总有不足之处，执行中的反馈有助于使其进一步完善。

(3)流程合理

在大多数企业里，流程在形式上没有问题，而是在执行中表现出不合理。不合理的原因有两个：外行管内行和责、权、利不对等。

比如，有些企业里营销老总不掌握业务代表的人事权，招聘和辞退都是人力资源说了算，这样如何保证业务代表的工作能力？又如何处理不该留用的员工？又怎么能保障执行力？这是外行管内行的典型表现。

责、权、利不对等则造成了工作互相推诿，人人都管，人人都管不了，最终所有小事都推到老板那里。所以，要想使流程合理，首先要转变管理思想：一是老板要适度放权，二是部门之间要强化支持功能、淡化管理功能，尤其是不能让外行管内行。比如，财务部和销售部的关系，财务部的管理功能应该体现在两个方面：一是审核票据真实性和合理性，二是在做下一年度的预算时控制财务指标。但是，有很多国内公司则不然，市场和销售部门的每一笔钱该花不该花掌握在财务部手里，而财务部不懂具体的营销业务，所以既不批也不拒，一直拖着，严重影响了销售进行。这实际上就是财务部的管理职能太强而支持功能太弱。营销的费用应该由营销总监或副总说了算，只要没有超出年度的预算即可。同样的尴尬也经常发生在人力资源部和营销部之间，人力资源经理如何去评价一个市场总监或营销总监是否合格呢？反之，人力资源认为合格的营销人员一定能做好业务吗？在很多国内医药企业，人力资源在员工招聘和管理中发挥了过多的作用，导致员工多干活多犯错，不干活不犯错，只要态度好就行。这样的公司很难做出好业绩。人力资源部门还是多加强办理员工保险、福利等支持功能为好。

(4)激励到位

所谓的激励到位有三层意思：力度到位、描述到位和兑现到位。

激励力度要做到在市场上有竞争力、员工中有吸引力、公司里有承受力。

激励的描述要简洁易懂，最好能够形象化。所谓的简洁易懂，比如，“100%完成任务后超出部分每盒激励1元”，就比“100%完成任务后超出部分按流向的1%发放奖金”要有吸引力；所谓的形象化，比如，“你今年完成任务就能买一辆帕萨特”，比“你今年完成任务能拿回款3%的奖金”要有吸引力。

兑现到位就是公司说的话一定要算数，因为公司原因造成的中途政策变化不能影响业务人员的年度奖金。

(5)考核有效

考核有效要做到三点：一是考核要真正发挥导向作用；二是避免人为因素干扰；三是处罚措施要严格执行。

考核指标不合理的现象并非少见，如有的公司对销售考核纯销售但不考核回款，结果造成大量应收款，公司回款指标不能完成。也有很多公司的考核面面俱到，指标过于分散，主要指标所占的权重必然减少，同样会削弱其导向作用。

避免人为因素干扰的最佳手段就是考核指标全部是定量的或半定量的，并且去除难以评价对错的指标，比如不设忠诚度、团队意识、创新能力、主动性等指标。有的公司设有代理商投诉一项，这项指标就很难评价对错，因为并非代理商投诉的都是有理的，如果对招商经理考核这个指标，只会迫使他向代理商“投诚”，从而牺牲公司利益。

处罚措施必须严格执行，毫不含糊，否则就破坏了游戏规则，宽容了一个，损害了一批。近年来，靠抓住机遇快速发展起来的国内企业，练就了很强的抓机会、碰运气、拉关系、盯政策的能力，却没有意识和精力来完善公司的管理，造成了公司管理水平和企业规模严重的不匹配。当行业高速成长时，这种不匹配被高利润掩盖；行业发展到了平稳整合时期后，管理能力不足的弊端开始显现，而执行力差就是最典型的表现之一。

所以说，执行力差是老板的问题，是管理的问题。要提高执行力，必须转变管理思想，完善管理工具，最起码要做好上述五个方面的工作。

4.2.2　执行有力五要素

没有执行力，再好的战略和决策都实现不了，那么怎样才能提升执行力呢？

1. 良好的沟通

良好的沟通是执行的基础。有效地提高执行力，在一般情况下，首先要进行充分的沟通，对完成目标任务取得较为一致的认同。否则，上面再好的决策经过中下层执行的“七折八扣”，就会走样。曾经有一位策划经理说：如果执行的方向错了，后果只有一个——你不是在计划怎么成功而是计划怎么失败。

如果说有什么可以让员工更清楚执行的方向，那就是良好的沟通。将决策传递给各个层级的员工，帮助他们理解需要完成的目标，取得他们的支持，这是成功的保证。在计划的制订过程中，如果执行者不参加，上下级之间没有良好沟通，执行者对管理者制订的这个计划缺少认同感，那么将导致被动执行。员工不是积极、主动地去完成计划，效果又怎么会好呢？执行过程中，沟通的作用就更加重要。假设执行者遇到困难，他又不能通过方便、快捷的渠道和主管沟通，只好按照自己的理解和方式去解决问题。俗话说：“失之毫厘，谬以千里”，执行者处理问题的方式，也许和主管的想法大相径庭，最后执行走样，就是不可避免的。

沟通还有另外一个目的：让组织内的员工进行活跃的对话，坦诚交流当前的实际情况，表达自己的真实观点。要做到真诚交流，谈话就不能过于正式，要鼓励人们提出问题，自由表达自己的观点。很多有突破性的创意就是在非正式的沟通中被激发出来的。

2. 奖罚分明

分明的奖罚措施也是保证执行的重要条件，否则人们就没有动力为公司做出更大的贡献。坚定的决心很重要，良好的沟通很重要，信息不可少，协调内部资源也不可缺。唯有分明的奖惩才是最基础、最有效的保证。只有在此基础上，再加上其他因素的贡献，才能使执行力强上加强。假定人都是有惰性的，必须要用制度来约束。

现阶段，国内企业要提高执行能力，还是奖罚措施最有效。只有让员工或职员认识到这件事情一定要做，而且是非你莫属的时候，员工才会认真去做。针对需要执行的事项事前进行分工，并且制定细致分明的奖罚措施，对提高执行力最具效果。因为如此一来，每个人的工作绩效，也就是他的执行力度，将直接带来他个人利益的增减。实际上，奖罚措施就是一种激励行为。奖罚措施的细致、分明并且公平、公正、合理是很重要的。

3. 坚定的决心

“有多大的决心，做多大的事。”领导者的行为决定其他人的行为。没有一定要完成这个项目的决心，就最好不要做这个项目，否则不但浪费了人力、物力，还会失去员工对你的信任，在你下一次做出决策时，就会得不到员工的支持。

在遇到困难和挫折时，领导者更要坚持自己的观点，坚定组织成员的信心，把握前进的方向。许多组织都曾经大张旗鼓地搞过执行力建设，但做得好的是凤毛麟角。究其原因，缺乏坚定的决心是关键。一些组织开展这项活动是为了跟风，图一时热闹，一些组织在遇到困难后就半途而废了，只有那些具备了坚定决心的组织才能真正走下去并取得成功。

怎样表明决心？为了表明完成项目的决心，领导者可以制订一份跟进工作的计划：目标是什么，谁负责这项工作；什么时候完成什么工作，下一阶段的工作任务是什么。及时了解员工的工作情况，让员工真切感受到领导的决心。

【小案例】

东北有家大型国有企业因为经营不善导致破产，后来被日本一家财团收购。厂里的员工都在翘首盼望日本企业能带来一些先进的管理方法。出乎意料的是，日本企业只派了几个人来，除了财务、管理、技术等要害部门的高级管理人员换成了日本企业派出的人员外，其他的根本没有任何变动——制度没变，人员没变，机器设备没变。日方只有一个要求：把以前制定的制度和标准坚定不移地执行下去。结果不到一年，企业就扭亏为盈了。

4. 协调内部资源

对内部资源进行有效的整合，能充分调动员工的工作积极性。在各种资源中，最重要的是人力资源。LG 电子中国区总裁认为，培育出具有革新精神和极强执行力的人才是企业发展的重中之重。某企业招募了一批能人担任高层职位，他们任职一段时期后，业绩并没有提高。其中一名副总裁在辞职前说的话令人深思：“我们每一个人的能力都很强，但是各人只认同自己的观点，按自己的意愿做事，最终丧失了执行力。”

怎样选人？在挑选执行决策的人时，领导者不能只看这个人的能力如何，还要看他是否对执行有热情，是否喜欢具体的执行工作。人力资源的使用需要沟通、协调，其目的是让不同领域的从事不同工作的人充分认识到自己的职责，去主动性地开展工作。另外，要充分利用人力资源，也就是人尽其才，让每一个人都能有用武之地，人的工作做好了，会在一些事务的处理上产生良性的互动，使在不同岗位的人按照企业的意志发挥效益，使各自掌控的资源得以合理的支配。

【小案例】

2005 年是周伟焜出任 IBM 大中华区董事长兼首席执行总裁的第 10 年。很多跨国公司在华的总裁频繁更换，相比之下，周伟焜算是“常青树”了。周伟焜“常青”的秘诀是什么？执行！周伟焜认为，三分战略，七分执行。对个人来说，执行力是领导力的一部分，对公司来说，执行力是企业成败的关键。

内部资源还包括其他物力、财力资源。只有内部资源的协调是属于领导者能完全掌握的，领导者可以按照下属的工作能力和擅长等方面进行人员的调用。同时，领导者也可以根据公司现有资源，最大限度地使用物料等，从而直接做到有效地协调工作。而且，可以按照下属的工作能力和擅长去调配，以最大限度地发挥他自身的执行力。

其他的如沟通和决心，就需要下属的配合。当然，管理者可以与下属进行良好的沟通，同时表明自己坚定决心，并制定相应的奖罚措施。但是，应该注意到进行沟通的前提是什么，是自己要具有良好的沟通能力，具有足够的说服力。领导者表明坚定的决心也需要下属给予最大的理解和支持，但如果下属一直习惯于只做表面工作，那无论怎么沟通，怎么表决心都是无济于事的。因此，协调内部资源对提升执行力最有效。

5. 收集反馈信息

执行过程中，员工会碰到各种各样的问题，或者发现更好的解决方案。对这些信息，要建立一个反馈的渠道进行收集。对收集到的问题，提出解决办法，及时处理；对员工提出的好的建议，积极采纳。实际上，领导者通过下属汇报得到的信息，是经过过滤的。信息收集人员会根据自己的理解忽略某些事情，领导者最好深入企业内部，亲自了解情况。

4.2.3 提升个人执行力的四个要诀

执行力是按质按量地完成工作任务的能力。个人执行力的强弱取决于两个要素——个人能力和工作态度，能力是基础，态度是关键。所以，提升个人执行力要通过加强学习和实践锻炼来增强自身素质，而更重要的是要端正工作态度。那么，如何树立积极正确的工作态度？关键是要在工作中实践好"严、实、快、新"四字要求。

1. 着眼于"严"，积极进取，增强责任意识

责任心和进取心是做好一切工作的首要条件。责任心强弱，决定执行力度的大小；进取心强弱，决定执行效果的好坏。

因此，要提高执行力，就必须树立起强烈的责任意识和进取精神，坚决克服不思进取、得过且过的心态。把工作标准调整到最高，精神状态调整到最佳，自我要求调整到最严，认认真真、尽心尽力、不折不扣地履行自己的职责。绝不消极应付、敷衍塞责、推卸责任。养成认真负责、追求卓越的良好习惯。

2. 着眼于"实"，脚踏实地，树立实干作风

天下大事必作于细，古今事业必成于实。虽然每个人岗位可能平凡，分工各有不同，但只要埋头苦干、兢兢业业就能干出一番事业。好高骛远、作风漂浮，结果终究是一事无成。

因此，要提高执行力，就必须发扬严谨务实、勤勉刻苦的精神，坚决克服夸夸其谈、评头论足的毛病。真正静下心来，从小事做起，从点滴做起。一件一件抓落实，一项一项抓成效，干一件成一件，积小胜为大胜，养成脚踏实地、埋头苦干的良好习惯。

3. 着眼于"快"，只争朝夕，提高办事效率

"明日复明日，明日何其多。我生待明日，万事成蹉跎。"因此，要提高执行力，就必须强化时间观念和效率意识，弘扬"立即行动、马上就办"的工作理念。坚决克服工作懒散、办事拖拉的恶习。

每项工作都要立足一个"早"字，落实一个"快"字，抓紧时机、加快节奏、提高效率。做任何事都要有效地进行时间管理，时刻把握工作进度，做到争分夺秒，赶前不赶后，养成雷厉风行、干净利落的良好习惯。

4. 着眼于"新"，开拓创新，改进工作方法

只有改革，才有活力；只有创新，才有发展。面对竞争日益激烈、变化日趋迅猛的今天，创新和应变能力已成为推进发展的核心要素。

因此，要提高执行力，就必须具备较强的改革精神和创新能力，坚决克服无所用心、生搬硬

套的问题，充分发挥主观能动性，创造性地开展工作、执行指令。在日常工作中，要敢于突破思维定式和传统经验的束缚，不断寻求新的思路和方法，使执行的力度更大、速度更快、效果更好。养成勤于学习、善于思考的良好习惯。总之，提升个人执行力虽不是一朝一夕之功，但只要你按"严、实、快、新"四字要求用心去做，就一定会成功！

4.2.4 如何打造个人执行力

过去几年，执行力受到不少中国企业领导者的热捧，纷纷在各自的企业中打造执行力的文化、流程和制度，也取得了不少成效。不过，执行力还有一个十分重要的方面，需要给予同等的关注，这就是领导者自己的执行能力，包括自制力、情绪控制、任务启动、时间管理、弹性、抗压力。怎样打造这些能力呢？

你可能认为自己是个有条理的人、迟钝的人，或有时健忘的人。你也可能认为自己是个能够顺利完成任务的人，或是具有高度弹性、抗压能力强的人，或时间管理能力强的人。

这些特质代表了你的认知能力。神经学家认为，认知能力是由大脑的特定区域控制的。研究人员发现，这些能力在你成年时就发展成熟了。

这些能力被称为执行能力，因为它们帮助你执行任务。它们帮助你决定哪些信息值得关注，也帮助你管理自己的行为。你可能很容易发掘自己执行能力的强项和弱项，并最大限度地发挥自己的强项，回避自己的弱项。

1. 自制力

自制力指的是一个人抑制言行冲动，预留时间以便判定情势的能力。如果你通常基于足够的信息、采用系统的方法做出决策，而不是贸然决策，就表明你具有很强的自制力。相反，如果你通常急于行事，而没有预先考虑后果，就很可能表明你的自制力比较弱。

如果你具有很强的自制力，你就不会急于对上司的新想法发表评论；或者，你会告知客户你会在收集更多信息后再提出报价，而不是基于不完整的信息当场提供报价。

【小案例】

罗伯特从来不会不假思索就发表意见。他有一种控制自己言语冲动的本能，这使他在管理岗位上与上司和下属相处的时候摆脱了许多困境。他越是锻炼这种能力，就越是意识到时间可以让他有机会从多个角度观察情势。同事们都说，如果要找到一个能够从所有角度看待问题的人，非罗伯特莫属。

如果你的自制力较弱，就会在匆匆扫视过一项提议后急于给客户打电话；或者在没有考虑充分时就急忙地对上司安排的事务作出回应。回顾一下将你带入窘境的言行吧。避免自己陷入此类窘境，监督自己的言行，并找到方法避免此类言行。找出自制力最有可能引起麻烦的情况或者场合，加强监督，例如，如果你认为某个人在开会的时候很有可能在错误的时间发表错误的言论，不妨坐到他的旁边；或者赋予此人一个无法做出不当行为的角色，比如让他担任会议记录员。

2. 情绪控制

如果你具有很强的情绪控制能力，就能在面临压力时保持冷静，不会轻易气馁，也会在遭受挫折时保持高度的弹性。如果你的情绪控制能力较弱，就会对他人的批评过于敏感，也可能难以抑制自己的愤怒或挫折感。如果你的情绪控制能力较强，就不会在事情没有达到预期时心烦意乱；或者在小组会议上受到同事的批评时，做出冷静、理性的反应。

【小案例】

菲利普能够从正面角度看待几乎所有的任务。当同事尽力回避某项工作令人不快的一面时，他总是能够看到正面的部分。当有同事试图扰乱他的工作时，他会使自己不受负面情绪的影响。同时，他也不会让办公室政治妨碍自己的工作。

如果你的情绪控制能力较弱，就会因为本部门所犯的错误心烦意乱，也会因为上司的负面评价而整天沮丧。管理自己情绪的一种最有效的方法就是，事先预估可能出现的问题，并做好应对计划。在面临可能引起情绪反应的场合时，写下你将要发言的范本，比如，“我知道这很难，但我一定要做到”。此外，尽力控制那些你认为有可能引起情绪反应的情况。预估可能引起情绪反应的情况，并请相关的人做好准备。比如，你和此人讨论哪类事件会加剧负面情绪，那么就为此人提供处理具体情况的范本。将任务分解成多个步骤，使其更可控。如果此人看起来心烦意乱，让其暂时休息一下。

3. 任务启动

如果你乐于当天完成当天的事情，而不是将其推到明天，你的任务启动能力就可能很强。任务启动能力指的是在没有过度延迟的情况下启动任务的能力。如果你的任务启动能力比较弱，往往会延迟启动项目。

如果你的任务启动能力比较强，你就会立即着手处理上司安排的任务，即使该项任务只要求在三周之内完成；或者，你有可能在接到启动指令之前就开始做某个项目。

【小案例】

琼妮发现，如果自己立即启动任务，就会斗志激昂。尽管有很多事情需要处理，她还是尽量每天启动一项刚接到的任务。如果做不到这点，她就会从任务计划中腾出时间来启动新的项目。同事乐于请求她帮助启动任务，因为她有一套实用的方法来发现任务的初期步骤。

如果你启动任务的能力较弱，你就会拖延任务；你需要他人提醒你去做事情；你会在闹钟关闭后继续睡大觉。分析你需要完成的任务，然后将其分解，并从容易的部分着手。其目的是使该项目不会让人觉得难以启动。为启动任务做好计划，并设好启动提示，如采用手机闹钟提醒或请同事提醒。

4. 时间管理

如果你的时间管理能力较强，你就会在期限到来之前采用系统的方法完成特定的任务。如果有人问你要花多长时间才能完成某个项目，你估计的时间有90%的准确度，你基本会按时完成所有的任务。如果你的时间管理能力较弱，那么你主持的会议不会准时开始，也不会准时结束。

【小案例】

克雷格采用一套日计划、周计划、月计划系统来提高时间效率。每天工作结束前，他会花几分钟来规划一下第二天的时间安排。每周结束时，他也会大致规划好下一周需要达成的目标，并为具体任务分配好时间。他每两天集中回复一次电子邮件，在下午的前段时间回复电话，并在不希望工作受到干扰时关上办公室的门。主持会议时，他会确保议程安排紧凑，并严格执行。他只参加那些必须参加的会议。

如果你的时间管理能力比较弱，就会等到会议快要开始的时候才仓促地完成报告。要想有紧迫感，首先，将时钟调快些，这会增强你的时间意识。然后，针对自己必须处理的事件或活动设立明确的提示，如借助闹钟或计算机的提醒功能，或请同事在特定的时间提醒你处理事情。将日程表摆在容易看到的地方，例如，将它贴在显眼的地方，或将日历摆放在办公桌或台式电脑上。采用一种基线指标(如准时绩效的当前百分比)。要求相关的人制订每日任务计划，包括预估完成每项任务所需要的时间，以及任务启动的时间。要求此人识别出干扰时间管理的因素，并讨论解决方案。

5. 弹性

如果你的弹性比较强，就表明你适应和发起变化的能力比较强。你搭乘的班机被取消的时候，你能快速地制订替代方案。如果解决某个问题的第一种方案行不通，你很容易想出第二种方案。你善于从他人的角度看待问题。

如果你的弹性较弱，就会对计划改变或新加入的信息感到不适。

【小案例】

乔纳森被同事们称为问题解决的能手。当计划受到阻碍的时候，同事们都会向他求助。他能够将坏消息进行重组，并从困境中发现积极的因素。当他的团队遇到障碍时，他能够从多个角度看待问题。

如果你的弹性比较弱，就不愿意对已经制订好的工作计划进行调整。如果你的计划被中断，你会发现很难将其重组。你不愿意听取他人的意见，也不愿意考虑他人的建议。一旦你制订了一项计划，你就会对计划改变或替代方案感到不适。试着制定多个任务程序。例如，尝试每天采用同样的方式来安排任务，以便建立稳定的程序。你可以每天在特定的时间回复电话，在相同的时间回复电子邮件，甚至在大致相同的时间享用午餐。这能够提高你的舒适度，以便从容应对意料之外的挑战或活动。同时，为相关员工安排不需要很高弹性的任务，按计划或程序安排他的活动，让他与弹性更强的团队成员合作。

6. 抗压力

如果你的压力感很强，能在压力环境下控制自己，表明你的抗压能力很强。你对模棱两可的事情有很强的容忍度，并且能够在危机面前保持情绪稳定。你会将意料之外的阻碍看作是需要克服的有趣挑战。你会对例行公事感到无趣或厌倦。你会将具有不稳定性或不可预测性的任务视为一种享受。

如果你的抗压能力较弱，你只有在知道自己未来几周的任务安排后才觉得安心。要是被分派到计划之外的任务，你会很气愤。

【小案例】

祖鲁就像在战火下工作一样忙碌着。他觉得例行公事和可预测性很乏味，在面对危机时才使人斗志激昂。对他而言，突然改变计划是求之不得，因为他将不稳定性和独立思索视为享受。他能够想出很多不同的场景，并针对每个场景给予不同响应。

如果你的抗压能力比较弱，当事情出现太快，或多种事情同时出现的时候，你就会感到非常焦虑。你会整晚睡不着，担心在工作过程可能面临的危机。你更喜欢那种每天让你了如指掌的工作。这时候，要确定你的压力源来自何处。如果你的压力与工作量有关，可以采取多种解决办法。很显然，试着减轻工作量是较好的办法，但这往往会引起他人的抱怨。更合理的方法是设定任务优先级，确保将次要的事情放到最后处理。如果员工的压力与工作量有关，看看能不能通过调整该员工的职责，寻求他人的帮助，或削减不必要的任务，以减少工作量。如果员工的压力是由于难相处的同事引起的，正面解决此问题，或为此员工重新分派任务，将其与难相处的同事隔开。如果员工的压力是由于工作安排超出自身能力，则可以对其提供培训。

4.2.6　如何打造创业团队的执行力

“用直销的方式将我们的产品卖给客户”，戴尔提出的这个主意在当时的美国并不是一件新鲜事，因为之前大型计算机和微型计算机也是直接销售的，但戴尔公司是将计算机直销给所有的客户。戴尔之所以能够创业成功，就是他深知，光有好的创意是不够的，执行力的强弱决定了企业未来的命运。对于初步创业的公司，如何来检测自己的创业执行力呢？

1. 具备相关领域的知识

例如，要开创一家提供 IT 服务的公司，就要了解大型公司 IT 系统经常遇到的问题，如客户突然增加时引起的安全以及可测量的问题；另外，还要了解这些客户面临的挑战，如预算不宽裕，希望在原有的系统上进行改造。创业团队中的成员，如果具备在 IT 行业工作的经验，对行业有深刻的认识，都将是开展这些业务的良好条件。

2. 应对快速增长的组织准备

当业务突然呈现快速增长时，对创业公司的人力、物力和售后服务都会提出巨大的挑战，所以要按次序做好组织的建设和准备，以应对这些挑战。同时，要有打败恶意竞争者的经验。市场竞争中，创业者必须勇敢面对那些希望彻底打败你的人，不仅要了解市场信息，还要推动员工闯过这些充满竞争的战场。

3. 持续的风险管理

创业团队从一开始就应知道如何对市场的走向做出预测，但意料之外的变化常常令企业措手不及，所以坚持不懈地与潜在客户和当前客户保持沟通，了解最令客户苦恼的问题，才能捕捉到市场快速的变化，保持企业有足够的能力应对一些潜在的风险。

4. 创业团队成员最好具有相关领域的经历

市场销售技能、产品开发知识、销售领导才能，这是创业时，创业者频繁接触的领域。如果创业团队成员具备相关的经历，则可以有效地推进企业运作。创业者还可以签约雇用一些知名顾问，借他们的经验提高自己的创业能力。

5. 创业者要建立和保持强大的员工队伍

在创业最初的阶段，树立企业文化和价值观与其他工作一样重要。明确企业的发展目标，赏罚分明，与员工建立起互信关系，这些都是创业者应该具备的领导技巧。

4.2.7　企业的铁腕执行力

现今各企业的发展态势时常不是稳稳当当的增长，而是时不时出现波折，陷入困境。当企业持续高速发展时，可能会“突然”出现波折，业绩停滞不前。这种波折往往因一些因素而起——市场需求下降、缺乏产品信息、企业发展过快、失去某个商机，而在大多数情况下可能是执行不力。由于以上因素，企业在相当长时间内，不能保持有盈利的增长。说它突然是因为多数企业领导没有预见到，而且往往在此之前业绩表现十分强劲。

企业业绩逆转可能出现得很突然，如思科公司在 2000 年到 2001 年冬季所遭遇的；也可能会逐步显现，如通用电气在 20 世纪 70 年代末和 80 年代以及 IBM 公司在 20 世纪的整个 80

年代所经历的。虽然很多公司领导可能拒绝承认其存在，但这种突然响起的警钟是不难听到的。首先，销售额停滞或下降。很快，公司管理层开始削减成本。客户和员工都对公司缺乏信心。如果是上市公司，其股价将开始滑落。

当领导层发现公司处于困境的时候，就应该采取铁腕执行力。铁腕执行力战略包括两个部分：领导能力和治理能力。

1. 领导能力

领导能力似乎无法来定义领导力，因为领导力涵盖的方面很多。然而，对于铁腕执行力，重要的有两个方面：调整战略和培育经营理念。两者有助于领导层应付下列问题：我们是否比竞争对手更好地提供客户所需要的产品或者服务？决定我们做出战略取舍的主要动因是什么？我们是否在适当的领域投入了适当的资源以赢得市场？

(1)调整战略

管理层首先要做的是调整战略。这意味着重新安排业务计划，评估这些计划的资源配置，并确定公司的方向。那些成功突破困境的领导者对企业业务有深刻的了解，知道哪些因素影响未来的业绩。他们了解公司创造价值的来龙去脉，确定营运效率改进和业务增长的优先次序，侧重考虑业务收入增长而不是成本控制。管理层在调整战略时的一个重要步骤是重新安排业务计划，这将有助于管理层更加灵活机动、行动迅速和以行动为导向。他们能够详细分析每个计划，并针对环境的变化做出相应的调整。出色领导者的一个重要素质就是其分析能力及以事实为基础的原则。管理层调整战略时不应带有个人情绪。

对于公司业绩不佳的那些企业领导来说，最重要的事情莫过于准确分析什么可以为公司创造价值，同时发现影响市场的真正因素。有关企业领导在公司受挫后如何调整战略的案例中，思科公司的总裁约翰·钱伯斯(John Chambers)的做法值得一提。他上任时，公司正高速发展。但是，在钱伯斯上任初期，由于公司各方面发展过快，导致效率不够高，思科在 2001 年初业务出现逆转。钱伯斯知道公司必须调整战略：注重营运绩效，回到基本面，采取更加有力的措施控制业务，以及出售业绩不佳的业务。为此，他在计划中提出了六个新的工作重心：放慢员工的增长数量和非必要开支的增长速度，将资源用于主要的业务来增长商机，注重利润贡献(而非销售额)，利用网络技术提高生产力，确保每个员工专注于自己领域的业务改进，同时保持对思科现有的突破(breakaway)战略的专注。最终，钱伯斯对整个公司进行了重组。以前，业务部门是根据客户类型划分的；重组后，各部门则是根据技术类型划分。公司不再仅仅鼓励销售额的增长，而是注重盈利。公司也不再不断地招进新员工，而是确保所有员工的生产力不断提高。

(2)培育经营理念

这第二步就是培育经营理念。这是一套指导方针，有助于企业领导传达那些对公司经营至关重要的理念，并使之制度化。经营理念来自公司最高层，具有明显的个人特征，通常与公司首脑的理念一致。

人们常说，一流的企业需要一流的文化。然而，企业文化的特征往往含混不清，概括性太强，不能作为员工的指导方针。比如，一些企业文化的重要成分是把客户放在第一位。但是员工具体该怎么做呢？与此相对的，经营理念则是很具体的东西，涉及日常的问题。通用电气的前 CEO 杰克·韦尔奇(Jack Welch)提出了“第一、第二战略”，每个员工都理解这是什么意思：一个企业必须做到市场的第一或者第二位，否则就离开这个市场。当韦尔奇提出公司应该是“没有边界”的时候，通用电气的员工就开始排除那些影响信息交流以及正常经营的障碍。

企业领导如果真正了解培育经营理念的价值，在传达这些理念时都应坚持如下原则：

- 直截了当：明确、坦诚地传达需要完成的任务以及对员工的期望。
- 不出人意料：始终如一，不要隐瞒重要问题。
- 用事实说话：应该提供做出战略选择的依据，包括数据。
- 信守诺言：要言行一致，否则将失去信任。

韦尔奇言简意赅地传达了他的意图，让通用电气成为"世界上最有竞争力的公司"。此后，他给予员工一套用于决策的指导方针，他自己也果断行事。而最重要的一点是，他知道如何使组织服从他的领导。

2. 治理能力

这里的治理指的是营运上的治理，而不是公司治理。它涉及如何决策及领导如何使团队服从管理。领导层应该回答这些问题：我们是否有严格的资源配置和资金运用流程？我们是否采用了恰当的绩效指标来测评适当的行为？我们是否在实施严格的绩效管理机制？

营运治理有三个重要的因素：责任到人、绩效管理体系和纪律。

(1)责任到人

为扭转业务困境，企业领导必须推行强有力的责任机制。领导们不但需要知道分配什么工作，还必须确保其属下的高级主管负责有效、准确地实施所分配的任务。最重要的就是他们必须做出成绩。

要让员工担负起责任，协作精神必不可少。在企业战略的实施过程中，管理层和员工必须同心协力。培育协作精神，就是让决策层内和决策层外的员工无论在什么时候，都能准确了解公司的运作及其目的。

(2)绩效管理体系

实现责任到人的一个最佳途径就是实施完善的绩效测评体系。适当的绩效测评系统有助于员工了解工作重点、工作是如何测评的，以及这些工作如何影响整个公司的业绩。出色的企业领导制定激励机制，以确保员工们努力做出对公司有贡献的业绩。不幸的是，多数公司绩效评估的依据是员工的工作本身，而不是该工作对公司战略的影响程度。这样，员工对公司的财务业绩就没有影响。

(3)纪律

除了责任到人和绩效管理之外，纪律也十分重要。纪律主要表示员工知道什么工作必须完成，并确保工作不折不扣地完成。

【管理链接】

怎样做到第一时间得到领导认可

"世有伯乐，然后有千里马，千里马常有而伯乐不常有。"这句话说得真真切切、明明白白，正符合了当今社会的职场走向与特色。其实，要想在职场中第一时间内得到领导的赏识和注意，取得脱颖而出的成绩，还是有规律可寻的。以下是成功职场中的六条捷径，仅供在职场中渴望早日成功并具备成功内外因的朋友们借鉴一下。

1. 到容易出业绩的市场去

成功机理：选择一个容易出业绩的市场可以让你在很短的时间里就成为公司里一颗耀眼的明星。容易出业绩的市场一般可概括为：一是尚未开发的新市场，包括公司还没有开发的和不准备开发的市场；二是明显具有发展潜力，已有人开拓但失败了的市场。这两类市场都有一定的风险，但是风险越大，回报也越大。

2. 让市场朋友为自己做宣传

成功机理：出色的市场工作不仅表现在销售量上，而且还体现在对顾客、经销商、终端、政府部门甚至竞争对手细致入微的服务和协调过程中。一线营销人员通过自己的行动在这些市场朋友中建立的良好口碑，迟早有一天会传到公司高层的耳朵里。通过这些人嘴里说出来的话，公司领导一般是比较重视的，正所谓"桃李不言，下自成蹊"。

3. 精心准备每一次重要会议发言

成功机理：对于一线营销人员来说，公司的一些重要会议是展现自己的最佳舞台。这些会议包括员工的培训总结会、月度或季度市场例会、公司领导的现场办公会、市场观摩会、年终的表彰会等。会议上公司高层或专业部门的负责人一般会在场。一般而言，公司高层更愿意听取来自市场一线的声音，所以营销人员一旦有机会参加这样的会议千万不要放过每一个发言的机会。你在会上的发言实际上反映了你的思维能力、对市场工作的认识程度。通过会前充分的市场调研和资料准备，尤其是数据的整理挖掘，你就可以在会上从一线的角度从容不迫、侃侃而谈了。这时，老总一面在听你的汇报，一面就在脑海里盘算你下一步的发展空间了！

4. 抓住和高层领导相处的每一分钟

成功机理：高层经理一般具有丰富的市场经验，能够简单地从你的谈话中发现你的闪光之处。既然你认为自己是一个优秀的销售人员却又没有被发现，那么就更应该抓住和高层领导相处的每一分钟，充分展现自己。

本章小结

要想成为一名优秀的中层管理者，首先要获得领导的认可，领导的认可为个人才能发挥提供了平台和机会。在学习过程，你必须懂得尊重领导、学会合理的坚持和圆满的沟通，做好承上启下的工作，用业绩说话，帮领导解决问题，并且按照"严、实、快、新"的要求努力提升个人的执行力。

【测试题】

1. 职场新人如何才能得到领导的认可？

2. 作为中层管理者，得到领导认可和获得下属支持是否是矛盾的？

3. 如何树立积极正确的工作态度？

4. 如何有效提升个人的执行力？

第5章

如何进行跨部门协作

管理者的工作总是需要跨部门协作，因而管理者应具有团队协作和共同参与市场竞争的意识。在市场竞争中，企业间的竞争是员工团队之间的竞争，包括员工的凝聚力、合作能力、协调能力、战斗力、沟通能力，以及对产品的认知、对市场的把握、对客户的服务等。其中，管理者特别是中层管理者普遍欠缺的是较强的跨部门协作能力。

学习目标

1. 掌握跨部门协作的难点及对策；
2. 掌握解决跨部门协作难题的方案；
3. 掌握中层干部获得同僚支持的方法；
4. 掌握跨部门有效沟通的技巧。

案例导入

在大多数公司，部门之间都存在着隔阂。试想下列情景：

超过规定时间好几个月了，产品开发部还是拿不出方案；职位有了空缺，可人力资源部不能及时采取有效措施来补充；营销部门对产品性能和交货期限做了其他部门根本没法兑现的保证，结果不仅引起公司内部摩擦，也造成顾客不满；员工想方设法不参加培训；经理也总有理由推迟工作评定；所有人不到会都能找出一堆借口，而那些会也从来不会准时召开，人们来了不是坐着摆弄手机，就是又溜回办公室；因为知道企业内部肯定会有拖延，所以经理们预先有意把预算做大、把进度拉长。

【问题引出】

1. 企业为什么跨部门协作那么难？
2. 如何治理企业跨部门协作的难题？

5.1 跨部门协作的难点及基本对策

5.1.1 跨部门协作的难点

1. 没有强制性

在跨部门协作中，由于各部门经理职位相同、权力相当，彼此间没有领导与被领导的关系，因此跨部门协作不具有强制性。

2. 以自我为中心

由于企业内部的分工与考核，各部门经理在合作中也会形成相互竞争的关系。由于经理职位一般较高，彼此之间不存在管辖与被管辖的关系，因此经理间的竞争关系很容易导致互相轻视，认为自己更有能力、对公司更重要。

3. 部门本位主义

在具体工作中，因为立场不一样，各部门经理必然会出现争论。生产人员可能从生产的角度看企业的发展，而销售人员则更看重产品在商场上的竞争力。这种争论是非常正常的，视角不同看法必然不同，但对企业整体目标的实现则影响很大。

【小案例】

吉利公司的总裁曾经问过中层管理者两个问题：第一个问题是："大家是不是认为企业成本太高，浪费很严重？"所有中层管理者都举手，一致认为企业成本太高。总裁又问了第二个问题："哪一位经理认为本部门浪费很严重，成本太高？"结果大家面面相觑，无人举手。

大家已经习惯了找企业的问题、找他人的问题，却不能从自身寻找问题的原因和解决问题的办法。

4. 背后揭短

中国企业与西方企业不同的一点是：西方的管理依靠制度，而中国的企业更讲究人情味，中国有些企业并不一定非常注重员工的能力和贡献（或职责）之间的匹配关系。在这种企业文化背景下，员工工作时免不了互相议论，互相评价。而且中国人习惯的做法是，对某个人的异议不向当事人讲，却向第三者讲。

【小案例】

张经理对李经理有意见，但他不向李经理当面讲却和自己的员工讲，以至于公司上上下下都知道，偏偏李经理一个人不知道。而就算李经理知道张经理对他有意见，他也不能直接去问张经理是不是对他有意见，因为一问就会自讨没趣。最后，李经理也说张经理的坏话，于是大家都知道他们之间有矛盾。当总经理过问此事时，张经理和李经理又会一致否定这些事，并说两个人合作很好，个人关系也不错，他们是不会在总经理面前暴露矛盾的。

5. 不主动沟通

横向间缺乏沟通，出现问题，大家都采取观望态度，不主动沟通寻求解决办法，这也是横向管理的难点之一。

5.1.2 治理跨部门协作难点的基本对策

1. 树立全局观念

各部门之间出现争论、分歧和矛盾的时候应转换思想，站在企业全局的立场和共同的目标上看问题，不要一味地认为对方是错的，而要多从对方的角度上看问题，反省自己的过错。管理者应杜绝本位主义，树立全局意识，在一个团体里通力合作。事实上，团队中每个人都很重要，谁也离不开谁。一个企业的生产部、销售部、采购部、人力资源部等部门是一个有机整体，各部门经理都不应以自我为中心。

2. 强化内部客户链

对于内部客户关系，生产部门和销售部门之间应制定内部制度。如果销售部门在市场上千辛万苦把客户争取过来了，但是生产部门没有货，销售部门就会对生产部门有意见。这时生产部要承诺保证按时供给产品。保证完成的前提是其他部门的支持：销售部下的订单要准确、清晰，且不能随意更改；采购部要保证零配件的供应；人力资源部要保证相关培训顺利展开。诸如此类的内部客户关系，一环套一环，各部门权责划分明确，并以制度化的形式进行规范，从而构建良好的内部客户链。

3. 找当事人沟通

出现问题分歧，要找当事人沟通，企业应该倡导这样的风气。联想公司董事长柳传志曾将这作为企业纪律之一，要求所有管理人员必须进行彼此间的直接沟通，避免背后的相互议论，造成误会的加深。

4. 主动沟通，避免猜疑

中层管理者拥有一定的组织资源和决策权，对企业的发展有重大影响，一旦他们之间相互猜疑，副作用极大。因此，在横向管理中，中层管理者彼此间应尽量避免没必要的猜疑。

5.2 解决跨部门协作难题的具体方案

5.2.1 化敌为友

部门之间推诿扯皮，顾客受害最深，实施“内部质量保证”有助于理顺内部关系，即一个部门保证向其内部顾客提供优质服务，做到及时、准确、不断反馈。

实行内部质量保证可以治愈内部质量顽症，即一个部门保证向其内部顾客提供优质服务，做到及时、准确、不断反馈、讲究礼貌。内部顾客可以是下道工序的员工，也可以是辅助部门的服务对象。在装配线上，一个工人的内部顾客可能是下一个工人；而在服务行业，一个员工可能有几个内部顾客。内部质量保证适用于所有类型企业。

内部质量问题造成的损失往往很难量化，因而很少经理人能认识到它的危害。树立内部顾客关系意识有助于消除长期困扰企业运作的障碍，然后开始实施内部保证。

【小案例】

以下是几个内部保证的例子：

“为你们提供……服务时，我们部门保证不超预算。否则由我们承担额外开支。”

"我们部门一定在双方规定的期限内完成……否则,我们负责把延期原因通知你,而且少收20%的费用。"

"维修工作保证在两个工作日内完成。如果不能如期完成,在收到工作单12小时内通知你方完成工作的确切时间,并由双方共同商定临时替代方案。"

问题不论大小,都可以通过内部保证来解决。有家咨询公司立了一条"清理办公桌"的规矩:每天下班时所有办公桌必须收拾整齐,违者罚款25美分,存入办公室娱乐基金。这或许是小事一桩,但该公司认为,整洁有助于营造职业化和高效率的工作气氛。

说到大一些的问题,有家公司做了保证按时开会的规定:迟到者必须向每个与会者支付100美元。惩罚是不是太严厉了?有点儿,但是比起高薪经理们被浪费的时间,这一点儿都不过分。

针对具体工作表现的内部质量保证,比空泛的保证效果好得多。这是由于同事与外部顾客不一样,如果对其他员工的工作有所不满,他往往不愿提出个人意见。但若矛头针对那些客观衡量的尺度,个人的担心就可以避免。因此,"在两个工作日内完成任务"比含糊其辞地说"迅速完成任务"好。

【小案例】

通过实行内部保证,西屋电气公司克服了长期以来存在于独立经营单位与科技中心之间的矛盾。过去,科技中心向独立经营单位提供关于项目进度和成本的"最佳"预测时,经常超过预算或落后于进度。科技中心一个劲儿闭门造车搞项目,而内部顾客却被蒙在鼓里。

公司经理和科技中心经过调查,终于找到了造成项目进度落后、反复修补以及预算超支的根源。在很大程度上,问题源于独立经营单位在开始阶段向科技中心提供的技术指标不明确。不等形成完整的概念,或是弄清要求,就把研制任务推给科技中心。科技中心只得另做分析,这使工作停滞不前,独立经营单位自然觉得丧气。两个部门之间缺乏沟通,随着相互抱怨越来越多,情况就更加恶化。

为解决这个问题,科技中心向内部顾客做了三点保证:第一,向内部顾客通报项目开发的成本和进度,以便于他们决定是否继续进行下去。第二,除非事先经顾客认可,否则不超出项目开支。第三,如果科技中心的失误导致项目设计和执行的变动,由其负责赔偿损失。比如,设计指定某一部件的规格,但最后发现不合用,那么科技中心将承担新部件的开支。

为兑现保证,避免额外赔偿,科技中心必须要求独立经营单位给予更多合作,如一开始就请他们交代清楚项目的要求。这样,在每个项目之初,双方就必须抛弃敌对情绪,坐下来一起明确目标,避免潜在的问题和误解。

加强合作后,效果相当显著。事实表明,科技中心完全能提供准确的预算,满足顾客的各种要求,与以前不可同日而语。沟通渠道畅通无阻,在项目开始阶段如此,在整个开发过程也是如此。

内部保证也有助于解决外部问题,下面的创意专业服务公司(Creative Professional Services)就是个很好的例子。

【小案例】

创意专业服务公司的印刷产品经常达不到顾客的要求,导致顾客不满、额外返工和延期交货。造成这种局面的根源在于销售人员在给制作部门下印刷订单时,不能提供完整、准确的任务指标。销售人员下的作业单花样百出,有时手写单潦草难辨或错误不断,有时还盖满了即时贴。

所以,销售人员应该对他们的内部顾客,即制作人员做内部质量保证。销售人员征求制作部门的意见:"你们希望我们保证什么?"回答是:"下作业单时提供完整、准确的要求。"

于是,公司制作了一种标准化的"发送表",表上留有空白,用来填写所有制作要求;另外,还附上一个核对表,用来逐项核对是否已经从顾客那里收集到所有相关信息。有了这张表支持内部流程,销售人员就能向制作人员立下保证:"我们保证及时提供你们按期完工所需的所有信息,否则我们请吃午饭,或在你们部门会上唱歌,再不然就由我们自己录入遗漏信息。"

推行内部保证不需要精密的战略计划,也无需增加管理层次。虽然有时也需要投入一些人力或设备,但常常是花很小代价甚至不费分文就能使老大难问题迎刃而解。

与所有质量行动一样,实施内部保证首先要仔细选择实施对象。是从问题最大的地方入手,还是选择已经运行良好、通得过最严格的保证的部分?还是选择二者之间?

在这个问题上,需要考虑以下因素:问题出现频率有多大,影响怎样?问题严重程度如何?要花费什么资源(金钱、管理人员或员工的时间)可以根除问题?是否有办公室政治问题或其他敏感问题需要考虑?为解决这个问题,对内对外分别设立多少"罚金"合适?

从哪里入手并没有普遍适用的原则,但绝不能对无可救药的职能穷追不舍。那样做只会自讨麻烦,而且会使内部质量保证失去"民心"。对彻底失效的职能,最好进行改造。

确定罚金也是一件棘手的事情。现金赔偿效果最明显,但必须十分慎重。一般不要让员工自己掏腰包。另外,还需要考虑罚金是出自部门基金还是公司基金,是象征性的罚款还是一大笔让人心疼的钱。员工并不见得真希望自己部门多得一点赔偿,而是更希望解决问题,把工作做好。

5.2.2　三招铲除"部门墙"

何谓"部门墙"?

【小案例】

几个月前,在一次面试过程中,有位应征者谈及A公司的现状:部门之间遇"责"推诿,遇"过"指责,遇"功"争抢;部门自成系统,老死不相往来;背后议论成风,见面哈哈一笑;工作效率低下,人浮于事普遍;老板看在眼里,内心无计可施……结果是最终叫停所有项目。由此,引发我们对公司运作中的"部门墙"的思考。

"部门墙"在很多企业存在,特别是民营企业,几乎是普遍现象。以职业人士的立场看,"部门墙"对于企业的危害是显而易见的,必须予以铲除。

1. 强力推进组织变革

(1)摸清企业的"老板病"

一般情况下,出现严重的"部门墙"与公司的经营导向密切相关:要么没有导向,脚踩西瓜皮，滑到哪里算哪里；要么经营导向不明确，说得好听是追求盈利最大化，但如何追求不明确。

(2)摸清企业的“结构病”

从经营业绩、组织管理、人事信息三个方面，检讨企业的结构病症状。一般来说，“部门墙”反映的就是严重的结构病症状：效率低下，业绩徘徊；权责模糊，推诿指责；建议减少，抱怨增加；人才流失，庸才当政……

(3)推行企业的组织变革

以业绩为导向，以目标为手段，以考核为核心，重新设计组织结构(机构、职位、功能、权责)，将那些只说不做、光说不练的庸才请出企业，引进德才兼备者担任重要岗位，授之以权、授之以责，大刀阔斧加以改革。

2. 强力推进洗脑工程

洗脑，即更新观念，更新思维模式。通常的管理培训，在“部门墙”厚重的企业，是无济于事的。这个时候要出重拳、下猛药、支狠招。可用的方法如下：

(1)高管优先脑力振荡

让公司不得不留任的高管，参加一些专业培训机构的拓展训练，先洗“大”脑，让其优先接受脑力振荡(而非通常意义上的“脑力激荡”)。

(2)中、高层同步拓训

针对企业的“部门墙”病症，设计针对性极强的拓训项目，例如，共进退、盲人阵、七巧板、背摔、空中桥、过电网、毕业墙等(这些项目的真义，在于团队作战、无领导管理、平行协调、主题沟通)，组织中、高层集体参加，打乱日常领导序列，平等参与，老板压阵。在拓训实施中，每一项目完成后，必须结合工作、生活进行检讨、报告；拓训完成后，上报拓训感言，编辑成册，张榜公布，加以巩固。

3. 强力推进流程重组

产生“部门墙”的核心原因，是公司的管理不系统、流程不畅顺导致的管理混乱。解决这个问题的方法是进行流程重组(BPR)。但应注意以下几点：

首先，负责人亲自参与，聘请专人或专家，从管理诊断入手。

其次，从系统设计开始，用6～8个月时间，设计流程，制定规则，明确权责，强力实施。

再次，BPR项目必须结合目标管理进行，目标管理必须结合目标经营展开。

最后，消除内部反弹。“部门墙”严重的企业，一定存在极大的抗拒性。这是体现老板决心、魄力的时候：倾听各种意见，鉴别老人心态，压制反弹意见，消除执行阻力。

以上方法必须结合使用，方能奏效——组织变革是硬保证，洗脑工程是软保障，流程重组是真功夫，三者缺一不可，不可偏废。

5.2.3 跨越部门管理业务流程

跨部门的业务流程靠信息分享和监督来改善。在紧急关头还需要有人担当发号施令的职责。你在工作中花多少时间用于跟踪公司其他人以及他们应做的事？这些事情是否分散了你的时间，让你无法集中精力从事你“真正”的工作？研究表明，人们只有不到一半的时间用于从事自己的本职工作，而50％～80％的时间花费在弥补公司其他地方的脱节上。

可悲的事实在于，对于业务流程的具体内容以及经理需要如何整合、控制和改进它们，大多数企业采取了凑合的方法。他们采用了各种各样的“快速修复法”来试图增强这些业务流程：从传授谈判技巧到将每个人的报酬与整个业务流程的产出挂钩。

而且,一些非常好的方法,如六西格玛,被滥用于解决基本层面的业务流程问题。实际上其中许多问题的根源在于管理体系,而不是技术因素。每个业务流程,包括复杂的跨部门业务,都是一种工作流程。最佳的业务流程必须具备如下三大特征:可靠、可行和高效。

可靠是指业务流程尽在掌握。它能在规定范围内,经济而又可靠地运行。可行是指业务流程能够按照预定计划而执行。它能够有效地运作,生产和供应那些事先期望的结果。高效是指业务流程中所消耗的金钱、物品和时间都是最少的。

负责下属的跨部门业务流程的经理需要非常警惕,他们必须时刻准备找出那些容易具有如下特征的流程步骤:孤立的、范围狭窄的、与其他业务流程步骤脱节的、失去控制的以及容易迅速演变为紧急事故的。这些都有可能破坏业务流程的可靠、可行和高效。

1. 信息及时传递

为了弄清观念孤立对最佳业务流程的危害,让我们看看以下案例。

【小案例】

一个电线厂有3个上下游生产区。该工厂经常满负荷运转,因此用于修理和维护的时间非常紧张,但这又是极其重要的。3个生产区都保持着少量的库存,保证生产线在正常的短暂停机期间正常运转。

尽管如此,当上游生产区的停机时间超出库存容许的期限时,下游的区域主管和维修主管经常为此叫苦不迭,他们没有及时得到延误通知。上游的机器操作员在发生故障时难道没有责任向下游的人发出警告吗?偶尔,会有一些人这样做,但更多时候,他们没有。上游的每个人都手忙脚乱,试图解决问题,他们没有时间思考下游的问题,或者认为不会耽误太久,而且,他们不太确定是否有权提前通知下游。

在上面的案例中,建立通知关系就足以彻底解决问题。一旦信息得到共享,这种类型的通知责任就终止了,至于如何根据得到的信息行动,则完全取决于被告知人。但关键在于,相关方需要得到信息,然后才能做出最好的决定。

另一种形式的通知责任要求一个角色分析数据,建立可选模型,然后就可能的行动进程向另一个部门的另一角色提出建议。这种责任可以防止目光狭隘。担负这种间接责任的角色包括财务分析师、薪酬专家、法律顾问和组织发展专家。承担建议责任的角色需要得到相应的授权。它与第一种形式的主要区别在于,它为接受建议的角色所做的分析更广泛。两者相同的是,接受建议的一方需要自己决定下一步的工作。

2. 部门相互监督

比信息流动影响力更大的跨部门责任是说服,它是防止业务流程之间脱节的一种重要方法。说服的一种形式是监督。对于这种间接责任,一个角色往往不是简单地影响另一个跨部门角色的决定和行动,而更多的是调节他们。监督通常涉及两个角色,并努力在以下两方面保持平衡:一方面,尽可能在流程的允许范围内发挥创造能动性;另一方面,不破坏流程的完整性。

在企业中,有许多创造价值的监督责任的事例,从显而易见的质量监督员到涉及业务流程管理的几乎所有部门。这种间接责任的目的是尽量减少对其他角色的约束,并尽力帮助他们找到替代措施。

说服责任的另一种形式是协调。协调的目的是引起同一业务流程几个方面的多个角色高度关注,使他们的工作同步和相互衔接。

通常，每个业务部门的负责人制定自己部门的营销策略和促销材料。为保证品牌战略在全企业内连贯一致，有关企业品牌的任何一个角色都可能要承担与业务部门营销角色的协调责任。

3. 非常措施应对紧急情况

间接责任中，最强有力的是指示：一个角色有权支配同级关系中的另一个角色；可以指示另一个人停止做某事或者要求其采取一些紧急措施。这些责任分别代表着审核和命令，是管理不受控制的业务流程的重要方法。

显然，这种类型的跨部门管制责任只能用于最严重的情形，主要在安全、健康、环境保护和质量控制等领域。在员工、公司、环境或顾客的安全和健康受到某个流程的威胁时，必须明确哪里是“悬崖”，以及谁有权力“悬崖勒马”。

在同级同事明显超出规定的界限时，一个员工指示他停止做某事，并不会打乱该员工同经理的关系。记住，经理有责任保证他的下属不超出界限。

如果情况可能迅速恶化成灾难，那么，事先尽可能清楚地说明紧急程序，确定哪些角色在哪种情况下可以行使有限的类似经理的权力来指示其他人（非下属）服从就显得至关重要。这不会破坏经理对下属的管理责任，因为指示权限类似于审核权限，被限定在很窄范围内，只能在非常情形下使用。

行使指示的角色可以在医院、危险品制造场所和其他潜在爆炸场合的灾难处理中显示出来。一般而言，如果需要迅速、协调、有计划地紧急处理以避免生命、环境或者企业的生存能力受到重大伤害，那么就需要指示责任。

4. 放权保证流程改进

对于任何业务流程，责任最大的当属于“拥有”该流程的经理；而在跨部门业务流程中，拥有者是业务流程责任经理。这个所有者角色处于塔式业务流程中最高的管理位置，对所有角色具有全权管理权限，可以对该流程直接建议。

对于许多涉及全企业的业务流程，这种责任只能由首席执行官担任，但他们大部分时间远离实际流程，并不知道如何具体地着手改进。因而，为了对下属业务流程的不断改进担负起责任，责任经理必须经常地将部分责任委派给下属，取得下属的支持。

如果业务流程的变动会妨碍其他下属履行职责，责任经理就不能将这种改变业务流程的权限完全授权给某个下属。但责任经理可以将下列权力或责任授权给任何一个下属：

①收集有关业务流程的信息，确定和建议改进的时机；

②组建研究建议小组，设计可能的改进措施并向责任经理提出建议；

③改变每个职能下属的各个职责（首先要由责任经理做出决定）；

④组建实施协调小组，根据责任经理的总体目标，协调各个职能部门的工作，使之同步、相互衔接。

无疑，我们无法逃避这样一个事实：需要一个明确的方法，确保横向业务流程和跨部门工作关系的可靠、可行、高效。

5.2.4 上下游部门打破沟通屏障

上下游部门间的合作问题，是企业管理中典型的管理沟通问题。那么，该如何疏通上下游部门间微妙的合作关系？有人建议：一是要梳理工作流程；二是要制定沟通制度，提高协作效率。

【小案例】

两个部门位于流程的上下游，工作关系十分密切但也相当微妙。一帆风顺的时候还好，但一需要承担风险或错误的时候，就开始相互推诿。即使是很小的事，也时不时就上报给高层领导。在谁对结果负责的纠缠中，增加了问题的复杂性，也拖延了解决问题的时间。

本案例的实质是上下游部门间的合作问题，主要表现是不合作、不信任，只管争功诿过，不求整体效率。这个问题，是企业管理中典型的管理沟通问题，可采取以下方式解决。

1. 分析问题产生的原因

(1)害怕担负工作失误的直接责任

在企业中，尤其是上下游部门间，确实存在着功过归属问题。正因害怕担负责任，两部门在合作时都很谨慎，一旦出现可能出错的情况，就马上向上级汇报，目的是告诉领导该做的都已经做了，如果再出现什么事情就与自己无关；鸡毛蒜皮的小事本来完全可以自己处理，但却仍然不主动决策，也不与合作部门沟通，而是直接提交给高级领导，以避免自己担负责任。这两种做法的实质都是不干分内的事，不担责任，而将问题转嫁给上司解决。这在管理上属于错误管理行为，正式称呼为“反授权现象”，就是说领导给你权力做的事你自己不做好，反而给领导做。这其实是下级管理者的失职，更是对高级管理人员资源的浪费。

(2)缺少良好的沟通机制

由于利益之争，部门人员之间逐渐丧失信任，对对方产生负面情绪，处处防范警惕以确保自己的利益。从本案例描述情况来看，两部门相互之间已经存在着一定的负面评价，但最基本的信任关系还维系着。

(3)流程制定和职责划分不清晰

流程制定和职责划分不清晰，尤其是责任交接点的划分和工作质量评估标准未明确。如果一个连续性工作的责任和贡献没划清，部门间的争端就不会消停。

2. 解决问题的实质

解决问题的实质是如何在维护部门利益的基础上改进跨部门合作问题。改进方法只有两个：一是梳理工作流程；二是制定沟通制度，提高协作效率。对于上述案例，梳理工作流程和个人岗位职责是首要的，凡是能够流程化的必须先流程化，并建立相应的工作标准，将其转化为公认的例行事务。但对于一部分较难固定为标准流程的工作，就需要部门领导充分沟通协调。具体建议如下：

①两部门的负责人应先充分沟通，做好两件事情：对合作存在的问题达成共识；停止相互指责，共同寻找解决方法。

②各部门分别展开集体讨论，将流程和沟通制度深入到具体工作中去。

③总结各自的研讨结果，并加以整合，转变为共同认可的解决方案。

④部门经理联合署名，呈交上级领导审批。在呈交报告时，两部门经理应共同前往，并简单扼要地做口头说明。

⑤由上级领导召开员工大会，解释新的工作规划，确保每个员工清楚知道自己以后应当做什么、怎么做。

⑥在会议中，请两部门的经理及主要骨干发表感言，确保员工完全理解并真正支持新规划的实行。

5.2.5 解决部门之间信息不畅通

公司经常出现因信息不畅通而导致的矛盾，有部门之间、员工之间、领导和员工之间的，也有客户和员工之间的，其中以部门间信息不畅通最为严重。应当如何解决这一严重问题呢？

第一，最高层应该意识到这是一个严重问题。

第二，建立企业相关规章制度。

第三，促使全体管理人员改变工作习惯；管理人员改变，下面的基层员工就容易改变。

第四，“事不关己，高高挂起”、“只扫自家门前雪，莫管他人瓦上霜”是中国人的古训，事实也证明了中国人习惯于懒得理会其他部门的事。因此，除建立制度化的部门间沟通机制外，企业高管还得想出具体的实施方案来让各部门间沟通变得更健康一些，如建立非工作关系，利用非正式场合，提高内部沟通效率。这有很多办法，例如，组织多部门的户外拓展活动、定期组织部门间的制度化沟通；可以以讲座形式开场，后面是茶话会，之后是晚餐聚餐。当两个部门的员工相互熟悉并认识之后，沟通效率要高很多。同时，这也是积极利用非正式渠道(积极利用小道消息传播途径的一种方式)。

第五，公司内网的BBS，不要以部门划分群组，而是分成综合性的群组。让同事们都有兴趣去关注不同范围的话题。

中国人没有喝咖啡的习惯，也不会在咖啡机旁边站着，通过闲聊两句来获取一些信息。所以，创造沟通文化是要花时间成本、金钱成本、人力成本的。不要以为喊两句口号，就能解决跨部门沟通的问题了。

5.2.6 正确面对公司内部的抱怨

在项目推行过程中，经常会听到各部门同事的抱怨。此时，就应当考查内部沟通是否顺畅、无边界管理是否成形。

例如，一家公司推行项目管理，在推行的过程中，经常听到一些同事抱怨：“我很忙，你说得很有道理，可我实在做不过来，我手下又没有多余的人安排！”“这件事情不是我不想做，可是其他部门都不给我资料，我怎么开展工作，没有资料我怎么分析？”

从这些托词中，可以认为这个公司存在以下问题：内部沟通渠道不畅，没有建立有效的沟通渠道；个人保护主义，部门保护主义强，没有团队协作精神；执行力差，相互推诿，碰到问题就是大家的问题，到后来谁也没有问题。

在企业里实施新的体制或者管理方法，进行管理改善，势必触动原有利益集体，打破原来的平衡状态。作为经济人，都是趋利的，因此表现在行为上，对个人有利的改善积极推行，不利或者长久方能见利的基本是磨洋工式的推诿。当然，做项目管理不可能使方方面面都满意，但必须使大部分人满意；否则，除非领导在背后全力支持，不然就等着自己卷铺盖走人。

推行或者实施新的项目，首先，考虑新项目的目的与现有的体制存在哪些矛盾、会触及哪些人的利益、哪些人会因此而失利、有哪些人会因此而得利。

其次，必须与相关利益者进行充分沟通，使他们理解项目管理的目标、目的和前景，不然即使双方的目标是一致的，但仍会在过程中产生冲突。

再次，建立有效的流程和节点控制，明确节点责任部门。

最后，必要的时候应该杀鸡儆猴，对既无法沟通，又不能执行的人，适当利用权限进行处理。通常这类人为公司的元老较多，在企业里有一定的势力基础和利益团队，因此开刀时应冲着团队不紧密、利益相关性差的去。

5.3 中层干部如何得到同事的支持

5.3.1 惜缘:因为看法不同,所以必有冲突

1. 角度不同,结果不一

中层干部由于岗位不同,对某一件事情的看法肯定是不一样的。在企业中层干部中,有人是做生产的、有人是做销售的、有人是做人力资源的、有人是做财务的、有人是搞采购的、有人是搞技术的,岗位不同,对某一个事情的看法,就不可能完全一致。

比如,销售部经理很努力地想把这个单子做成,努力想让客户满意,所以他希望公司提供给他的产品是小批次的,尽可能量身定制的,产品是多样化的;而生产部经理为了协同生产能力,调度好大家的积极性,肯定是希望批次越大越好,类型越小越好,这就产生了矛盾。

再比如,人力资源部组织大家做培训,人力资源部的想法是磨刀不误砍柴工,大家一起探讨、一起交流、一起学习、提高思想、统一认识,而其他部门,如营销部、技术部、生产部想的是又到月底了,马上又到考核时间了,这个月的工作任务还没有完成,哪能再派人出来参加几天的培训,冲突由此产生。

2. 学会换位思考

一个企业有不同的部门、有不同的岗位,而且不同的部门、不同的岗位之间肯定是互相关联的。在这样的情况下就要换位思考、就要协同作战、要站到对方的立场去思考问题。

你的看法可能是对的,但是对方的看法可能也有道理,你千万不可以说我就是这样的,其他想法都是错的。

3. 摆脱本位主义

如果本位主义太多,管理上的矛盾和冲突就会非常多,而且会导致企业的内耗、内讧,导致企业效率降低、效益下滑。

本位主义体现在很多事情上,比如,有一天一大早,马路边上有两个人,一个人在挖坑,使劲地挖,另外一个人在埋坑,把前面那个人挖出来的坑再用土把它填上。别人问他们在干吗?他们都是同一个单位的职工,单位是埋电线杆的,三个人负责这件事情,一个人负责挖坑,一个人负责埋坑,还有一个人是栽电线杆的,栽电线杆的没来。因为他们是实行绩效考核的,挖一个坑就能拿10元钱,埋一个坑也是10元钱,不管栽电线杆的人在不在就只挖坑、埋坑,这就叫本位主义。

4. 要有全局观

所有的中层干部都应该有一种大局观,一定要明白,所有的部门协同作战,企业才有效益、才有利润,而绝对不可以只顾自己做。销售部只管拿订单,拿回来以后,生产部拿不出东西来,企业不可能有利润。人力资源部组织大家培训,出发点很好,但是不去征求其他部门的意见,不去听听其他部门经理有什么想法,就找来培训教师,其他部门根本就不欢迎,这个培训就没有效果。所以第一点就是大家要珍惜机会,要明白大家在一个平台上做事情,要协同作战,破除本位主义。

5.3.2 尊重:面子第一、道理第二

有理走遍天下,谁有道理听谁的,但因为大家都是中层干部,谁也不比谁大,谁也不比谁小,大家都没有强制性。你认为有道理,对方可能认为就是没有道理;你认为这个事情应该这样做,而对方认为就是应该那样做。在这种情况下,对方能不能配合你,对方能不能支持你,很重要的取决于平常你在他心目中的位置有多高,平常他对你有没有好感。如果平常他对你有好感,那么这个事情他就会配合你、支持你;如果对方对你没有好感,叫他配合你,就是千难万难。

1. 平时尊重对方

排除性别上的差异,正常工作当中好感就是平常你给他面子。你尊重他,你在他心目中地位就比较高,他对你的好感就是自然而然的。早上见面就打招呼:"张经理早。"他认为你很尊重他,遇到什么事情他会来嘘寒问暖。"张经理,今天累不累。""张经理,你真有本事。""张经理,你在我们单位里面还是顶呱呱的。"这些话都是给对方面子。接下来,他来配合你,难度就不是很大。如果平常不注意这些小事情,你想要让对方来帮你,恐怕就有难度。

2. 乐于助人

中层干部一定要明白,对方来找你帮忙的时候,你要给对方面子。如果你说:"我很忙,你看我都忙成这个样子了,我的部门事情不要做了,整天就帮你。"你如果用这样的态度来回绝他,等哪一天你找他时,他会怎么回绝你?大家一定要明白,在这个平台上,大家一起做事情不容易,你今天用好的态度对他,他明天才可能用好的态度对你。千万不要认为说:"你看我真的是忙。"你感觉到自己很正确,无可挑剔,但是你的表现、语言就像一颗子弹,穿透了对方的胸膛,有一天你找他,他也会对你不理不睬。

【小案例】

在银行金融领域曾经发生过这样的事情,有一个小伙子到银行营业部柜台上去取钱,他说:"我要取钱。"那个柜台小姐问:"取多少?""5 000元。""5 000元到 ATM 上去取。"小伙子就不理解了,为什么要到那儿取?对方说:"这你就不懂,提高效率。""自动柜员机那里在排队,排了十几个人,你这儿一个人都没有,你给我就行了,究竟哪边效率高呢?"小姐一听不乐意了。"我们银行有规定,我们银行的规定就是5 000元以内,必须要到自动柜员机上去取,不可以在这边取。"小伙子一听要较真了。"规定,有啥规定,能不能把规定给我看看?""我们银行的规定你还能看吗?你还怀疑我说假话吗?你不相信我?"

然后,这个柜台小姐去倒水了,一边倒水还一边哼着小曲,把这个小伙子晾在那里,小伙子心里很不爽。小伙子接下来排队到 ATM 上去取钱,取完钱以后又回到这个柜台前,说:"我要存钱。""存钱,你不刚刚取完钱吗?""我还要存。""存多少?""100 元。"柜台小姐把单子打出来给他。小伙子接着说:"我还要存。""存多少?""100 元。""先生,你能不能把想存的钱一次全部存完。""不可以。""为什么?""我老婆有规定,一次只能存 100 元。""你老婆有规定,一次只能存 100 元?""是,你还怀疑我说假话吗,我老婆的规定你还用给你看吗?""那存吧。"100 元的存单打出来以后,小伙子说:"我还要存 100。"

如此继续进行,存到第 5 张、第 6 张的时候,这个柜台小姐就很郁闷了,这很明显就在耍她,她说:"你不把我当人是不是?"小伙子说:"你好像都很正确是不是,我就让你知道我是谁,为我服务,你敢拒存吗?"柜台小姐显然不能拒存,一拒存年终奖没有了,而且这个事情报道出去还得了。一家银行居然拒存?很显然是不能拒存的,只能照做。整个过程从上

午的10:00一直持续到下午的4:00,时间非常长。这个柜台小姐一边郁闷,一边机械地做事情。保安跑过来,说:"先生,不要妨碍我们正常的工作秩序。"

这个小伙子就火了,说:"你搞清楚没有？我在存钱。我是你们的客户,你们的工资奖金从哪儿来的,不都是我们这些客户来了以后,你们才会有工资、奖金吗？居然说我妨碍你的工作秩序,你搞清楚了没有?"那个保安自讨没趣地走了。营业部主任下来,说:"先生,能不能到贵宾室去喝杯咖啡?""不去,两小时之前你怎么不认识我？不去。"

电视台也来了,电视台的人扛着摄像机在那儿拍,也采访旁边围观的人,围观的人觉得这个小伙子也太过分。镜头也对准了这个小伙子,这个小伙子就讲:"你们只看到她的可怜状,在几个小时以前,她那副盛气凌人的样子,你们看到了吗？我不懂得提高效率吗？银行有规定,还怀疑我说假话,你看看她高高在上,好像我是低人一等,我在求着她办事。既然她让我求着她办事情,我也让她知道,我作为一个普遍客户有哪些权利,她该应尽哪些义务。"

案例中的这个柜台小姐当初回答那个小伙子提问的时候,她讲银行有规定,低于多少钱必须在ATM上取,能提高效率。她一点儿都不认为自己错,但问题是:你认为不错,而你的沟通方式、表达方式,让对方很没面子,好像对方很不懂,对方心里很受伤。他很受伤以后,接下来他就会报复你。

报复通常以另外一种方式在出现,而且这样的报复会让你哑口无言,从能量守恒定律上来讲,能量也是互相作用的。在工作当中,当我们和其他部门经理发生对接、发生关联的时候,一定要给足对方面子,不要自以为是,接下来你想请求他配合、请求他支持就顺理成章。

5.3.3　内敛:高调做事、低调做人

1. 什么是高调做事、低调做人

做事情、做业绩的时候,往前冲、往上跑,做得比人家好,这就叫高调做事。但是为人的时候,谈到工作能力、谈到工作业绩的时候,自己要谦虚、要内敛,这就叫低调做人。

关于高调做事人和低调做人,这在中国的企业里面尤其重要,在西方的企业里面,可能是另外一回事。在西方企业里面,做得好就要讲,不讲其他人不知道。而在中国的企业里面,做得好,讲得少,大家对你的评价就高;如果你做得好,但是自己到处讲,结果反而会降低人家对你的评价。东方企业的文化与西方企业的文化是有区别的。

【小案例】

我们看电视连续剧《亮剑》,里面有一个场景,李云龙为了提高部队官兵的战斗力,他做了一个规定,能够把他摔倒的就有猪肉吃,能够把手榴弹扔到筐里面的人也有猪肉吃。如果又摔不倒他,扔手榴弹又扔不到前方那个筐里面,说明你能力比较低,你就没有猪肉吃,因为猪肉是有限的。有一个老兄把李云龙摔倒了,扔手榴弹也扔到了,他有了猪肉吃,但是看到旁边一帮没有猪肉吃的人,他手捧着这碗猪肉,明明知道这帮人没有猪肉吃,还跑到他们的面前,动作做得非常夸张,声音搞得非常大,其他人心里很不好受,这就叫高调做事、高调做人了。

按照中国的传统习惯:能力强,有猪肉吃。看那一群人没有猪肉吃,但是又没有能力分给他们每个人一块,那就悄悄地躲到某一个角落里面,把声音尽可能控制得最小,然后悄悄地把猪肉全部吃完,把嘴巴擦得干干净净,然后装作什么事也没有的样子,又跑到那一帮没有吃猪肉的一伙人中间去,这叫高调做事,低调做人。

当你有猪肉吃，而别人没有猪肉吃的时候，你尽可能躲起来把声音做到最小，这也是一种智慧。我们倡导这种高调做事，低调做人，做人不要太张扬，即使你能力强，但是张扬到最后，结果并不好。

2. 孙悟空是不是个好经理

孙悟空、唐僧、猪八戒和沙和尚，这四个人是一个优秀的团队。现在我们把这个团队放到一个企业里面来做管理，唐僧做总经理，孙悟空、猪八戒、沙和尚分别做部门经理，那么，唐总最欣赏哪一位部门经理呢？

(1)孙悟空的个性、能力分析

根据以往的经验判断，有人选猪八戒、有人选沙和尚、有人选孙悟空。问题是，在这个团队里面，能力最强的是孙经理，贡献最大的是孙经理，那他应该是领导最欣赏的人吗？有的人觉得不是。这就涉及个性问题了。孙悟空属于力量型性格，力量型性格的特点是有思想、有行动，说到做到，雷厉风行，从来不拖泥带水，做事情自动自发，只要想做成某一件事情，就会想尽一切办法，这都是他的优点。他很强势，但他的缺点也显而易见，他很自以为是，与其他任何人沟通的时候，往往是口气咄咄逼人，说起话来语速很快，像机关枪一样一梭子就出去了，而且这个人不讲规矩，为了实现一个目标有时不择手段。

(2)唐僧的性格分析

唐总的性格又是另外一回事，属于完美型性格。他心中有一个伟大的目标，然后一点一点地去做，追求尽善尽美，尽管可能速度慢了一点，效率低了一点，但是他希望每一件事情都做好，而且特别地循规蹈矩，说话慢声细调。孙悟空与唐总，这两种性格放在一起必然有冲突。

孙悟空跟谁都可以咄咄逼人，都可以用命令的口吻讲话，但是跟领导唐总就不能这样。而且唐总这个人非常讲规矩、非常有素养，而孙悟空这个人素养不高，没有受过高等教育。他是犯过错误以后，被压在一块石头底下。所以，他们两个人本质上就有冲突。而且，孙悟空的眼里也没有规矩，他可以扯出一面旗帜，自称齐天大圣，也可以大闹天宫，而唐总这个人非常知书达礼，所以本质上就有冲突。

孙悟空这个人还爱出风头，电视台来采访，说："你们的公司为什么搞得这么好？"这个孙悟空一向自以为是，就说："公司做得好，因为有我这个销售经理在。"然后拿起话筒来讲了两个小时，讲完了以后才想到让唐总说两句。所以，与总经理之间的冲突就必然产生。

(3)沙和尚的个性、能力分析

很多人说最欣赏的部门经理是沙和尚，因为沙和尚比较老实、比较本分，交给他做事情让人放心，永远不用担心沙和尚背叛。其实，企业的基层员工，绝大多数是沙和尚这种性格，很老实本分，没有非分之想。但是，这种性格也有它的缺点，这种和平型性格有的时候故步自封，创新能力不够，缺乏乐意进取的精神。有的时候小富即安，能过就过；遇到大的困难、大的挑战时，沙和尚显得办法不多。所以，唐总说："沙经理这个人有一定的能力，有冲劲、有干劲、有闯劲，对革命工作有一定的贡献，但是在某些地方还有待提升。"

(4)猪八戒的个性、能力分析

既然孙经理不是唐总最欣赏的，沙经理也不是唐总最欣赏的，看来只有一个猪八戒了。猪八戒这个人属于活泼型性格，跟谁都会打打闹闹，对新鲜事物永远感兴趣，但是跟谁都没有深仇大恨，早上讲的话也许晚上就忘了，在团队里面充当一个活宝、开心果的那种角色。这样的人唐总会不会喜欢他呢？

其实，关于猪八戒的争议由来已久。曾经有一段时期互联网上对女性网民做过调查，说要在孙悟空、猪八戒、唐僧、沙和尚这四个男人当中，假如选一个梦中情人的话，谁的得票率最高？结果是猪八戒得票率最高，让很多人大跌眼镜。

按照现实的眼光，女孩子要嫁人，首先应该嫁唐总，他是领导，嫁给他以后就是领导夫人，房子、车子、票子啥都有，选择比努力更重要。谁知道网上有女性讲：唐总这个人虽然是领导，事业有成，但是这个人一心扑在工作上，没有七情六欲，嫁给他以后，打情骂俏都进行不起来，当花瓶没意思，不愿意当。

唐总不嫁，那应该嫁谁？英雄？孙悟空是最大的英雄，能力那么强，多阳刚，嫁给他以后，就是英雄配美人，绝配。谁知道网上有女性也讲了：孙悟空也不能嫁。为什么孙悟空不能嫁？说孙悟空这个人，大男子主义太强，自以为是，眼睛里面只有他自己，不懂得怜香惜玉，嫁给他以后，只有伺候他的份儿，不要指望他陪你逛一次街，而且这个人还有家庭暴力倾向，所以孙悟空这个英雄不安全，不能嫁。

唐僧不嫁，孙悟空不嫁，那你想过小女人的幸福生活，那嫁给沙和尚最好，嫁给沙和尚以后，洗尿布永远不是问题，永远不用担心沙和尚去拈花惹草。谁知道网上有女性又讲了：沙和尚这个人老实本分，但是不行，不时尚，跟不上潮流、跟不上时代，这个人他连2月14日是什么日子都不知道，嫁给他不郁闷吗？

选来选去，这三个人都淘汰，留下来的只有一个猪八戒，这猪八戒有什么好？网上有女性讲：猪八戒最起码会哄人、会疼人，跟他在一起他就会哄我，想吃西餐他就陪我吃西餐、想逛街他就陪我逛街，虽然这个家伙看到别的女人两条腿就走不动，但最起码他跟我在一起的时候，他会以我为中心，不求天长地久，但求曾经拥有。所以，猪八戒应该是比较合适的人选。

(5)猪八戒到底有什么好

第一，猪八戒这个人，能力是有的，比如井底下背死人这样的事情，孙悟空不愿意干，沙和尚又干不了，猪八戒干了，这说明对工作有贡献。

第二，猪八戒这个人很聪明，和人打架，打得过就打，打不过就跑，所以通风报信的往往是他，让损失降到最低。

第三，猪八戒这个人团队精神很强，在团队里面免不了会出现大家互相指责、互相推卸责任的事情，大家找不到谁来承担责任的时候，就一起把责任推给猪八戒，猪八戒他脸皮厚，他好像没听见一样，这消化了多少内部矛盾。

第四点，猪八戒这个人还是比较懂规矩的，从来不敢当面顶撞领导，最多是背后发发牢骚，被领导听见了，眼睛一瞪，他马上吓得屁滚尿流，赶快过来拍拍领导的马屁，作为领导哪个不喜欢。

综上以上四点，猪八戒才是理想的人选。

听到领导这番言论以后，作为中层干部的你，是什么感受呢？原来你还一直以为能力强、贡献大，就可以得到领导的赏识，谁知道领导居然在背后发表这么多的真实想法。

作为孙悟空，恐怕就要好好地反省自己了，也要想一想自己哪些地方做得还不够。能力强不是你的错，贡献大不是你的错，但是肯定在某些地方你有错，导致你的领导会产生这样的想法。

(6)孙悟空的出路

高调做事、低调做人，能力强、贡献大都是你的长处，但是你不要太张扬，不要太逞个性，要低调、谦虚、内敛，这样领导可能对你的评价就不一样。

①反省自己的行为。假如你不反省、不修正自己的行为，把前面的故事继续进行下去，你别指望自己能得到提拔，上来的人不出意外肯定是猪八戒；沙和尚没有什么好说的，因为别人的能力比他强。问题是孙悟空能不能咽得下这口气？谈能力，十个猪八戒也不是他的对手；谈

贡献,西天取经,孙悟空打了多少妖怪,猪八戒才打几个妖怪;论资格,孙悟空到这个团队来的时候,猪八戒还在高老庄和女人在一起鬼混。从哪个角度上来讲,孙悟空都咽不下这一口气,那只有离开。

②回花果山开公司。孙悟空离开以后,有没有人愿意请孙悟空去做总经理?可能会有,但是如果有的话,一定是那个老板有紧箍咒。如果没有紧箍咒,请孙悟空来做总经理,那是非常危险的,在他眼里面没有啥规矩的,啥事情都干得出来。

孙悟空最大的出路是回花果山自己开公司,这倒是很符合他的个性,孙悟空自己开公司肯定能挣钱,他能力强。但是孙悟空的公司不可能做成大公司,因为孙悟空的个性太张扬,不可能聚合很多英雄好汉到他这个平台上来。

③再反省。假设孙悟空的公司干了一年,赚了不少钱,买了一辆车——广州本田。有一天,他开着广州本田在城市的主干道上,心里很愉快地想,俺老孙也不受气了,自己开公司多好,有车开,公司做得不错。忽然主干道对面驶来一辆宝马车,就在这两辆车交汇的一瞬间,两个驾驶员互相对看了一眼,孙悟空美好的心情立刻化为乌有,因为对面那豪华车里的是猪八戒。猪八戒继承的是集团,所以他有资格开豪华车。孙悟空回到家里还是郁闷,但郁闷归郁闷,还得反省。

(7)孙悟空们该吸取什么教训

在单位里面,论能力,你出类拔萃;论资格,你无可争议;论贡献,大家有目共睹,啥都很强,但是要在孙悟空身上吸取教训,要高调做事、低调做人。“打妖怪”这些事情你直接去干,然后注意沟通方式,跟领导在一起,说话就要委婉、和气一点,不要像个机关枪,多请示、多汇报。

你一看是白骨精,在打之前,最好写一个报告给唐总。唐总说打,你就一棍子下去。你也不请示,就一棍子下去,猪八戒在旁边看到了,肯定有话讲:这个猴头又闯祸了,把人家老太婆打死了。猪八戒跑到领导那儿去一讲,孙悟空有嘴也讲不清。与猪八戒、沙和尚也要搞好关系,经常和猪八戒去洗洗桑拿,和沙和尚去打打麻将。唐总到了60岁,光荣退休,你孙悟空不做总经理谁做?

5.3.4 克己:让于名利,无欲则刚

1. 不要过多地争名夺利

中层干部在一起,免不了有一些利益上的纷争。最好是退一步海阔天空,今天你努力了,但是没有得到应有的结果,后面可能还有一个更大的机会在等着你。去争抢名利,为了一点蝇头小利打得头破血流,导致同事关系紧张,这也不利于个人的职场发展。

【小案例】

浙江横店集团是一家很大的企业,很多人在那里拍片子。其实,横店集团不仅仅是一个影视基地,也是一个很大的集团,销售额做到了几百亿元。他们的老板叫徐文荣,文化程度并不高,他在给他的中高层管理人员进行培训的时候,培训方式非常独特,很有意思。徐老板有一次突发奇想,给中高层管理人员做培训,他把所有的中高层管理人员用几辆大巴车拉到两个地点,进行现场培训,也没有讲师,他自己讲。一个地方是殡仪馆,殡仪馆很多人去过,一个烟囱在上面直指蓝天,一缕青烟直往上,他想让所有的管理人员看明白:你现在争,现在抢,即使有太多的名,有太多的利,到最后无一例外地都化为一缕青烟,这是第一个场地。

这些人离开殡仪馆后,又被拉到另外一个地方:监狱。在监狱重点看那些曾经位居高

位的、有很多钱的劳改犯，他们在那里劳动。言下之意很明白，不该拿的东西、不该想的东西，不要去拿、去想。

徐文荣非常有智慧，他几乎把我们在职场里该说的东西都表达出来了。你现在去抢名、抢利，为那一点奖金、为那一点物质上的东西，搞到最后不就是一缕青烟吗？有些东西你不该想的，不应该拿的东西，你去瞎想、瞎拿，拿到最后免不了要到那个劳改农场去干活。

因此，一个有素养的职业经理人，要放眼未来，有的时候吃小亏是福，自己受一点委屈很重要，这也是中层干部、职业经理人的一个很重要的特质。人有的时候要学会受点委屈，不受委屈的话，你的职业生涯发展是有难度的。

曾经有一个记者采访柳传志以后，得出一个结论，说柳传志这个人很厉害，他的心中隐藏了很多别人不知道的秘密。柳传志当初创办联想，从艰苦创业的小公司，慢慢做大。在这个过程当中，肯定受了很多的委屈，比如，他的营业执照在办下来的过程中肯定受过委屈，但是柳传志从来不讲。还有涉及国家的政策法规，他也不讲。他面临着很大的压力，他还得去调节斡旋，与有关方面不断地争取政策，所有的这些委屈，柳传志几乎不说。

凡是有名望的成功的企业家，不管是柳传志也好，张瑞敏也好，他们对外界只讲阳光的一面，只讲光明的、健康的东西，负面的东西，自己受过的委屈、痛苦，很少对外人讲，这才是职业经理人学习的榜样。我们有的时候吃了一点亏，受了一点委屈，不要一跳八丈高，应该大度能容天下之事。

2. 勤奋做事，简单做人

其实，这个概念是唐骏提出来的，他是中国目前的打工皇帝、最有价值的职业经理人。他的观念就是八个字——勤奋做事、简单做人，即做事情勤奋一点，做人相对简单低调。

【小案例】

唐骏作为职业经理人，跳槽到盛大去，盛大也是个家族企业，陈天桥是老板，但是陈天桥的弟弟也在公司里、陈天桥的夫人也在公司里、陈天桥夫人的姐姐也在公司里，而且这些人往往占据着公司的重要职位。他到这样一个家族企业里面，与老板沟通没问题，但是怎么面对老板的这些家属呢？怎么面对那些老功臣、老部下呢？

他的答案是：勤奋做事、简单做人。做事情往高处做，好好做，一定要做好，为人低调一点，不要去打听。他说他从来不去打听这个财务跟老板是什么关系，那个看门的好像也是老板家族的人。如果这样去打听，事情就变得非常复杂，就把自己搞进去了。他说他不打听，就以自己为圆心，跟公司里的每一个人都保持同等距离。既然是同等距离，就相对比较简单，比较简单就有利于把事情做好，就不会留下太多的漏洞。

甚至，他自己都不跟陈天桥交朋友。他刚到盛大去上班的时候，陈天桥跟他讲："唐总，我们今天是不是到我家里面来打打牌，到我家里面来，我们来做个什么活动？"唐骏说："我今天晚上已经有安排了，要接我的女儿。""我明天晚上要到酒吧去吹萨克斯管。""后天我要去打篮球。"反正活动都安排好了，工作之余不再和老板、公司的其他一些人发生太多的交往，这就是他的圆心理论。

这话还是值得研究的，有的时候在职场里面，搞得自己很被动，就是因为自己和谁太近，近到把自己所有的毛病、所有的弱点、软肋都暴露无遗。在这个时候，谈事情已经不是非常重要了，谈到事情就会牵扯到人，牵扯到人的时候，他就会对你这个人产生想法。职场里面的工作关系应该是和谐的、平平淡淡的,相对来说比较单纯的。

5.3.5 助人:予人玫瑰,手有余香

1. 予人方便就是给自己方便

“予人玫瑰,手有余香”,能帮人的地方要帮人,不要袖手旁观。企业是各个部门的联合运作,你今天帮了别人的忙,明天也会有人来帮你的忙,这就是一种合作关系。你今天不帮人家,对人家冷言冷语,给人家脸色看,那明天谁来帮你。

2. 如何进行跨部门沟通

【小案例】

某企业部门经理的工作不是一般基础业务的管理,而是“品质改善方面的促进”。所谓促进,就是真正从事改善活动的人属于各业务部门,该部门只是对所有部门此方面的工作进行推进、管理。也就是说,该部门管理所有人,在职责上不属于该部门经理直接管辖(都有其各自的部门领导),该经理直接接受总经理领导。其面临的问题是:

第一,虽然领导大力支持该部门经理的工作,但在各部门的所有业务中实际所占份额只有2%~3%;

第二,各部门领导包括所属员工,从来以基本业务为主,不关心甚至反感改善活动,而该经理对这些员工没有直接管辖权;

第三,总经理虽然总是强调其工作的重要性,但只对该经理进行考核,其他人完不成指标没有任何惩罚措施,这会导致该经理的考核评价降低。曾经有一位同事直接对该经理说:“反正我们不交报告,最后挨批评的是你而不是我们。”

该部门经理该怎么办?应如何推进自己的工作?

既然“在所有业务中所占份额只有2%~3%”,那么就要看“2%~3%”的排序权重,如果还有更多、更重要的任务,那么其他管理者看轻2%~3%,不是错。

“以基本业务为主”没错。“不关心甚至反感”可能是由于该经理讲得空洞而无法引起其他管理者的兴趣,是该经理的错。

总经理不对下属管理者考核这一工作,是该经理就此项工作的重要度与总经理沟通不力,还是该经理的错。

其他管理者对该经理说:“反正我们不交报告,最后挨批评的是你而不是我们。”这更是该经理与其他管理者沟通的失败、人际关系的失败。

在工作当中,经常会出现跨部门沟通的时候,很多单位有品质改善部。品质改善部的经理或者项目组的组长,通常希望其他部门都来配合他做事情,因为它是一条线下去,可能这个品质改善部所做的事情是贯彻到公司所有部门的,或者说这个项目组需要其他部门经理来配合。但是,这个部门经理也没有权力去指挥其他部门,因为其他部门经理与他是平级的,其他部门的员工也不归他管,他也没有考核权,也没有什么强制权。然而,他希望把事情做好,这时候就看其他部门配合不配合。

有的品质改善部的经理就跑过来跟老板发牢骚:“你让我做这个品质改善部经理,不给我权,也不给我钱,考核也没有,就让我去动动嘴皮子,人家部门根本就不买账,人家对于我这一块的工作内容根本就不欢迎,而且又不能考核他们,只考核我,这个事情太不公平了。”其实,这个问题很现实,就是一个跨部门沟通的问题,在对方不受你管辖,你没有任何资源可以来对其

进行制约的时候，你就要采用一些方式。

（1）首先调整好心态

你要明白你不是以指挥者的身份出现，而应该以服务者的身份出现。很多人习惯上以指挥者的身份出现。“张经理，刚才总经理跟我说了，这个事情必须要你们两天之内完成。”你这句话什么意思，张经理一听，他心里就产生一种反感。不如这样说：“张经理，总经理希望我们这个部门这两天内完成这个事情，我不知道有什么难度，你看需要有什么事情需要我来做的，你看看能不能跟我讲一下。”身份就完全发生了变化，对方对你的反感可能就没有了。

（2）想一想对方忙不忙

每个部门都有自己独立的业务工作，不可能你一去，他的部门所有的工作都停下来，就听你的、配合你。所以你要搞清楚对方忙不忙，你去的时机好不好，这也是要研究的。时机掌握不好，很容易吃闭门羹；时机掌握好，效果就比较明显。

（3）平时你是否乐于助人

过去你曾经帮过他没有？如果你过去没有帮他，这个事情就比较困难。跨部门沟通，这是一个职业经理人绕不过去的问题，你如果能够把跨部门沟通做得很好，下面要提拔副总的话，你肯定是一个非常有力的竞争人选，因为你已经学会了在没有强制性、没有硬权力的情况下，用自己的软影响力，把事情做好，说明你的沟通能力、管理能力、协调能力，各方面都已经上了一个台阶，做副总就比较有资格。

3. 人生就是一种合作

其实，人生就是合作，人一生下来，在生活当中有合作，上学的时候要与老师合作，如果与老师对着干，对老师不买账，可能你赢了，但是老师不会帮你提前毕业。工作以后有很多朋友，朋友之间也是一种合作关系。你成家了，有爱人，也是一种合作关系，千万不能去斗，你的老婆有其他观点，你与她斗，到最后你赢了，但是你的爱人可能会成为别人的爱人。所以，讲合作关系很重要。在企业里面，职业经理人更是一种合作，与领导合作，领导会给你机会，给你平台；与你的同僚合作，同僚给你支持、给你配合；与你的下属合作，下属给你尊重、给你理解。

5.4 跨部门的有效沟通

如何进行有效的跨部门沟通？总结以下几个重要的关键点。

5.4.1 换位思考

当你的同事不满意你的做法，不配合你的工作时，你应该检讨，从这样的角度去思考问题——如果不是我看错，也一定是因为我的错才造成他的错。先检讨自己，站在对方的角度去看问题。其实，换位思考是日常生活常识。

【小提示】

用东方文化的方式，这叫“设身处地”。意思是把自己放在对方的处境上来多替别人想想，这种与人为善的态度是对的，但也要注意原则和是非。

对于一个部门经理来说，换位思考也即应该多了解其他部门的业务运作情况，多从其他部门的角度考虑问题，要理解其他部门的难处，这样才能沟通无极限。那么，企业能为员工的换位思考做些什么？首先是可以制定一些制度，为员工创造一些条件跨部门沟通，也可以成立跨部门的项目小组进行工作。不过，最常做的也是最有效的一招就是实行岗位轮换或者互相兼职！这既可以让员工学习到多种知识，很好地规划他们的职业生涯，也可以让各部门的员工站在更高的职位角度来思考问题。

5.4.2 注意会议沟通

部门间需要沟通的较为敏感的问题，最好能在会议前私下沟通解决，迫不得已需要在会议上讨论的，也应该先通气。此外，在会议上的沟通，“沉默未必是金”。

【小提示】

这在逻辑学上叫悖论，“对沉默应该一分为二辩证地看”，一句话就说明白了。需要沉默的时候，它就是金；不需要的时候，该说多少就说多少。要真是沉默全是金的话，那人类还要语言干什么？

总之，很多时候一个人能否成功，除了知识、技术和经验外，还取决于人际关系。尤其是部门主管，沟通能力所占的比例要大于业务能力。管理就是沟通，沟通能力强的人更善于管理。

5.4.3 提高沟通能力

曾经有一位咨询师被某企业请去做咨询，他闭着眼睛转了一圈，然后对老总说：你们这里的问题就是沟通不畅。老总对此心悦诚服：您说得太对了。这当然只是个笑话，但也说明沟通对一个企业和组织的重要性。

目前，大多数企业的中高层主管最缺乏的是沟通能力。合格的部门主管，沟通能力应占到80%，而其他能力只占20%。在沟通方面，在比较规范和成熟的外资企业，沟通就不是什么大问题，按照规范和程序，95%的沟通问题能得到解决，剩下5%的沟通问题可以通过其他方式解决。但从了解的中国企业情况来看，60%的问题能通过程序解决就相当不错了。除了企业发展程度的原因，还有一个原因是，中国人讲人情、讲感情。你和我关系好，那就万事OK，对与错不是问题，关系不好，对不起，一百个正确我也要反对。

【小提示1】

企业中高层，尤其是部门经理对沟通抱有正确的观念和心态。比如说，部门主管要在平时稍稍花一点时间和精力，多联络感情，到了有矛盾的时候就会有利于解决。又比如，要学会充分地表达自己。在一个企业里面，老总一开始就与每个员工打招呼：“我有时候脾气会很暴躁，还请各位不要介意。”果然，有几次这位老总大发脾气，但事后也没有什么不良后果，这可以看出充分表达自己的好处。

有些企业每季度每个部门都要在一起聚餐。中国人在饭桌上好说话。有的企业的规矩是，老板请部门经理，部门经理请主管，主管请员工。总之，上级请下级，效果不错。

【小提示2】

实际上，吃什么、怎么吃是次要的，通过吃要达到何种沟通的效果才是最终目的；吃的时候很少铺张浪费，意在沟通友谊友情；正是"吃翁之意不在吃"，在于沟通和友谊。这是在一种深层的管理理念和思想的无形制约指导下形成的优秀人际关系。冰冻三尺非一日之寒。那可是一种内涵极深的传统和文化！

在这里，不能不讲究内容地光谈吃喝，要知道吃的时候谈话内容不同，其效果也差异较大。如果没有前提地吃下去，吃成酒肉朋友就适得其反了。

5.4.4　用好沟通方式

企业内部的调查表明，超过70%的沟通方式是电子邮件方式，25%是电话沟通方式，5%～10%是面对面的方式。电子邮件的沟通方式是有缺陷的，大多数人并不认识对方，也不知道对方是男是女，而且当对方没有及时回复电子邮件或者因故未接电话，容易造成误会。

遇到对方不想沟通怎么办？一个好办法是，通过做事来带动沟通，一笔业务必须经过三个部门的协作，把这事做好，自然也就达到了沟通的目的。

【小提示】

这个办法有时会过于简单，他不想沟通你让他做再多的事也无济于事。在制度上建立制约机制，再加上平时对内部人际关系的有效协调配置，人力资源方面对各部门员工个人集体的情商、心理辅导，这三者需要有机结合。这是一个错综复杂的系统管理工程，不是一句话、一个措施就能解决的。

本章小结

在企业经营管理中，一个业务流程或一个项目往往会由各个不同的部门来共同完成组成，但涉及跨部门的经常碰到因工作流程不合理或不畅通，使工作无法开展，或频频出现问题，事倍功半。因此，要解决部门冲突带来的掣肘时，必须提高管理者的全局意识与团队协作能力，掌握跨部门团队沟通协作的实用技巧，提高企业内部执行力。

【测试题】

1. 跨部门协作的主要障碍有哪些？
2. 解决跨部门协作难题的具体方案有哪些？
3. 如何进行有效的跨部门沟通？

第 6 章

如何调动下属的工作热情

人是企业中最重要的资源。科学地调动下属的工作热情，最大限度地使用这种具有创造性的资源，将下属的巨大积极性和创造性调动起来，可以为企业创造财富，促进企业的良好发展。每个领导都希望自己手下都是“既愿意干活又能干活”的人，但现实中如何才能调动下属的工作热情，让其动力十足地工作，是摆在企业各级管理者面前的重要课题。

学习目标

1. 了解什么是激励；
2. 掌握激励的几种理论；
3. 掌握调动员工积极性的方法；
4. 掌握中层管理者激励下属的方法。

案例导入

一提到激励的好处，企业界老总们几乎无不兴致盎然，创立玫琳凯化妆品公司的著名企业家玫琳凯·阿什认为：“一个能激起热情的平凡主张比一个不能激起热情的非凡高见好得多，因此经理必须能激起部下的热情。要实现这一目标，经理本人必须首先要有热情。”

曾任卡内基钢铁公司董事长的查尔斯·施瓦普则这样说：“我很幸运地具有一种唤起人们热忱的能力，这是我仅有的长处。要使人们始终处于施展才干的最佳状态，唯一有效的办法就是表扬和鼓励。没有比受到上司批评更扼杀人们的积极性的了。我很少批评人，喜欢激励人自觉地去发挥他的作用。嘉许下属时我从不吝啬，而批评责备时却很少打击下属。只要我认为某些人出类拔萃，就会由衷地给予称赞，并且不惜奉出所有的赞词。”

【问题引出】

1. 每个领导都希望自己手下都是“既愿意干活又能干活”的人，为了让员工首先愿意干活，就经常向人们宣扬要努力工作。但是，人为什么一定要努力呢？

2.如何才能调动下属的工作热情，让其动力十足地工作呢？人的行为是如何产生的呢？

3.“表扬和鼓励”的确是调动人积极性的好办法，它是唯一有效的办法吗？“很少批评人”一定是对的吗？

4. 激励员工有哪些理论可学、哪些方法可用、哪些经验可以借鉴呢？

6.1　认识人的行为过程

人的行为过程如图 6－1 所示，它是一个较为复杂的连锁过程。

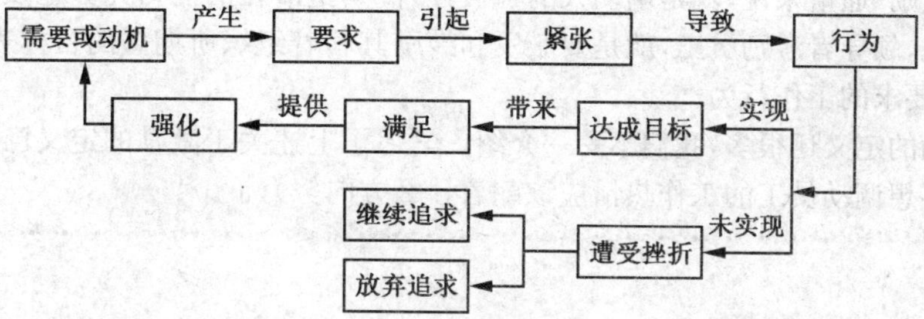

图 6－1　人的行为过程

从图 6－1 可以看出：首先，人的行为是从需要或动机开始的，要注意的是“需要”并不是单纯的，很多时候是受环境影响的。这一点很重要，你可以在工作中有效地利用这一点。

其次，人的一个需要满足了，可能会引起满足更多需要的愿望。当一个人达成了所追求的目标，其对成就的需要会更强烈，但是，一个人也可能因受挫折而倍感消沉。

再次，人的需要或动机不仅复杂，有时还相互矛盾，这一点很正常。

最后，人们可以通过各种方式来满足自身的需要。

管理者要正确地发挥领导的激励作用，必须：①分析需要的类型和特点；②研究需要是如何影响人们的行为以及影响程度是如何决定的；③探索如何正确地评价人们的行为结果，并据此予以公正报酬，以使人们保持积极、合理的行为，或改正消极、不合理的行为。当然，这一切的最终目的是要使个人目标与组织目标相统一。

【小思考】

经过上述分析，你对人的行为过程有了一定的了解，从中得到什么启发呢？你在以往的工作过程中有哪些管理理念和管理措施需要修正呢？你是否想进一步了解人的“需要”，从而学会如何去激励，最大限度地调动下属的工作热情？

6.2　认识什么是激励

哈佛大学威廉·詹姆士研究表明：在没有激励措施下，下属一般仅能发挥工作能力的 20％～30％，而当他受到激励后，其工作能力可以提升到 80％～90％，所发挥的作用相当于激励前的几倍。

有人说：激励是满足人的需要、激发人的动机的一个心理过程。很多领导者看到这个关于激励的概念就会说，知道员工需要涨工资、需要提拔，可是我没有这个权力，企业也不是总有这个能力，如何去激励呢。由此看来，这样对激励进行定义是有问题的，因为确实看到有人有钱有权也未必可以真正激励员工，而有人无钱无权也可以调动员工的积极性。那到底什么是激励呢？

“激励是为了特定目的而去影响人们内在需要和动机，从而强化、引导或改变人们行为的反复过程。”你认同这个定义吗？人的需要和动机有很多种，是可以影响、变化的，可以转化到与企业和组织目标相吻合的需求上来，这就要看领导者的影响力了，也就是要看领导的激励能力了。

所以，“激励”通俗来说，就是调动人的积极性，使其把潜在的能力充分地发挥出来。从组织的角度来说，领导者激励员工，就是要激发和鼓励其朝着组织所期望的目标表现出积极性、主动性、符合要求的工作行为。

关于激励的定义还很多，我们不一一介绍。学习了上述关于激励的定义已经让我们知道一个领导者要想调动员工的工作热情应该朝着什么方向努力了。

【小知识】

致力于人的心理和行为学研究的科学家发现，人之所以会产生某种特定的行为是由其动机决定的。一个人愿不愿意从事某项工作、工作的积极性是高还是低、干劲是大还是小，完全取决于他是否具有进行这项工作的动机及动机的强弱。动机是驱使人产生某种内在行为的力量。根据心理学的研究，动机是由人的内在需要引起的。人之所以愿意做某事，是因为做这件事情本身能满足其个人的某种需要。

所谓需要，就是使某种结果变得有吸引力的一种心理状态，是指人们对某种目标的渴求。正是这种欲望驱使人去采取某种行为或行动。而人之所以会有某种需要，是因为人自身的某些需要没有得到满足。当一个人要求满足这些未满足的需要时，就会努力追求他所要的东西。

研究人的行为及对人的行为的激励，必须首先了解人的需要和动机。在人的需要产生动机、动机产生行为的过程中，并不是在任何情况下有需要就一定能引发行为的动机。相反，只有当人的需要达到一定强度的时候，动机才会产生。当人的需要还处于萌芽状态时，它以不明显的、模糊的形式反映在人的意识之中。这时的需要只是一种意向；当需要不断增强，人比较明确地知道是什么造成其内心不安并意识到可通过什么手段来满足时，意向转化为意愿；当人的心理转化为意愿阶段后，在一定的外界条件刺激下就可能形成为满足这种需要而行动的动机。也就是说，行为动机的形成有两个条件：一是人的内在需要和愿望；二是外部提供诱因和刺激。

6.3 学习激励理论

激励理论是我们进行激励活动的基础，只有把握好激励理论，才会有高绩效的实践。接下来，我们主要学习以下激励理论：需要层次理论、双因素理论、成就需要理论、期望理论、公平理论和强化理论。

6.3.1 需要层次理论

美国心理学家亚伯拉罕·马斯洛提出的需要层次理论是人们引用较多的经典理论。他认为，人类的需要可分为 5 种：生理需要、安全需要、社交需要、尊重需要、自我实现需要。如图 6－2所示。

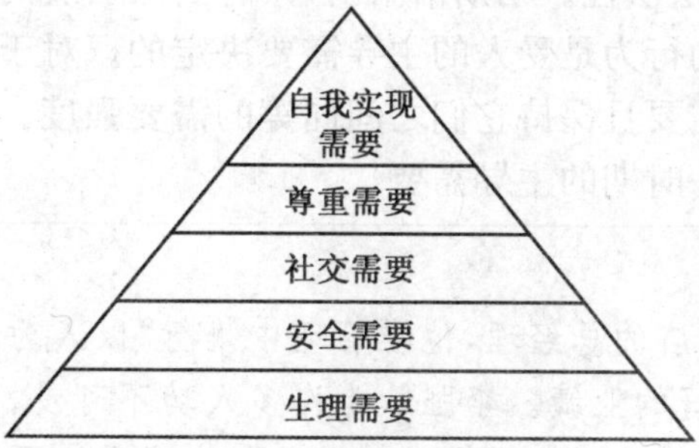

图 6－2　人类的 5 种需要

1. 生理需要

它包括衣、食、住、行、性以及其他方面的需要，这是人类的最基本需要，也是最原始的需要。马斯洛认为人类的这些需要如果不能满足，就谈不上其他需要，在经济不发达的社会，必须首先满足这方面的需要。

2. 安全需要

它是人们保护自己免受身体和情感伤害的需要。它又可以分两种：一是现在的安全需要，二是对未来的安全需要。对现在的安全需要就是要求自己现在生活的各方面均能有所保证，如就业安全、劳动安全、人身安全等；对未来的安全需要是期望未来的生活有所保障，如工作保障（不会失业）、养老保险、医疗保险等，甚至还包括像申诉制度（万一遇到不公正待遇时能申诉）等更广泛的需要。

3. 社交需要

它是人在友谊、爱情、归属、接纳方面的需要。马斯洛认为人是一种社会性动物，人们的生活和工作都不是孤立进行的，而是在与其他社会成员发生一定关系中进行的。因此，在工作中，人们也希望在一种被接纳的情况下进行，人们希望受到别人的注意、关心、友爱、同情等，希望在情感上有归属，归属于某一群体或某一组织，不希望成为离群的个体。社交需要比生理需要和安全需要来得细致，需要的程度也因每个人的性格、经历、受教育程度不同而异。

4. 尊重需要

它包括自尊和别人的尊重，成就得到承认，以及对个人荣誉、地位的需要等。自尊和受人尊重，这两者是联系在一起的。要得到别人的尊重，首先自己要有被别人尊重的条件，自己要先有自尊心，对工作能力有信心、对知识掌握有决心、做事要有能力等。自尊心是驱使人们奋发向上的动力。受别人尊重不同于让别人服从，是因为自己的能力、知识、行为等得到承认或认可。

5. 自我实现需要

它是人在自我成长与发展、发挥自身潜能、取得成就和实现理想抱负方面的需要，也就是事业心和成就欲。在工作上表现为，人不愿意在被动或受控的情况下工作；人有独立、主动的愿望，有意愿去研究、分析、改进和完善工作；并且，愿意挑战一定的难度。工作的乐趣在于成功，成功的喜悦是无与伦比的。

马斯洛把生理需要和安全需要称为低层次需要，而把社交需要、尊重需要以及自我实现需要称为高层次需要。马斯洛还认为：人的行为受到人的需要的影响和驱动，但只有尚未满足的需要才能够影响人的行为，已满足的需要起不到激励作用。人的需要由于重要程度和发展顺序的不同，可以形成一定的层次性。马斯洛指出，只有当低层次的需要得到满足后，才会产生更高一个层次的需要。人的行为是受人的主导需要决定的。对于具体的人来说，并不是任何条件下都同时具有这5种需要且保持它们之间同等的需要强度。这样，对人的行为方向起决定作用的就是这个人在这一时期的主导需要。

【小案例】

李强是广州一家大酒店的总经理，他在管理中推行“以人为本”，尊重每一个员工。一年下来，酒店取得了非常好的业绩。李强认为许多人功不可没，而他连那些清洁工们也没有忘记。他决定为这些清洁工开一个Party，让他们也享受一下酒店的精美自助餐和豪华卡拉OK厅。那天晚会结束时，他走在这些清洁工的后面，无意中他听到了这些清洁工们的一些对话。……今天晚上我们是挺享受的，可这要花多少钱呢？“是啊！真浪费！花这么多钱不如把这些钱发给我们呢，没准够我们每个人半个月的菜钱……”李强听了这些对话，心里很不是滋味，为什么花了钱并没有收到应有的效果呢？你认为问题出在哪呢？

是的，针对员工不同的需求，应采取不同的激励因素，采取不同的管理对策，如表6－1所示。

表6－1　需要层次与管理对策

需要层次	激励因素	管理对策
生理需要	工资和奖金 各种福利 工作环境	工资和奖金制度；贷款制度；医疗保健；工作时间；创造健康的工作环境；住房与福利设施；等等
安全需要	职业保障 防止意外事故	雇用保证；退休养老金制度；意外保险制度；安全生产措施；危险工种的营养福利制度
社交需要	友谊（良好的人际关系） 团体的接纳 组织的认同	建立和谐的工作团队；建立协商和对话制度；互助金制度；团体活动计划；教育培训制度
尊重需要	名誉和地位 权利与责任	人事考核制度；职务职称晋升制度；表彰制度；责任制度；授权
自我实现需要	能发挥个人特长的环境 具有挑战性的工作	决策参与制度；提案制度；破格晋升制度；目标管理；建立公关团队提倡创造性工作

马斯洛的需要层次理论提出后得到了普遍的重视。该理论简单明了，易于理解，也符合人类动机形成的基本规律。

但是，需要层次理论也受到了很多的质疑，不少人对其进行了补充和修正。基本上认为：①对需要进行五个层次的划分过于机械；②需要并不一定遵循等级层次递增；③很多行为后果可能满足一种以上的需要；④一个人的个人观感对个人的需要和动机有重要影响，有人满足低层次需要后并不一定对高层次需要有所渴求；⑤五个层次的需要都是“本我”的需要，人还有“超我”的需要，为信仰、国家、民族等奉献或献身的需要层次；等等。无论如何，需要层次理论是值得学习与参照的理论。

【小练习】

对于中国的员工而言，以上五种需要的重要性排序，你认为会是怎样的？会与马斯洛的观点一致吗？按重要性的程度由低到高以序号1～5来表示，将其重要性序号填入各种需求前的括号中。

(　　)生理需要

(　　)安全需要

(　　)归属需要

(　　)尊重需要

(　　)自我实现需要

【小思考】

需要层次理论对你激励员工有什么帮助吗？你准备具体如何运用这一理论呢？如果你的员工最迫切的是生理需要，而企业一时又很难通过提高薪酬来调动员工的积极性，你准备如何去做呢？可否通过影响人们内在需要和动机来实现个人目标与组织目标相统一呢？

6.3.2　双因素理论

双因素理论是美国心理学家赫茨伯格所提出的。赫茨伯格经过对2 000多名工程师和会计师的访谈调查发现，引起人们不满意的因素往往是一些工作的外在因素，大多数与他们的工作条件和环境有关；能给人们带来满意的因素通常是工作内在的，是由工作本身所决定的。

赫茨伯格提出，影响人们行为的因素主要有两类：保健因素和激励因素。

1. 保健因素

所谓保健因素，是指那些与人们不满情绪有关的因素。保健因素处理得不好会引发人们不满情绪的产生，处理得好可以消除这种不满。保健因素只能起到维持的作用，不能起到激励作用。所以，保健因素又称为“维持因素”，只是为了消除不满，达到没有不满意。赫茨伯格认为，保健因素主要有以下内容：①企业或组织的政策及行政管理；②员工与管理者的关系、地位；③工作环境和条件、劳动保护、安全；④工资水平、个人生活；⑤工作中的人际关系。

【小案例】

一家民营企业的老板最近有个问题一直困扰着他。他为了调动员工的积极性，在薪酬上很舍得投入，员工收入高于行业平均水平，位于同行的前列。但他最近发现员工并没有因为高工资而在工作上投入极大的热情，也没有因为年终的“大红包”而受到应有的激励，这个老板在想到底是哪里出了问题，既然高工资不起作用，我又何苦付出这么多，干脆把薪酬水平降下来，还可降低成本、提高效益。

你认为他的想法对吗？你觉得他应该怎么办呢？

2. 激励因素

所谓激励因素，是指与人们满意情绪有关的因素。与激励因素有关的工作处理得当，能够使人产生满意情绪，如果处理不当，其不利效果顶多只是没有满意情绪，而不会导致不满。赫茨伯格认为，激励因素主要有以下内容：①工作表现的机会和工作带来的愉快；②工作上的成就感；③由于良好的工作成绩而得到奖励；④对未来发展的期望；⑤职务上的责任感。

双因素理论对我们的启示是调动和维持员工的积极性：一方面，注意保健因素，做好与之相关的工作，以防止产生不满情绪；另一方面，利用激励因素去激发员工的工作热情，努力工作。

【小案例】

海尔公司在组织内部公共关系的实践中，不仅坚持严格管理，用物质利益激发员工行为，还倡导员工自主管理，在精神激励上下功夫。海尔公司有一名女工叫高云燕，是总装车间的一名普通操作工。她看到放置门体的工作台影响操作时的观察，影响了加工的质量和效率，便琢磨利用折射原理，在钻眼机前放面镜子，一试，效果绝佳。公司立即支持其立起一面1平方米的镜子，还为镜子命名为“云燕镜子”。这一举措不但激励了高云燕，还激励了全体员工主人翁的创造精神。集团总裁张瑞敏说：“我们追求的是全员自主管理，追求一种自觉状态。”

双因素理论虽然被广大管理者所接受，但也受到一些批评，主要有以下几点：①调查取样的数量和对象缺乏代表性。②赫茨伯格在调查时，问卷的方法和题目有缺陷。人们的回答也带有很大的主观性。③赫茨伯格认为工作绩效与满意有必然联系，实际上，工作满意与否不一定与工作绩效有直接的联系。④将保健因素和激励因素截然分开是不妥的，两种因素有时很难界限分明。基本上将马斯洛需要层次理论中较低层次需要看成是保健因素，较高层次需要看成是激励因素，对于不发达地区来说往往显得适用性不足。

无论是如何评价双因素理论，该理论对管理人员的影响还是很大的，它使管理者认识到在工作场所激励的重要性。

【小思考】

虽然双因素理论有其局限，但我们总是会发现工作中确实存在未能将两种因素加以区别和有效运用的现象。没有金钱激励是不行的，但有了金钱激励也不是万能的。请想想哪些因素是成本很低但激励效果却很高的呢？

6.3.3 成就需要理论

美国心理学家戴维·麦克利兰认为，人类的许多需要不是生理性的，而是社会性的，而且人的社会性需要不是先天的，而是后天的，得自于环境、经历和培养教育等。很难从单个人的角度归纳出共同的、与生俱来的心理需要。时代不同、社会不同、文化背景不同，人的需要当然就不同。

麦克利兰归纳出三大类社会性需要：对成就的需要、对权力的需要、对社交的需要。

1. 对成就的需要

有高度成就需要的人有以下主要特征：

①有个人承担风险、解决问题、寻求答案的需要；

②需要挑战，趋向于寻求适度困难的目标——既有风险，但又是现实能达到的目标；

③需要具体的即时反馈；

④对工作热忱，执着于所从事的工作。

所谓成就激励，就是想按高标准行事，要在竞争的环境中取胜的愿望。麦克利兰发现，有高度成就需要的人是有强烈的事业心和成就欲的人，人们的事业心的强弱取决于个人的童年生活、个人和职业经历以及工作单位的性质。

2. 对权力的需要

对权力的需要主要是指对影响力的向往，或对个人与群体有影响的愿望。麦克利兰发现，具有高度权力欲的人对施加影响和控制他人表现出极大的关切。这类人有以下主要行为特征：

①寻求领导者的地位，要求取得、行使并保持权力，或影响他人；

②喜欢争辩，直率，健谈，头脑冷静并善于提出要求；

③乐于同他人竞争，使他人服从自己的支配，喜欢演讲，爱教训人。

3. 对社交的需要

社交需要是指希望与他人建立亲近和睦的关系的愿望。有高度社交需要的人其特征如下：

①寻求建立并保持和他人的友谊和亲密的感情关系；

②希望获得他人对自己的好感；

③乐于参加各种社会活动，以寻求知心朋友；

④乐于帮助和安慰危难中的伙伴。

实际上，人们在不同程度上都有以上三种动机，但各种需要的强弱程度则因人而异。麦克利兰认为，人的成就激励是可以通过教育逐步发展的，甚至对于身处不同文化环境的人也可同样传授。怎样可以增进个人的成就需要呢？麦克利兰提出了四个办法：

首先，以成功人士为楷模。有意识地宣传取得高成就的人的形象。如果周围的人都取得了成功，就会刺激起他也想取得成功的动机。

其次，有意识地安排一些成功的反馈。每过一定阶段，对已取得的成绩和进步加以肯定，对每次成功都给予一定的奖励。

再次，改变自我观感。通过增强人的自信，促使人们相信每个人通过努力都能取得成功，从而改变自身形象，成为一个有高度事业心和责任感的人。

最后，控制遐想。经常用正面的思想鼓励自己，当人处于紧张状态时，可采用不断和自己对话的方式来克服消极的意识。

麦克利兰还发现，权力对管理人员来说是最重要的。最为有效的管理者通常是那些有高度权力需要、适度成就需要和低度社交需要的人。

【小案例】

作为一家知名企业的销售人员，小李在刚来公司时，对自己的这份工作很感兴趣，凭借他的认真和努力，工作业绩在一步步地提升。一年后，小李对业务已经十分娴熟，各项工作都得心应手，收入也颇丰。然而，他却有了前所未有的疲倦感，工作对他来说已经没有了新鲜和刺激。另外，公司里还有许多比他更有资历的员工，小李觉得晋升的空间很小。于是，他想到了跳槽。

根据上面案例，如果你是小李的上司，你认为小李现在最主要的需求是什么？你打算怎么办？

6.3.4 期望理论

美国心理学家弗鲁姆提出的期望理论认为，人们在预期的行为（行动）会给个人带来既定的成果，且该成果对个人具有吸引力时，才会激励做某事以达到组织设定的目标。人们从事某项工作并达到组织目标，是因为他们相信这些工作和组织目标会帮助他们达到自己的目标，即满足个人某方面的需要。因此，在一项工作上人们受到激励的程度，取决于经其努力后取得的成果的价值（即效价）与他对实现目标的可能性的看法（期望值或期望率）的乘积。

用公式可表示：

激励力＝效价×期望值

其中，激励力是指一个人受激励的程度，效价是指个人主观做出的对某一预期成果或目标的吸引力（效用）的估价，期望值是指个人经主观认知估计出的，通过其努力达到预期成果或目标的概率。期望理论的激励模式如图 6－3 所示。

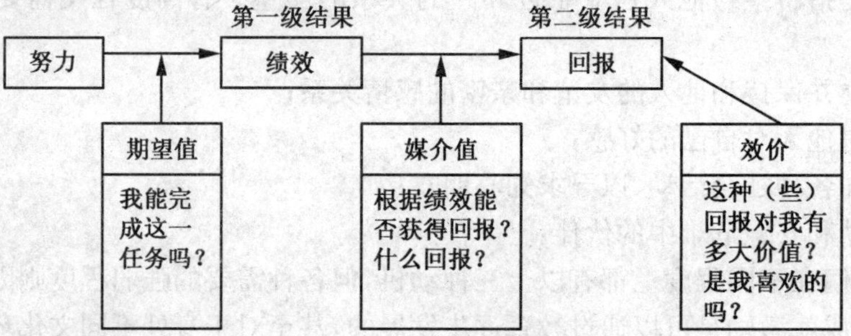

图 6—3　期望理论的激励模式

期望理论说明，促使人们去做某件事的激励力大小同时取决于效价和期望值这两个因素，且只有在效价和期望值都较高的情况下，员工的激励力才会高。因此，激励实质上是体现浓厚的个人色彩和认知判断的过程。

【小案例】

某企业为激励一线员工技术革新和技术改造的热情，提出谁能通过技术革新和技术改造为企业带来 100 万元的效益，企业将奖励谁一辆帕萨特。措施一出台，员工一片哗然。大家议论纷纷，有人说："那可能吗？如果我能创造 100 万元利润，我还在这儿呆吗？"还有人说："别说不可能，就是奖给我一辆车，我也养不起……"最终这一措施非但没起到激励作用，反而引起员工很强的反感。这个案例给你什么启发呢？

根据期望理论的观点，人们对期望的认知包括两个环节的主观判断因素：一个是个人对努力转化为工作绩效的可能性判断。这种对取得工作绩效的期望值会影响其行为的选择，因为任何人都不希望他的努力付诸东流，而是希望能取得一定的工作成果。另一个是个人对工作绩效转化为报酬的可能性的判断。这实际上是个人对其通过特定活动达到组织目标后，组织反过来给予个人报酬的可能性的主观认知判断。在个人心目中，如果组织目标的实现不能成为他实现个人目标的手段或工具，或者说，个人所认知的组织目标与其个人目标之间的关联性很弱，那么，他不会真正地受到激励或激发。

期望理论认为，个人从自身利益出发，通常倾向于选择那种他认为能够达到所效价的报酬结果的绩效和努力水平。个人无论是对组织所给予报酬的效价过低,或是认为组织不能按照绩效水平合理发放报酬,或是认为组织设定的绩效目标无论自己付出多大努力也难以达到,这些因素都会使个人受到激励程度的影响。

期望理论强调管理者要根据员工的能力合理地指派工作和设定目标,同时设计一个合适的工作环境和工作报酬制度,使员工对预期组织目标和个人目标的实现充满信心。

6.3.5 公平理论

【小案例】

某企业经过全体员工一年的辛勤努力,经营业绩大幅提高。公司老板为了激励大家明年再创佳绩,拿出一笔人均1万元的奖金来奖励大家,但每个人的奖金拉开了比较大的幅度。这笔奖金的额度在同行业、同地区中算是为数不多的,公司老板预想员工一定会非常开心并受到很大激励,这样一方面可以留住人才,另一方面可以激励员工的热情和干劲。然而,他没想到,当这笔奖金分下去的时候,他的办公室就未消停过。一个又一个的员工前来投诉,说自己在过去一年里付出多少努力,而拿到的钱却比谁少很多,这太不公平了。诸如此类的抱怨一个接一个,更有甚者以此为理由,打辞职报告。这位经理感到非常痛心,他拿出这么大一笔钱奖励员工,却几乎没听到多少满意的声音。他想按照"双因素理论"即使没有满意,也不该有这么多的不满意吧?请你想一想,问题到底出在哪里呢?

1. 公平理论的内容

公平理论作为工作激励理论是亚当斯正式提出的。公平理论描述了日常生活中常见的现象,即人们通常有一种要求受到公平对待的感觉。员工不仅把自己的努力与所得报酬作比较,而且还会把自己和其他人或群体做比较,并通过增减自己付出的努力或投入的代价,来取得他们所认为的公平与平衡。

亚当斯认为,人们通过寻求人与人之间的社会公平(即他们所拿到的报酬与其绩效是否相称合理)而被激励。这里所谓的公平是指人们相信对于他人的待遇,自己也受到了公正的对待。在评估中,参照对象起到了十分关键的作用。

根据公平理论,从工作中得到的结果包括薪酬、领导的赏识、晋升、人际关系的变化以及内在心理上的报酬。为了得到这些报酬,个人所付出的代价是对工作的投入,诸如贡献自己的时间、经验、努力、认识和负责精神等。

人们往往把自己的结果与投入之比与他人(参照对象)的情形相比较。

比较如下:

结果/投入(自己)=结果/投入(他人)

这一对比是非定量的和主观的,比率也是非精确的,但个人的态度却受到影响。在比较中有三种可能的情况:感到报酬相对公平、感到报酬相对低、感到报酬相对高。

(1)感到报酬相对公平时的反应

当人感到报酬公平,心态就容易平衡。有时尽管他人的结果超过了自己的结果,但只要对方的投入相应也大,就不会有太大的不满。

(2)感到报酬相对低时的反应

当人们感觉自己报酬相对低了,认为受到了不公平的对待,有可能采取以下措施来求得平衡:

①通过减少努力来降低投入；

②要求加薪来增加报酬；

③使他人改变产出的结果或投入；

④离开或调走；

⑤变换比较目标。

(3)感到报酬相对高时的反应

当感觉自己高于合理水平时，对多数人而言，不会有什么问题。但研究表明，在这种不公平下，有些人也会努力减少这种不公平，有可能采取的行为有：

①通过付出更多的努力来增加自己的投入；

②假如计件的话，员工会减少产量、增加质量；

③有意无意地曲解原先的比率；

④设法使他人减少投入或增加产出。

公平理论基于对人性的认识而推断，在许多情况下，个人会高估自己的投入和他人的收入，而过低地估计自己的收入与他人的投入，从而经常出现心理上的不公平感觉，导致员工对组织或管理人员不满。即使出现自我感觉高于合理的公平水平，在一段时间内个人可能会加倍工作，但一段时间后，便会心理上进行自我平衡。公平理论认为，只有在上述左右比率相等时，才会对员工的行为有激励力。

2. 对于按时间和产量付酬的员工，公平理论的应用

对于按时间和产量付酬的员工，公平理论有以下几个方面的解析和判断：

①按时间付酬时，收入超过了应得报酬的员工，生产率水平高于一般员工；

②按时间付酬时，收入低于了应得报酬的员工，将导致生产的数量或质量下降；

③按产量付酬时，收入超过了应得报酬的员工，产品产量增加不多，可能提高质量；

④按产量付酬时，收入低于了应得报酬的员工，产量提高而质量下降。

公平理论对管理者而言，是有借鉴意义的。首先，管理者用报酬或奖励来激励员工时，一定要使员工感到公平合理。其次，作为管理者不仅要内部公平，还要注意横向比较和外部比较。最后，公平理论表明公平与否来自个人的感觉，管理者应该注意对员工的公平心理进行疏导，使其树立正确的公平观念。

6.3.6 强化理论

强化理论是由美国心理学家斯金纳提出的。这个理论是从动物的实验中得出来的。斯金纳认为，无论是人还是动物，为了达到某种目的，都会采取一定的行为，当行为的结果对他或它有利时，这种行为会反复出现，当行为的结果对他或它不利时，这种行为就会减弱或消失。因此，管理人员就可以通过强化的手段，营造一种有利于组织目标实现的环境和氛围，以使组织成员的行为符合组织的目标。强化的具体方式有四种：正强化、惩罚、负强化、忽视。

1. 正强化

正强化就是奖励那些符合组织目标的行为，以便使这些行为得以进一步加强，重复地出现。正强化的手段包括经济方面的，如提薪、奖金等，以及非经济方面的，如晋升、表扬、进修等。强化不仅要注意选择合适的强化物，还要注意强化的方式。强化理论认为，科学有效的正强化方法应该是，保持强化的间断性，强化的时间和数量尽量不固定，而由管理人员根据组织的需要和职工的行为状况，不定期、不定量地实施强化。

2. 惩罚

当员工出现那些不符合组织目标的行为时，采取惩罚的办法可以迫使这些行为少发生或不再发生。与正强化是鼓励所希望行为更多地出现、维持下去不同，惩罚是力图使所不希望的行为逐渐削减，甚至完全消失。惩罚的手段包括经济方面的，如减薪、扣奖金或处以罚款，以及非经济方面的，如批评、处分、降级、撤职或免除其他可能得到的好处等。根据所发生的性质及严重程度不同，惩罚可以间隔地或者连续地进行。连续性惩罚是每次发生不希望的行为都及时给予惩罚处理，这样可消除人们的侥幸心理，减少直至完全消除这种行为重复出现的可能性。

【小思考】

"胡萝卜加大棒"可以说是最为传统的激励手段和管理工具。几乎所有的激励理论中，都承认某种形式的"胡萝卜"可以激发一个人的动机。只要工作还是谋生的手段，人的收入水平还不是很高，人对物质产品还充满迫切的需要，"胡萝卜"就能起到很好的激励作用。甚至可以说，尽管一个人的物质财富相当丰富，但在心理上对财富还有很强的需要，"胡萝卜"仍然是有效的激励工具。从强化理论来讲，要想做到"正强化"就应深入思考如何设计"胡萝卜"；而当员工出现那些不符合组织目标的行为时，采取惩罚的办法就是"大棒"，而"大棒"的设计更需要科学、合理、有效。

3. 负强化

负强化，也称规避，不同于正强化和惩罚，是指在事前的规避。它通过对什么样的行为会不符合组织目标的要求，以及如果员工产生不符合要求的行为将予以何种惩罚的规定，使员工从力图避免得到不合意、不愉快结果的考虑中对自己的行为形成一种约束力。这种约束、规避的作用会使组织成员的行为趋向于符合要求的比较规范的状态，所以，这是一种非正面的对所希望行为的强化。

规定本身不一定就是负强化，只有当它使员工对自己的行为形成了约束，即"规避"作用时才是。

4. 忽视

忽视，也就是自然消退，是对已出现的不符合要求的行为进行"冷处理"，达到"无为而治"的效果。忽视通常是不理睬或者以蔑视的态度对待一些行为。

强化理论应用的原则具体可分为以下几条：一是要依据强化对象的不同需要采取不同的强化措施；二是小步子前进，分阶段设立目标；三是及时反馈，信息畅通；四是四种强化方式都有作用，应配合起来使用。重点应放在积极的强化而不是简单的惩罚上，惩罚虽然表面上会产生较快的效果，但通常作用是暂时的，而且会产生副作用。

【理论运用】

至此，我们学习了六种管理激励理论，它对于任何组织中的管理者和领导者都有借鉴意义的，特别要从观念和理念上进行借鉴。激励应该是用制度来保证的，也就是激励应该以制度的形式固化下来，通过一定的程序来实施。请你根据上述六种理论制定符合企业实际的激励机制并进行有效实施。

6.4 调动员工积极性的方法

在学习上述激励理论,建立企业激励机制的基础上,很多管理者和领导者希望能有些拿来即用的方法在日常工作中调动员工的积极性。下边介绍 12 大类 100 余种调动员工积极性的方法供有针对性地合理运用。

6.4.1 榜样激励

榜样激励是指为员工树立了一根行为标杆。在任何一个组织里,管理者都是下属的镜子。可以说,只要看一看这个组织的管理者是如何对待工作的,就可以了解整个组织成员的工作态度。“表不正,不可求直影。”要让员工充满激情地去工作,管理者就先要做出一个样子来。

①领导是员工们的模仿对象。

②激励别人之前,先要激励自己。

③要让下属高效,自己不能低效。

④塑造起自己精明强干的形象。

⑤做到一马当先、身先士卒。

⑥用自己的热情引燃员工的热情。

⑦你们干不了的,让我来。

⑧“把手弄脏”,可以激励每一个员工。

⑨在员工中树立起榜样人物。

6.4.2 目标激励

目标激励是指激发员工不断前进的欲望。人的行为都是由动机引起的,并且都是指向一定的目标的。这种动机是行为的一种诱因,是行动的内驱力,对人的活动起着强烈的激励作用。管理者通过设置适当的目标,可以有效诱发、引导和激励员工的行为,调动员工的积极性。

①让员工对企业前途充满信心。

②用共同目标引领全体员工。

③把握“跳一跳,够得着”的原则。

④制定目标时要做到具体而清晰。

⑤要规划出目标的实施步骤。

⑥平衡长期目标和短期任务。

⑦从个人目标上升到共同目标。

⑧让下属参与目标的制定工作。

⑨避免目标置换现象的发生。

6.4.3 授权激励

重任在肩的人更有积极性。有效授权是一项重要的管理技巧。不管多能干的领导,也不可能把工作全部承揽过来,这样做只能使管理效率降低,下属成长过慢。通过授权,管理者可以提升自己及下属的工作能力,更可以极大地激发起下属的积极性和主人翁精神。

①不要成为公司里的“管家婆”。
②权力握在手中只是一件死物。
③用地位感调动员工的积极性。
④“重要任务”更能激发起工作热情。
⑤准备充分是有效授权的前提。
⑥在授权的对象上要精挑细选。
⑦看准授权时机，选择授权方法。
⑧确保权与责的平衡和对等。
⑨有效授权与合理控制相结合。

6.4.4 尊重激励

给人尊严远胜过给人金钱。尊重是一种最人性化、最有效的激励手段之一。以尊重、重视自己的员工的方式来激励他们，其效果远比物质上的激励要来得更持久、更有效。可以说，尊重是激励员工的法宝，其成本之低、成效之卓，是其他激励手段都难以企及的。

①尊重是有效的零成本激励。
②懂得尊重可得“圣贤归”。
③对有真本事的大贤更要尊重。
④责难下属时要懂得留点面子。
⑤尊重每个人，即使他地位卑微。
⑥不妨用请求的语气下命令。
⑦越是地位高，越是不能狂傲自大。
⑧不要叱责，也不要质问。
⑨不要总是端着一副官架子。
⑩尊重个性即是保护创造性。
⑪尊重下属的个人爱好和兴趣。

6.4.5 沟通激励

下属的干劲是“谈”出来的。管理者与下属保持良好的关系，对于调动下属的热情，激励他们为企业积极工作有着特别的作用。而建立这种良好的上下级关系的前提，也是最重要的一点，就是有效的沟通。可以说，沟通之于管理者，就像水之于游鱼、天空之于飞鸟。

①沟通是激励员工热情的法宝。
②沟通带来理解，理解带来合作。
③建立完善的内部沟通机制。
④消除沟通障碍，确保信息共享。
⑤善于寻找沟通的“切入点”。
⑥与员工顺畅沟通的七个步骤。
⑦与下属谈话要注意先“暖身”。
⑧沟通的重点不是说，而是听。
⑨正确对待并妥善处理抱怨。
⑩引导部属之间展开充分沟通。

6.4.6 信任激励

信任激励是诱导他人意志行为的良方。领导与员工之间应该肝胆相照。你在哪个方面信任他，实际上也就是在哪个方面为他勾画了其意志行为的方向和轨迹。因而，信任也就成为激励诱导他人意志行为的一种重要途径。而管理不就是要激励诱导他人的意志行为吗？

①信任是启动积极性的引擎。

②用人不疑是用人的基本方法。

③对业务骨干更要充分信赖。

④信任年轻人，开辟新天地。

⑤切断自己怀疑下属的后路。

⑥用人不疑也可以做点表面文章。

⑦既要信任，也要激起其自信。

6.4.7 宽容激励

胸怀宽广会让人甘心效力。宽容是一种管理艺术，也是激励员工的一种有效方式。管理者的宽容品质不仅能使员工感到亲切、温暖和友好，获得安全感，更能化为启动员工积极性的钥匙，激励员工自省、自律、自强，让他们在感动之中甘心情愿地为企业效力。

①宽宏大量是做领导的前提。

②宽容是一种重要的激励方式。

③原谅别人就是在为自己铺路。

④给犯错误的下属一个改正的机会。

⑤得理而饶人更易征服下属。

⑥对下属的冒犯不妨装装“糊涂”。

⑦善待“异己”可迅速收拢人心。

⑧容许失败就等于鼓励创新。

⑨要能容人之短、用人所长。

⑨敢于容人之长更显得自己高明。

6.4.8 赞美激励

赞美激励是效果奇特的零成本激励法。人都有做个“重要”人物的欲望，都渴望得到别人的赞美和肯定。赞美是一种非常有效而且不可思议的推动力量，它能赋予人一种积极向上的力量，能够极大地激发人对事物的热情。用赞美的方式激励员工，管理者所能得到的将会远远地大于付出。

①最让人心动的激励是赞美。

②“高帽子”即使不真也照样塑造人。

③用欣赏的眼光寻找下属的闪光点。

④懂得感恩才能在小事上发现美。

⑤摆脱偏见，使称赞公平公正。

⑥赞美到点上才会有良好的效果。

⑦当众赞美下属时要注意方式。

⑧对新老员工的赞美要有区别。

6.4.9　情感激励

情感激励是让下属在感动中奋力打拼。一个领导能否成功，不在于有没有人为你打拼，而在于有没有人心甘情愿地为你打拼。须知，让人生死相许的不是金钱和地位，而是一个“情”字。一个关切的举动、几句动情的话语、几滴伤心的眼泪，比高官厚禄的作用还要大上千百倍。

①感情如柔水，却能无坚不摧。

②征服了“心”就能控制住“身”。

③你要“够意思”，别人才能“够意思”。

④“知遇之恩”也是可以制造的。

⑤替下属撑腰，他就会更加忠心。

⑥不可放过“雪中送炭”的机会。

⑦乐于主动提携“看好”的下属。

⑧付出一点感情，注意一些小事。

⑨将关爱之情带到下属的家中。

6.4.10　竞争激励

竞争激励是增强组织活力的无形按钮。人都有争强好胜的心理。在企业内部建立良性的竞争机制就是一种积极的、健康的、向上的引导和激励。管理者摆一个擂台，让下属分别上台较量，能充分调动员工的积极性、主动性、创造性和争先创优意识，全面地提高组织活力。

①竞争能快速高效地激发士气。

②不妨偶尔在工作中打个赌。

③让员工永远处于竞争状态。

④建立竞争机制的几个关键点。

⑤活力与创造力是淘汰出来的。

⑥用末位淘汰制造危机感。

⑦用“危机”激活团队的潜力。

⑧引导良性竞争，避免恶性竞争。

6.4.11　文化激励

用企业文化熏陶出好员工。企业文化是推动企业发展的原动力。它对企业发展的目标、行为有导向功能，能有效地提高企业生产效率，对企业的个体也有强大的凝聚功能。优秀的企业文化可以改善员工的精神状态，熏陶出更多的具有自豪感和荣誉感的优秀员工。

①企业文化具有明确的激励指向。

②企业文化是长久而深层次的激励。

③企业文化也是员工的一种待遇。

④用正确的企业文化提升战斗力。

⑤用企业价值观同化全体员工。

⑥激励型组织文化应具备的特点。

⑦强有力的领导培育强有力的文化。

⑧用良好的环境体现企业文化。

6.4.12 惩戒激励

惩戒激励是指不得不为的反面激励方式。惩戒的作用不仅在于教育其本人,更重要的是让其他人引以为戒,通过适度的外在压力使他们产生趋避意识。惩戒虽然是一种反面的激励,但却不得不为之。因为,“怀柔”并不能解决所有的问题。

①没有“规矩”也就不会成“方圆”。

②随和并非任何时候都有意义。

③适时责惩以表明原则立场。

④坚持“诛罚不避亲戚”的原则。

⑤对于“奸邪者”要做到除“恶”必尽。

⑥实施惩罚时不要打击面过大。

⑦惩罚要把握时机、注意方式。

⑧惩罚与“怀柔”相结合更具激励效果。

⑨少一点惩罚,多一些鼓励。

【管理实践】

上述12大类100余种调动下属工作热情的方法,你很难都记住,也更难都做到。没关系,也不必要。先看看你哪一个已经做到了,就不用管了;哪些还没做到,但感觉对你会很有帮助,就从现在起开始实施吧,一次实施一个就好。等这个方法已经成为你的习惯了,就可启动下一个对你很适用的方法,相信你一定会大有收获的,现在就从这个方法开始吧!

今天你表扬员工了吗?

第一,鼓励员工可以培养员工、提高员工的自信心。一个人的成长、成功,离不开鼓励,鼓励就是给员工机会锻炼及证明自己的能力。在员工每天的工作、生活中,一个温暖的言行、一束期待的目光、一句激励的评语会激发员工的上进心,甚至会改变一个员工对工作乃至对人生的态度。在鼓励的作用下,员工可以认识到自己的潜力,不断发展各种能力,成为生活中的成功者。

鼓励还可以唤起员工乐于工作的激情。管理者的鼓励就像一缕春风,滋润着员工的心田,又像一架桥梁,拉近了管理者与员工的距离。在这种情况下,员工岂有不爱工作、不愿工作之理?

第二,鼓励员工可以促进工作顺利完成,保证工作质量。“哀莫大于心死”,管理者用尖刻的语言奚落、讽刺、挖苦员工,表面上员工是在听你的,按你说的去做,但实际上员工只是在敷衍了事,因为他根本体会不到工作的乐趣,工作质量肯定不高。同时,因为奚落、讽刺、挖苦更多的是伤害员工的心灵,长期下来,员工的自尊被摧毁、自信被打击、智慧被扼杀,工作可能干得更不好,最后抱着“死猪不怕开水烫”的态度,对员工、对管理者、对企业都不利。

第三,鼓励员工可以体现管理者的个人修养。管理的艺术不在于作指示、下命令,而在于如何激励、唤醒、鼓舞员工为你的工作目标去奋斗。一个只会下命令的领导不是好领导,特别是对执行层的领导来说。

第四,鼓励员工可以树立管理者的个人威信。鼓励员工,无疑会树立管理者在员工心目中可亲、可敬的形象,觉得管理者是值得信赖的人。这对于促进员工与管理者的沟通,促进工作很有好处,员工也愿意为这样的管理者努力工作。

第五,鼓励员工可以为企业创造良好的文化。管理者鼓励员工,可以在公司形成非常好的互助互励的氛围。这无疑是创造学习型组织的基础,同时也能体现企业管理"以人为本"的理念。

6.5　中层管理者如何激励下属

谈到激励,有的人可能就想到激励要花钱。其实,激励和奖励还是有所区别的,激励往往是在事情发生之前,而奖励往往是在事情发生之后;激励可能要花钱,也可能不要花钱,而奖励往往要物质化,可能要花钱。

6.5.1　金钱激励:很重要,但不唯一

中层干部激励下属,更强调的是不花钱的激励,因为花钱的激励往往只有高层领导、董事长、总经理才有权决定,而中层干部权力相对要小,资金方面的资源相对有限,所以更侧重于非现金、非资金的方法上。激励肯定含有金钱这个元素在里面,但千万不要以为在激励员工做事情、调动员工积极性的时候,金钱越多越好,这是一个误区。

1. 金钱是一把"双刃剑"

不给钱是"愚民"政策,想不用钱就让员工干活,或用一套理论、一套蛊惑人的思想,只想让员工干劲冲天,这肯定不能持久,而且这也是一种"愚民"政策。但是如果仅仅给钱,不谈思想、不谈精神、不谈理念,又是一种害民政策,因为金钱是一柄"双刃剑",舞得好能够保卫自己,舞得不好就可能伤害自己。

【小案例】

企业里有一个员工,一直拿800元一个月的工资,这个员工觉得自己拿800元,其他人也拿800元,倒也相安无事,但是有一天中层经理觉得要激励他一下,给他发2 000元的奖金。这个员工忽然发现多了2 000元的奖金,他当然很激动。第二个月,除了给他800元工资,又给了2 000元奖金,这个员工有所激动,但是激动感已经下降。到了第三个月,只给他800元的工资,奖金一分钱也没有了,这个员工又激动起来了,因为他觉得企业应该给他的2 000元没了,是谁贪污了这2 000元,他当然很激动。所以,这时候想不再给他2 000元,而希望他踏踏实实的,像以前那样的心态好好地做事情,已经是不可能了。

所以,金钱是一柄"双刃剑",千万不要以为金钱越多越好。

2. 员工该拿多少薪水

在一个单位里,一个岗位上员工薪水的多与少,应该有若干个参考系数和比较值。

(1)横向比较

如果是参考比较下来还说得过去，那就比较合适。比如，一个人现在在一个岗位上拿的是3 000元薪水，他的大学同学大概拿多少，如果他拿得比同学高或者比较高，就过得去。

(2)纵向比较

这是跟过去的同事相比较，两年前，一个人从其他单位跳槽过来，现在比较一下，原来那个单位那些同事现在拿多少钱，如果相比较而言，他拿的比人家高，就比较过得去。

(3)可替代性比较

比如，一个人现在做这个岗位、做这个事情，假如老板不用他了，而用其他人，或者从社会上招收新人，或者在公司里面从其他岗位基层员工里面选拔一个人上来，大家做的事情效果差不多，老板所付的薪水比他现在拿到的多还是少，这就是可替代性比较。有好多员工、干部容易忘掉这一点，拿了钱却在怨声载道，说这点薪水拿了那么多年。要明白，假如老板不用你，而用其他人来做，做的事情跟你一样好，但是薪水远远不用花这么多。所以你就不用再抱怨，不要这山看着那山高。

当然，也要考虑到高层人员的薪水，加薪水的方式少量多次肯定比多量少次效果要好，也就是说，想加 100 元的薪水，可以分成两次或者三次加，一次加 20 元、一次加 40 元、一次加 40 元，分成三次加，效果比一次性给他 100 元要好。人都是有惰性的，一段时间以后，很可能他的心态又会恢复过来，所以必须持续地、不断地激励。

在企业里面，每个干部、每个员工都应该明白自己在这个岗位上只能拿这个钱，虽然跟其他人比较，拿的钱要少一点，但是要知道你做的事情的价值可能没有另外一个岗位的价值大。

【小案例】

有一家企业的一名员工说，他在这个单位辛辛苦苦、兢兢业业干了 15 年，现在居然每个月的薪水只有 800 元，而公司刚刚招聘了另外一个人进来，刚刚上班两个月，他每个月的收入就达到8 000元，他觉得很不公平。而他是打扫卫生的，拿8 000元的那个人是销售经理。这就对了，同工不同酬，这个现状就是在此基础上产生的。

他虽然工作 15 年，踏踏实实、兢兢业业地打扫卫生，但是他的岗位价值相对来说比较低，可替代性非常强。他不打扫，老板到劳动力市场，随便一抓一大把，很多人能代替他完成这件事情，所以他的岗位价值只有 800 元。而销售经理拿8 000元，因为这个事情只有他来做，企业的销售额才能达到 3 亿元、达到 5 亿元，其他人来做，销售额就冲不了 3 亿元这样的一个关口，所以要给他8 000元钱的工资。

所以一定要明白，与其抱怨自己的薪水太少，不如抱怨自己的岗位价值太低，然后想办法在现有的岗位上增加附加值，想办法让自己所做的工作的可替代性逐步降低。当你的岗位、你所做的事情可替代性逐步降低的时候，你的薪水也在逐步地提升。所以，在一个单位里面，在一个岗位上，每个职业经理人都应该有自己的一些正确的想法。

6.5.2 晓之以利：让下属明白为谁工作

1. 做工作就是做生意

(1)提醒员工为自己工作

这个道理很多人不知道，或者说有的人即使知道，也容易忘掉，这就需要职业经理人、中层干部不断地去提醒他：千万不要认为是为老板打工。

唐骏自己也讲过：“虽然我是打工皇帝，但这仅仅是一种称谓而已。每个人都是为自己做事情，我就是唐氏公司的董事长，那么我做事情做好了，对我个人的公司很有好处。我如果在为别人做事情就难说了，能偷懒就偷懒，能不干就不干，能少干就少干，领导不催不去办，下级不来汇报不去问，其他部门不来找我，我也不去找其他部门。”这就是打工的心态，如果按照这种打工的心态，你想让自己有所出息，这样就有点难了。

(2)市场经济就是买卖关系

每个人都在为自己做事情，市场经济就是买卖关系。在单位里面上班，也是一种买卖关系。工作就是一件交易，交易的双方中，一方是你为单位提供的绩效，另一方是单位为你支付的薪酬。在绩效和薪酬之间发生交换，所以，它本质上就是一种交换关系，工作本身就是一件交易。员工是卖方，而领导在这件交易中充当买方代表。领导的话要坚决执行，如果不服从领导，动不动就跟领导拍桌子、发脾气，这个时候应该明白后果有多严重，因为领导在交易当中充当了买方代表、买家，员工居然跟买家拍桌子、发脾气，那么这个交易就难以继续下去。另外，如果想把交易做大，想让生意额上升，这种可能性就很难了。所以员工要服从、执行领导命令，不要与领导发脾气，不要与领导拍桌子。

员工是在为自己做事情，如果薪水少了，那么要考虑是不是自己付出得不够，员工作为供应方，供应的绩效是不是价值小了一点。如果员工努力地把自己供应的绩效无限量地增大，按照对等的关系，薪水肯定会随之上升。所以，每个人都在为自己工作，而不是为他人。

2. 耐得住寂寞，受得了诱惑

(1)让员工清楚眼前的生意

当员工偷懒、懈怠的时候，中层干部有责任与员工说清楚：为了自己的职业生涯，为了自己的前途，为了眼前的生意，还是要鼓足干劲，好好地做这件事情。

你不与他讲他不明白，现在有些年轻的员工刚刚从大学里出来，到单位时间不长，心态往往比较浮躁，容易去瞎比较：我那个同学薪水拿了多少，我才拿这么一点点，不行，我要跳槽；听说谁又发财了，那我也要发财，自己去创业。其实，在这里面有一个问题：要耐得住寂寞，要受得住诱惑。

(2)跳槽并不能换来薪水的增加

如果某个单位招一名员工，薪水可能比你现在要高一点，但是如果对方仅仅比你现在的工资多20%或30%，你就去跳槽，这是不太慎重的。

其实，真正有出息的职业经理人，他一定是通过某一个阶段的沉淀，通过某一个阶段的磨炼，然后在一个时间点上发生几何级数的变化。薪水也应该是这样的，绝对不是现在拿5 000元，跳到另一家涨到6 000元，再跳到另一家涨到7 000元，再跳到另一家涨到8 000元。跳来跳去折腾的时间和折腾的机会成本就太高。一个比较合适的跳法是现在拿5 000元，但好好做，做得非常扎实，甚至于上司掌握的东西、具备的某些才能，自己也已经掌握了，这时候再跳槽，可能就可以从5 000元直接升到8 000元，中间就不会出现6 000元、7 000元的概念。

往这个角度上去想，绝对不是因为涨了一点点然后就跳，涨了一点点就跳槽，一般是这个人本来就对工作不满意，本来早就想离开，结果一直没有找到合适的机会，刚好在这个时候，另外一个单位开出来的条件有20%的涨幅。在这种情况下，他毅然就走。

(3)帮员工做好职业生涯规划

现在所谈到的前提条件是这份工作你喜欢不喜欢，这份工作未来的前途你认可不认可，你自己的职业生涯发展和目前的岗位能够支付给你的平台机会是否对等。你要考虑成熟，绝对不可以因为有20%或30%的涨幅就跳槽而去。所以，要管理好自己的职业生涯，年轻人要耐得住寂寞，要受得了诱惑。过去我们讲“板凳要坐十年冷”、“十年磨一剑”，现在我们很多人不想去练内功，不想去蹲马步，就直接想去笑傲江湖，学一招葵花点穴指，从此独步武林，可能吗？

3. 经营自己

每个人的生意都是自己做的，所以要经营好自己，尤其要经营好自己的职业生涯。在现在的市场经济下，人确实有浮躁的一面，但更多的是普通人，普通人就该是踏踏实实地把眼前的事情做好，一步一步地成就自己、磨炼自己。作为一名职业经理人，你的职业生涯怎么规划，将来要成为什么样的人？如果将来想自己创业，现在就是你最好的学习时机，千万不能说大不了我自己创业做老板去，你做员工都做得不够优秀，将来还能做老板吗？先把员工做好，做得非常优秀，把中层管理者做得非常优秀，才有资格将来创业、做老板。因为只有做好了工作，才能明白这里面的工作历程、工作感受，所以每个人要看好自己的职业生涯，不要受到外界太多的诱惑。要做踏踏实实地去做，要瞄准一个目标，然后沉下心来。

30 岁之前，都不应该去考虑薪水的多与少，30 岁之前就是一个学习时间，30 岁之前就是你对社会的认识、对企业的了解、对自己技能掌握的一段时间。这个阶段所支付给你的薪水，只要你能够满足自己的生存需要，能够有一点节余就可以了。

30 岁之后肯定有你发展的机会，如果你在 30 岁之前太计较蝇头小利，30 岁之后的发展可能跟其他人不一样。因为你 30 岁之后还在重复着 30 岁以前的那种生活。而你 30 岁之前，如果不计较自己的金钱收入，踏踏实实地做积累，那么在 30 岁之后就会有回报，而这种回报绝对不是以前每个月的那一点薪水。

在企业里面，与员工讲这方面的事情，这是每个中层干部的责任。不与员工说，有的时候他不明白，情绪上就反常，心态上可能就不太合适，就会说一些负面的言论，做事情也不认真。除了这些，我们要让员工明白是为自己做事情。

6.5.3 激励：从不花钱的开始做起

在激励手段、激励方式上，中层干部也要讲究，激励的方式有很多。

1. 愿景激励

(1)什么是愿景激励

愿景激励就是告诉员工一个美好的未来，让他现在好好做，未来就是他的，如果不好好做，未来就不属于他。

其实，很多领袖都是天才的激励高手。毛泽东是激励高手，当年在井冈山的时候，很多人被白色恐怖吓倒，说红旗还能打多久？这时候毛泽东写了一篇著名的文章，叫《星星之火，可以燎原》。看了这篇文章之后，很多人就鼓起了斗志。丘吉尔也是激励天才，当年英国被希特勒轰炸，炸得满目疮痍，英国的很多老百姓神经脆弱，只能依靠每天收听丘吉尔的演讲来维持生存下去的勇气。

(2)告诉下属他的前方是什么

因此，做管理的都应该学会激励下属，告诉他前方是什么。任正非在华为刚创业的时候，他跟他的员工讲：“我们华为的每个员工，都要买大房子，这个房子的阳台要足够大，因为我们华为给每个员工发的钱非常多，要经常拿到阳台上来晒一晒才不发霉。”当年华为还没有做大的时候，任正非就讲过这样的话。这就是愿景激励。

【小案例】

马云1995年创业失败，1999年创业又失败。他返回杭州做他的阿里巴巴，做得非常辛苦。他手下的那一群人薪水都很低，而住的地方是员工自己租的房子，办公的地方就在马云的家里。据说，马云当年也曾经跟他的员工这样讲："要想象一下，未来我们公司上市了，你们作为原始的创业元老，就是百万富翁、千万富翁，将来能成为百万富翁、千万富翁，你们现在还在乎拿这么一点小钱吗？"

当然，这个事情笔者没有考证过说马云究竟讲过没有，但是民间有这样的一种说法。这就叫愿景激励，作为中层干部，有责任、有义务跟员工这样描述一下他的未来。

2. 情感激励

情感激励就是领导人用关系基础，用自己的一些人格魅力，用自己的一些表现，让员工死心塌地，愿意为企业做事情，或者愿意在这个阶段内把事情做好，这就叫情感激励。

【小案例】

在春秋战国时期，有一个著名的将领叫吴起，他的士兵很骁勇，不怕死，很善于打仗，因为吴起这个将领很善于激励。有一次一场大战回来，吴起检阅他的士兵，看到有一个士兵的手臂上被一支毒箭射伤了，伤口的脓水流了下来。吴起做了一个动作，他用自己的嘴巴为这个士兵舔伤口、吸脓水，让其他的士兵钦佩不已，非常受感动。

这个事情就传到了那个士兵的妈妈耳朵里，士兵的妈妈听后号啕大哭，其他人不理解，说将军对你的儿子这么好，你为什么要哭？这个妈妈就讲："在若干年前，我孩子的父亲也曾经在吴将军手下打仗，吴将军曾经对我孩子的父亲也干过这样的事情，舔伤口、吸脓水，时间不长，我孩子的父亲命就没了，今天将军又为我的儿子舔伤口、吸脓水，我估计我的儿子也快没了。将军对我的儿子这么好，我的儿子肯定要报答将军，打起仗来肯定第一个冲在前面，这样他的命就不保了，估计能回来的机会很小了。"

这就叫情感激励。在企业里面可能没有表现得那么夸张，但这样的情感交流还是有的。

【小案例】

有一个老板跟员工讲："张三，你好好做，做到年底给你发奖金3万元。"到了年底，各项指标都达成了，张三就想，老板说要给我发3万元，我就等着吧。终于有一天老板把他叫过去，说："张三，你今年做得不错，我不食言，给你3万元奖金，来年好好干。"张三谢过老板，拿了3万元调头就走，第二天就到别的企业那里去上班。老板一听很着急，给他打电话："张三，你昨天刚刚拿了我3万元，怎么调头就走了？"张三一听："老板，我跟谁都可以过不去，我不可以跟钱过不去，这里的老板答应我做到年底做得好，他给我4万元，所以我就去了。"

在给员工发奖金的时候，它的作用应该分两部分：一部分是对前面工作的肯定，还有一部分功效是对后面工作的一个期望。现在这个老板给员工发了3万元奖金，发完后人就没了，他这个激励工作就做得不成功。

【小案例】

换一个老板就不一样了，另一个老板跟张三讲："张三，你今年做得不错，我想请你们全家吃顿饭。"张三一听："不用了，老板。"他心里想：你赶快把3万元给我吧，我拿到3万元我就可以跳槽了。老板说："不行，我一定要请你们全家吃顿饭。"恭敬不如从命，到一个酒店，张三的父母来了、老婆来了，老板亲自请他们全家吃饭。

酒过三巡、菜过五味，老板就开始动作了，他从口袋里掏出1万元出来递给张三："张三，今年做得不错，值得表扬，来，给你发1万元奖金。奖金挣得不容易，慢慢花。"张三拿着1万元，心里就骂，老板心真黑，不是讲好3万元吗，吃一顿饭就少掉2万元，也太黑心了。

张三心里在骂，老板从这个口袋里又掏1万元出来，递给张三的父母说："老人家，看你们的儿子多有出息，我们公司已经离不开你儿子了，我们公司也没有啥可以孝敬你们的，也就1万元，你们想吃啥、想买点啥，自己做主吧。"张三父母忽然看到1万元，在毫无思想准备的情况下，那是激动得不行，嘴笑得合不拢，心里在想：儿子打工挣薪水，自己还能拿养老金，真好。老两口正在高兴着，这个老板又从口袋里掏出1万元出来，递给张三的老婆："张太太，张三经常出差，家里的事情就拜托你了，你辛苦了，这1万元给你买化妆品，是你的化妆品基金，请收下。"这个张太太看到买化妆品居然还有基金，还是1万元，那也高兴得不得了。

春节一过，张三想跳槽，父母就拿着个棒打："你这个兔崽子，没良心的，人家老板对你多好，你还好意思跳槽。"张三想跳槽，老婆也不答应，老婆说："你要跳槽可以，先把1万元的化妆品基金给我交过来，你到别人那里去，我年底的1万元跟谁要。"

同样是这么多钱，但是加了一点点情感在里面，发生了化学反应，效果就是不一样。所以，做管理的千万不要以为只谈钱。钱当然是重要的，但是光有钱不行，有钱还得有其他的一些元素加进来，这是情感激励。

3. 荣誉激励

(1)改变传统奖励模式

荣誉激励其实有老传统，过去企业里都会评先进，到了年底评先进工作者，发一个奖状、发一点奖金。但是，过去企业里面这种评先进、发奖金，很容易导致一小部分人被孤立起来。因为那几个人被评上先进了，领导表扬了，也有奖金了，什么都是他们的了，一年干到头他们最厉害，其他人劳而无功。今天该大扫除、打扫卫生，那几个人干吧，其他人走了，因为他们是先进，先进就先干点活。所以，评了先进，但是孤立了先进。

现在的市场环境下，企业的操作方式有很多，要做好荣誉激励，要改变过去的传统方式，现在评先进，已经不是一年评一次了，而且也不是只评少数几个人，现在评先进五花八门，什么办法都有。如家、汉庭等快捷酒店，在它们的楼梯口或电梯口，都会有一个牌子挂在那，玻璃牌上面贴了若干人的照片，上面写着四个字：明星员工。这就是一种荣誉激励。而明星员工这样的荣誉激励方式非常好，它已经不像过去一样到了年底才给发一张奖状，发一点奖金，也许这个明星员工的奖金非常可怜，但是只要把他的照片挂上去，效果就很明显。

如果贴的是一个人的照片，他每次从电梯门口经过，无论如何要多看一眼，他就想既然贴上去了，就再也不想下来。而另外一些人从门口经过的时候，也要看一眼，但是怎么看怎么不舒服，因为上面的照片不是自己的。他心里就想：我这个月要好好努力，争取把我的照片也贴上去。这些并没有花多少钱，但是这种荣誉激励非常有效果。

(2)奖励可以五花八门

还有一些企业,这个月看大家谁工作做得好,评一个脚踏实地奖。颁完奖,这个月挂出来的奖项是脚踏实地奖,奖品是一双皮鞋。又过了一个月,搞光辉形象奖,不是评谁长得好看,而是看谁表现好,奖品是一套职业装。每个月都搞个奖,类型五花八门。有个公司就是这样干的,而且让每个员工都很兴奋。这个月皮鞋,下个月一套西装,再下个月不知道有啥玩意,员工都希望下个月有自己的份。

奖品推陈出新,不断地变换花样,可以大大地刺激员工的积极性。而且受奖的人数要扩大化,千万不要是极少数的几个人。现在发奖的仪式也可以有很多变化,受奖的人数可以参照奥斯卡奖,奥斯卡奖除了一个最佳影片奖之外,其他的奖项特别多,比如最佳导演奖、最佳道具奖、最佳服装奖、最佳作曲奖、最佳配角奖等,搞得很多人获奖,大多数人很开心。实际上这种方式企业里面也可以运用,事实上很多企业已经在用了。这叫经常表扬、经常奖励。

【小案例】

有一家企业,评奖的方式很简单,领导都不出面,完全是员工自己评,人力资源部领导说:我们今天搞一个Party,搞一个颁奖晚会。董事长、总经理来了,可能就坐在某一个角落里面,他不是主要的角色,跟他没有太大的关系,主要是人力资源部在组织,主持人也不见得是什么重要的人物,只要是员工喜欢谁,谁就可以当主持人。

晚会开始了,主持人说:"各位同仁,今天我们颁奖晚会正式开始。"人可能是站着的,中间铺的是一条红地毯。主持人又接着讲:"市场经济百舸争流,万马奔腾,在这个季度,我们公司涌现了两匹黑马,小王和小赵,销售业绩一飞冲天,下面我们颁发黑马奖,有请小王、小赵走过红地毯到前面来领奖。"这个红地毯铺得很长,员工都在旁边看,小王、小赵在众人注视之下,从红地毯的一边走到主席台,还要求他们不能走快,一定要慢慢走,走到前面,先给他们戴一个花环,往他们脖子上一套,像国家元首一样,那种感觉立即就出来了。

主持人说:"小王,这个季度做了8 000万元,下一个季度有什么想法?"又是走红地毯,又是挂那个花环,这时候小王说话就忘乎所以了:"那下个季度,怎么得也能弄1亿元。"回到家里,小王也后悔,怎么就讲出1亿元,这还得了。这个压力不把自己搞死了,但是那么多人在场,话已经讲出去了。

颁发了黑马奖之后,接下来主持人可能又再说:"万马奔腾,但是千里马常有,而伯乐不常有,当初的这两匹黑马是谁发现的呢?下面颁发伯乐奖,有请老李。"这个老李可能原来做过小王和小赵的领导,确实辅导过他们,但是老李因为年岁大了,工作精力确实也不行,销售业绩比不上他们,他正在躲在某一个地方黯然神伤,忽然在毫无思想准备的情况下,主持人讲颁发伯乐奖,把老李请上来。老李同样走红地毯,又是戴花环,很激动。老李去年培养了两匹黑马,今年起码弄个三匹,又把他激动起来了。

可能这里面还有一些销售人员或者单位的文员支持,不是直接与客户打交道,他们仅仅做一些支持性的工作,比较踏踏实实,他们的业绩也没办法数量化。这个岗位虽然很稳定,但是也容易使有的人积极性不高,或者很容易跳槽。人力资源部又策划一个名堂出来。主持人讲:"在公司里,有那么一位人,每天当我们踏着朝阳来的时候,他已经在公司里了,晚上当我们下班,踏着月光陆续离去的时候,他还在公司。这个人就是我们公司的太阳,这个人就是我们公司的月亮,下面颁发太阳、月亮奖,有请王小丫。"下面的人一听王小丫也上来了，王小丫就是公司一个小文员。这么把她一激励以后，王小丫就死心塌地在那里再干三年，中间不可能出现思想摇摆。

像这种荣誉激励，尽可能把它扩大化，其实每个人都是需要肯定的。

6.5.4 多头并举：经常动用的激励菜谱

1. 好的行为是表扬出来的

在管理下属的时候，要经常表扬下级，不要吝啬自己的表扬。好孩子是表扬出来的，好员工也是表扬出来的。

小时候经常被父母拎起来打一顿，这很正常。因为那个时候父母之间交流的育子经验就是"不打不成才"，"棍棒之下出孝子"。而现在，时代发生了很大的变化，做父母的基本不打自己的孩子了。现在流行赏识教育，多表扬孩子，好孩子是表扬出来的。五六岁的小孩，跟着妈妈到超市去买东西，买完东西出了超市，妈妈忽然惊叫："不好，我的包还掉在超市里面。"她调头就往超市里面奔，这时候儿子在后面拎着个包对妈妈喊："妈妈，不用跑，包在这里。"妈妈回头一看儿子，居然把自己的包收好了，很感谢，很高兴，说："我的儿子太有出息了。"就狂表扬他，表扬到最后，这个小孩在跟着妈妈到超市去买东西，眼睛就骨碌碌地盯着那个包，生怕妈妈的包丢了，这就是表扬出来的结果。

小孩在家里哪天高兴起来，给爷爷扇扇子，扇了两下又不得了，妈妈又是狂表扬。狂表扬的结果是，家里来了一个收水费、收电费的叔叔，小孩子都拿着个扇子过来："叔叔，要不要扇两下?"好孩子就是这样表扬出来的。

2. 自己分量不够时，请领导来表扬

同样，企业的员工也要这样表扬。尤其是自己当部门经理，表扬下属好像分量还不够的时候，那就请领导出来表扬。你的部门的一个员工小赵平常工作不认真，做事情不踏实，但是这两个星期变化很大，居然为公司做成了一件大事，创造了很大的效益，那么仅仅你表扬不行了，得去找总经理。"总经理，我的部门小赵这两个星期变化大，很踏实，居然为公司做成了一件大事，创造了很多效益，总经理您能不能去表扬他一下。"总经理一听明白。到了第二天，总经理装着无事的样子，在办公楼里面晃来晃去，就晃到小赵的办公室，一看小赵，忽然伸出右手，往他的肩膀上狠狠地拍一下。"小赵，我听说了，你很了不起，居然把那个事情做成了，我们公司真的缺少不了你。"小赵猛然看到总经理居然把手拍在自己的肩膀上，还讲了这么一番热情洋溢的话，原先他是落后的典型，经常被批评的，今天总经理居然会说出这样的话来，很受鼓舞。表扬的效果非常巨大，这种表扬也不花钱，我们要经常使用。

6.6 分享调动员工积极性的经验

学习了激励理论、激励方法以及中层管理者应该如何激励下属，你可能会想，别人是如何运用这些理论和方法的？"理论"和"方法"是死的，"人"却是活的，他们是如何运用的，有哪些经验可以借鉴？下面介绍两个很有代表性的"经验之谈"。

6.6.1　如何有效激发下属工作热情

一家咨询公司的领导做管理咨询多年了，发现大部分企业家或老板对自己高层管理团队不满意，但他们很少从自身查找原因。那么领导者如何找出自己的问题，以及如何提高下属的工作激情呢？

1. 管理目标要清楚

这是让下属自动地负起责任来。许多民营企业家不懂得目标管理，但又要求下属无所不能，得到的结果是下属没做好，最后由企业家自己承担责任；如果明确下属的责任，下属会以目标为导向，围绕责任认真工作，这样时刻都可以激发他们的工作热情。

2. 信息共享

让你的下属知道一些该岗位应该知道的信息，这样你的下属会主动工作，会增加应对能力，如果他什么都不知道，那么什么都要依赖你，面对工作就被动了，同时也没有工作热情了。例如，连高管都不清楚企业的经营效益，又如何让他处理任何事情时都以所有者的身份去考虑问题呢？所以老板觉得下属不为企业的利益考虑，下属觉得老板怕自己知道企业的经营结果，于是避开；避开知道信息的同时，责任也避开了！

3. 责任归属后，应该充分放权

要懂得使用专业的人做专业的事，用人不疑，疑人不用。有的企业家或老板总不放心下属单独去完成工作，好像下属都是一群不动脑子的人。应当让员工自己去完成工作，了解信息、数据、审批控制过程中的风险，充分放权让下属去做，这样才能培养出适合企业发展的人才。

4. 对下属时常培训、培养

一个企业要不断发展，最重要的是要让你的下属与你的管理理念与思想是统一的，这样才是一条心的工作。提高下属的专业水平就是提高他们的工作效率，人才是第一生产力，无论任何事情都是由人去完成的。另外，培训下属可以增加下属的自信心，这样让他们做任何事情都能取得较好的效果。

5. 经常表扬下属

喜欢表扬下属的上司是一个优秀的领导，要想让下属工作有激情，必须要认同他的工作能力或肯定他的工作成绩，只有这样他才会时时保持良好的工作状态，有信心去完成任何的工作，不会抱消极的态度。

6. 正确的评估下属的能力——全数据化的绩效考核

报酬与奖励要取决于员工实现工作目标的程度，所以建立正确评估下属工作成绩的体系，才能让下属在一个“公开、公平、公正”的平台上展示他的风采，使他的付出与得到呈正比，才会永不失去对工作的热情。

7. 上司经常要成就下属

会示弱的上司是有智慧的上司，上司弱，下属更能被激发工作热情，更有信心向上司汇报工作成绩，如果上司什么都强，让下属没有自信，同时也觉得上司不认同他的能力，所以有智慧的上司会经常在下属面前示弱，成就下属积极工作的斗志。

8. 要经常鼓励下属，并让他喜欢学习

人的潜能是靠激发出来的，不断地鼓励下属，他就会不断地进步，即使有的事情不会或者不懂也会通过学习去解决问题，所以说学习可以使人进步，鼓励可以提高工作的热情，从而提高工作绩效。

如果你想成为一位成功的企业家、一位优秀的领导者、一位卓越的上司，不妨按以上方法如法炮制吧！

6.6.2 激发员工工作热情的 8 种动力、20 种非经济手段

杰克·韦尔奇说："你要勤于给花草施肥浇水，如果它们茁壮成长，你会有一个美丽的花园，如果它们不成材，就把它们剪掉，这就是管理需要做的事情。"员工激励是企业管理中的核心和永恒课题。对此，国内外众多专家已有许多论述，相关著作也是浩如烟海。但这些论述归纳起来不外乎两个方面：合理的薪酬制度以及科学、系统的管理制度。但研究发现，人的需求是多层次的，生理需求只是最低层次的需求，因而薪酬制度对激发员工工作热情所起的作用是有限的；而管理一旦制度化就会变得僵硬，用死的东西去管活的人不一定有效。因此，尝试着从一个全新的角度——人性出发，去探索人们行动背后真正的动力源泉。我们最终发现，使命、生存、竞争、兴趣、空间、荣誉、沟通和危机能带给人们强大的行动力。如图 6—4 所示。

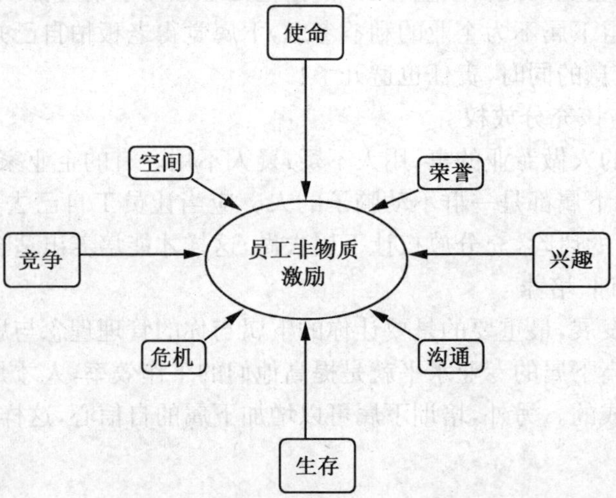

图 6—4 员工非物质激励因素

基于这 8 种动力源泉，人们开发出 20 种激发员工工作热情的非经济手段。同时，也总结出为了保证这些激励措施取得预期效果必须坚持的两个基本原则。

其一，公平性。公平性是员工管理中一个很重要的原则，任何不公待遇都会影响员工的工作效率和工作情绪，影响激励效果。取得同等成绩的员工，一定要获得同等层次的奖励；同理，犯同等错误的员工，也应受到同等层次的处罚。如果做不到这一点，管理者宁可不奖励或者不处罚。

管理者在处理员工问题时，一定要有一种公平的心态，不应有任何的偏见和喜好，不能有任何不公的言语和行为。员工只要存有不平的心态，许多以前能激励员工的方法，现在都可能变得不管用了。

其二，因人而异。按能力和心态划分，所有类型企业的员工都可以分为四个级别，在采取激励措施时应因级别而异，如表 6—2 所示。

表 6—2　不同能力、心态等级的激励对策

等级	标准	评　价	激励对策
A 级	高热情、高能力	这是企业最理想的杰出人才。	重用——给这些人才充分授权，赋予更多的责任。
B 级	低热情、高能力	这类人才一般对自己的职位和前程没有明确目标	1. 挽救：不断鼓励、不断鞭策，一方面肯定其能力和信任，一方面给予具体目标和要求；特别要防止这些“怀才不遇”的人才的牢骚和不满感染到企业，要与他们及时沟通。 2. 勿留：对难以融入企业文化和管理模式的，干脆趁早辞退。
C 级	高热情、低能力	这是较常见的一种，尤其是年轻人和新进员工。	充分利用员工热情，及时对他们进行系统、有效的培训；提出提高工作能力的具体要求和具体方法；调整员工到其最适合的岗位或职务。
D 级	低热情、低能力	这类人才对企业作用不大。	1. 有限作用：不要对他们失去信息，但控制在他们身上所花时间，仅开展小规模培训；首先激发其工作热情，改变其工作态度，再安排到合适岗位。 2. 解雇辞退。

基于八种动力源泉开发出的 20 种激发员工工作热情的非经济手段如下：

1. 使命法

(1)自我激励

激励斗志的方法可以多种多样。比如，由公司老总或其他事业有成的人士为员工讲解创业经历，让员工认识到事业成功的可能性和艰难性；邀请成功学方面的专家到公司演讲；订购成功学方面的书籍、报刊给员工阅读；让员工讲出自己心中的理想，以及实现这些理想的打算等。

每个人都有自己的梦想，都渴望成功，都希望过上美好的生活。当员工心中被尘封已久的理想再次被点燃时，他们会表现出很大的爆发力。而他们心里明白，要成功就必须付出，必须从做好手头上的工作开始。

(2)个人业务承诺计划

让每名员工年初制订本人全年业务开展计划，向公司立下“军令状”。由其直接负责人考察业绩完成情况、执行力度及团队精神，并予以必要的指导、协助和鼓励。员工提出建议，而上级会为其提供各种资源。这样员工给的将是许多建议和计划，我可能会说：“我不喜欢这个想法，但这个想法非常好”。这样的交流更有创意。不要给员工制定太多的目标，而要鼓励他们充分发挥潜能和创造性。

根据期望概率理论，一个人从事某项活动的动力或激励力的大小，取决于该项活动所产生成果的吸引力以及该项成果实现概率的大小。完全的目标导向激发了员工奋斗和创新的动力，计划的一步步完成使他们充满成就感，团队的扶持让他们感受到动力和宽慰。

(3)组建临时团队

将某个重要的业务计划或项目交由一个临时组建的团队之所以可以产生较高的工作效率，其组织形式对组织成员造成的激励功不可没。临时小组有以下特点：人少(最佳规模为3～7 人)，自愿组成，目标导向，通常完成任务之后自行解散。临时团队是易于行使目标激励、自我管理的典型组织。适当的、具有一定挑战性的、又有可能达成的目标能很好地激发临时团队成员的创新激情。同时，临时团队实行自我管理，即团队成员从本来的被控制变成具有一定的决策权。人的控制权、决策权和人的责任感是成正比的。当一个人充满责任感的时候，他将会

全身心地投入进去。

2. 生存法

(1)生存竞争

对员工进行动态评估,让每个人都知道自己所处的位置。

让员工明白,如果他们不努力工作或者工作没有业绩的话,就有可能被公司淘汰出局。在生存竞争异常激烈的现代社会,失去工作的压力将会极大地激发员工的工作热情。

【小案例】

美国通用电气将其所有的员工分为五类。第一类是顶尖人才,占10%;次一些的是第二类,占15%;第三类是中等水平的员工,占50%,他们的变动弹性最大,他们有机会选择何去何从;接下来是占15%的第四类,需要对他们敲响警钟,督促他们上进;第五类是最差的,占10%,只能毫不留情地辞退他们。这种淘汰机制给了全体员工充分的紧迫感,也给了他们充足的动力。如表6—3所示:

表6—3　　GE公司员工分类激励措施

员工分类	描　述	所占比例	激励措施
第一类	顶尖人才	10%	倾斜
第二类	比第一类稍差一些	15%	激励
第三类	中等水平	50%	引导
第四类	较差	15%	警告
第五类	最差	10%	辞退

3. 竞争法

(1)新陈代谢机制

制定公司、部门及个人工作目标,建立相应的考核机制,达不到则相关的责任人员无论其级别、资历、以往贡献如何都得下台。

许多公司的业务计划在制订时意气风发,可是在执行过程中,却因种种原因不断打折扣,最后即使完不成也不了了之,使得制订业务计划本身已经失去意义。领导丧失权威,员工丧失紧迫感和责任感。

(2)分组竞争机制

将公司业务部门划分为若干小组,每天(周)公布业绩排行榜,月终总结,奖励先进,激励后进。

最好的机制不是试图去“让懒人变得有生产力”,而是在企业中形成高绩效的环境,使员工的敬业精神得以发扬光大。基于真诚合作和责任承诺上的内部竞争,以及来自同级的压力,比来自上级的命令更能促进员工的积极性和工作热情。

(3)在内部引入外来竞争

允许内部机构向外界采购产品或服务,使内部相关的供应部门不能再依靠独家生意,舒舒服服过日子而不思进取。

应当将“铁饭碗”变成“泥饭碗”。内部机构不努力就会没饭吃,当然会加倍努力改善产品或服务质量,并努力降低成本以增强竞争力。

4. 兴趣法

(1)鼓励“非法行动”

允许和鼓励员工做一些正常工作、常规程序以外的尝试。

很多时候，员工在工作中的新想法、新创意是突如其来的，并不在公司的计划之内。但是，这一部分计划外的想法却同很多计划内的想法同样具有价值，需要被企业重视并予以资金支持。有些耗资不多的新构思，技术人员可以经过自己私下的简单试验进行测试。类似情况经常发生在企业的基层。基层员工常常是最了解产品、客户和市场的，他们由于成年累月的实际操作，对这些方面有独到的了解，知道怎样提高生产和市场拓展效率。

【小案例】

通用电器公司的巨大成功，如在工业用塑料和飞机发动机上早先得到的成功，就是“非法活动”的直接结果。IBM甚至在管理制度上故意设计得有一点“漏洞”，以便让一些人有点挪用钱的途径，在预算之外做点事，执行计划以外的计划。在长达25年的时间里，IBM重要产品的生产没有任何一项是该公司的正式系统搞出来的。

(2)给员工完全自由发挥的空间

如对公司科研人员而言，可以允许其花费公司时间的15%，在自己选定的领域内从事研究和发明创造。

兴趣是最好的老师，也是最好的工作推进剂。员工只有对自己所从事的工作真正感兴趣，能从中获得快乐，才会竭尽全力把工作做好。

5. 空间法

(1)培训机会

为员工提供全方位、多层次的培训机会，增加企业人力资源的价值和员工自身的价值。

在知识更新越来越快的信息时代，“终身学习”和建立“学习型组织”已成为个人与企业在激烈竞争中立于不败之地的要求。企业应该通过培训开发来挖掘员工潜力，实现员工人力资源的保值、增值。这既是调动员工积极性的需要，也是维护和提高企业市场竞争力极为重要的一环。

(2)岗位轮换

员工定期(比如一年)轮岗，尝试不同的工作岗位。

在传统管理时代，强调组织分工明确，设备和方法的重要性，严格按预先设定的标准操作，结果是员工每天重复单调的工作，虽然在一定程度上提高了生产率，但成员的满意度下降。人本思想问世后，对人的激励有了新的认识，开始注意完善人的能力、开发人的潜力，并在此基础上充分发挥企业内部人才市场的作用，健全岗位轮换制度使员工能更加充分，更加主动地选择具有挑战性的工作，从而使工作内容横向丰富化和纵向扩大化。这样，工作产生的乐趣和挑战性就成为工作本身对员工的回报。

(3)给予员工畅顺的事业发展渠道

在干部选拔上，企业要给员工更多的机会，从以前对外聘用为主，转变为对外聘用与内部选拔并重，最后过渡到以内部培养选拔为主，变“伯乐相马”为“在赛马中选马”。

事业发展是员工内在报酬体系的重要组成部分。依据马斯洛的需要层次理论，生理需要是人类较低层次的需要，而自我实现才是人的最高层次的需要。职业发展属于满足人的自我实现需要的范畴，因而会产生更大的激励作用。

(4)减少审批程序

减少产品研发或市场拓展计划的审批程序和时间,不要设置过高的审查标准,留给相关人员更多的空间。

根据期望概率理论,只有当一个人预计自己有相当的可能性完成某件事的时候,才会对他的行动产生相应的激励。如果技术人员预计自己拿出的研究方案无法通过公司严格的审批,如果业务人员的一项雄心勃勃的拓展计划面临公司的层层把关,他自然会降低工作的热情。事实上,很多划时代的产品或营销方案只是出于一个看似荒谬的点子。

(5)员工参与决策

建立员工参与管理、提出合理化建议的机制,提高员工主人翁参与意识。比如,让员工参与公司发展目标、方向的分析研讨,让员工参与项目确定、参与保证公司正常运转的各项规章制度的制定。

没有人喜欢别人强加于自己身上的东西。但如果让员工参与公司经营目标、管理制度等的制定,他们就会觉得那就是自己的目标和行为规则,就会充满期待地投入工作。

6. 荣誉法

(1)荣誉激励

对有突出表现或贡献的员工、对长期以来一直在为公司奉献的员工,毫不吝啬地授予一些头衔、名号。一些名号、头衔可以换来员工的认同感,从而激励起员工的干劲。

如果说自我实现是人类最高层次的需要,那荣誉就是一种终极的激励手段。每个人都对归属感及成就感充满渴望,都希望自己的工作富有意义。荣誉从来都是人们激情的催化剂。当年林彪只说了一句:“别忘了,你们是红四团的!”,就让飞夺泸定桥的勇士们完成了艰巨任务;拿破仑的“为法兰西而战!”的名句更是使他的军队所向披靡。

【小案例】

IBM 公司有一个“百分之百俱乐部”,当公司员工完成他的年度任务,他就被批准为该俱乐部会员,他和他的家人被邀请参加隆重的集会。结果,公司的雇员都将获得“百分之百俱乐部”会员资格作为第一目标,以获取那份光荣。

7. 危机法

(1)危机教育

不断地向员工灌输危机观念,让他们明白企业生存环境的艰难,以及由此可能对他们的工作、生活带来的不利影响。

市场中的企业,生存环境瞬息万变,自身资源状况也在不断的变化之中,因此企业发展的道路充满危机。正是因为如此,盖茨才会不断地告诫他的员工——微软永远离破产只有 18 个月!任正非才会警告——华为的冬天很快就要来临!然而,这种危机往往并不是一般员工所能感受到的,特别是非市场一线人员。因此,他们容易滋生享乐思想,工作热情也日渐衰退。因此,有必要不断向员工灌输危机观念,树立危机意识,重燃员工的创业激情,同时也有助于他们理解和支持企业领导者所采取的一些艰难步骤。

8. 沟通法

(1)双向沟通

基层员工与高层管理人员恳谈会、经理接待日、员工意见调查、总裁信箱面向全体员工收集意见和建议,以及设立申诉制度,让任何的意见和不满得到及时、有效的表达;建立信息发布会、发布栏、企业内部刊物等，让员工及时了解企业发展动向、动态，增强他们参与的积极性。使员工感受到自己受重视、有存在价值，自然会有热情去为公司做事。

(2)变惩罚为激励

如果员工犯错误，通过管理者与其进行朋友式的沟通和交流，让员工感受到被尊重和爱护，从而主动承认错误，主动接受惩罚，主动改善工作质量。

对员工犯的错误，企业普遍的做法就是严厉批评和惩罚！然而，这并不能真正解决问题，反而会造成员工积怨甚至流失。只有沟通才能取得事半功倍的效果。

(3)亲情关怀

企业的经理和主管应该是一个细心的人。对员工的工作成绩，哪怕是很小的贡献也及时给予回馈。一张小纸条、一个电话留言、一封 E-mail、一个包有两张电影票的红包、一次痛快的集体温泉浴或郊游，都能让员工感到自己受领导关注、工作被认可，并为此而兴奋不已。此外，建立员工生日情况表，总经理签发员工生日贺卡、关心和慰问有困难员工等，可以很好地增强员工的归属感。

任何人包括伟人，都希望自己努力的成果能被认可、赞同和感激，这是人们前进的动力。

(4)变消极管理为积极管理

在大多数企业中，员工往往只体验到“因犯错而做出的管理(消极管理)”，也即上司大多是在认为他们犯错误而需加以纠正时才给予意见。管理者其实可以更多地对员工给予积极意见、转达更高级管理人员的肯定，以及让员工知道某项值得赞扬的工作或成果由哪些员工负责。如果员工觉得他们的决定普遍获得支持，并在真正犯错时能获得适当的指导，他们便会更为积极进取而且充满自信，并愿意承担职责和作出决定。如果员工清楚知道上司对他们的期望，知道自己受到重视和信任，并会获得鼓励和激励，他们便会全力以赴，尽心工作。

【经验分享】

在管理过程中，你一定也会有自己特有的调动员工工作热情的经验，将其归纳总结下来吧，不但可以与大家分享和交流，经提炼、验证和固化后也可上升为知识和理论！

本章小结

调动企业员工的积极性应该以人为本，中层管理者应该充分认识人的行为过程，综合运用各种激励理论，以公平竞争和相应的激励机制为手段，并使之贯穿于企业员工管理的各个方面，从而形成企业独特的员工管理机制，极大地调动员工长期在企业工作的热情和积极性。

【测试题】

1. 请根据激励理论提出具体而有效的激励方法。
2. 在对员工进行激励的时候，要注意哪几点？
3. 公平理论对中层管理者的启示是什么，实际应用中应注意哪些问题？
4. 中层管理者如何综合运用激励模式？

第7章

如何打造高绩效团队

高绩效的团队对于提高企业运行的效率和自身的市场竞争力发挥着至关重要的作用，而且它还有利于更好地发挥员工的潜能。作为部门的中层管理要转换角色，明确游戏规则，善于抓住关键，通过灌输数字和聚焦绩效实行目标绩效管理，让员工有安全感和归属感，从而帮助员工改善工作态度，提升能力和绩效。

学习目标

1. 了解高绩效的团队在企业中的重要性；
2. 理解中层管理者的角色和理念；
3. 掌握打造高绩效团队的素质和技能；
4. 重点掌握目标管理的方法。

案例导入

一次，联想运动队和惠普运动队进行攀岩比赛。惠普队强调的是齐心协力，注意安全，共同完成任务。联想队在一旁，没有做太多的士气鼓动，而是一直在合计着什么。比赛开始了，惠普队在全过程中几处碰到险情，尽管大家齐心协力，排除险情，完成了任务，但因时间拉长最后输给了联想队。

那么联想队在比赛前合计着什么呢？原来他们把队员个人的优势和劣势进行了精心组合：第一个是动作机灵的小个子队员，第二个是一位高个子队员，女士和身体庞大的队员放在中间，殿后的当然是具有独立攀岩实力的队员。于是，他们几乎没有险情地迅速完成了任务。

【问题引入】

1. 如果让你带领团队参加这场攀岩比赛，你能管理好团队并取得胜利吗？
2. 你认为团队获得成功的关键因素是什么？应当如何加强团队的管理？

7.1 角色转换

7.1.1 教练员与运动员之间的关系

首先有一个概念,就是管理者要当教练,而不要去做警察。

1. 监工和警察的角色

在日常工作中,很多管理者喜欢把自己当作一个监工,把自己当作一个警察来看待,看管员工的行为。当监工就怕下面的人偷懒,监工就要看下面的员工做事情符不符合规范,所以要监督他们。你每天这么虎视眈眈地监督员工,他们心里肯定不好受,对立的情绪就出现了。

有的人把自己当作警察,警察的职责是逮小偷,把下面的员工都当作小偷来看待。他们心里就会想:既然你把我当作小偷,那么我就跟你玩小偷与警察的游戏。你在的时候我就好好表现,跟好人一样;如果你不在,那就是我们的天下了。

2. 教练员的角色

其实,管理者与被管理者、领导者与被领导者之间,不应该是完全对立的关系,如果仅仅是对立的关系,这个部门、这个团队肯定搞不好,我们倡导的是教练员和运动员之间的关系。

作为部门的经理,有职责、有义务帮助员工改善工作态度,提升能力和绩效。而员工也非常明白你是他的领导、你是他的管理者,他有困难就会找你帮忙。作为教练员和运动员之间的根本目的是一致的。

【小案例】

刘翔在2008年奥运会上没有跑起来,很多人很伤心。通过电视画面,我们看到有一个人哭得特别伤心,就是他的教练孙海平。有的人讲印钞机坏了,所以他就哭得很伤心。这句话讲得有一点绝情,但他们之间是利益共同体,这种关系客观是存在的。

刘翔奥运会没有跑起来,他的广告收入就下降,原先像耐克、可口可乐、联想电脑都找到他做广告代言人,后来因为奥运会上没有跑起来,广告收入下降,广告费从1 200万元降到300万元。

在单位里面,其实每一个中层干部、每一个管理者,与员工之间也应该像孙海平和刘翔之间的关系。

7.1.2 减少敌对,增加认同

员工做出业绩,能力得到提升,工作绩效上来,管理者脸上也有荣光,而且他的绩效、报酬也随之而来。所以,要减少敌对,增加认同。

虽然教练对运动员也很严格,有时候管理方式可能也很粗暴,但是运动员明白教练是为他好,教练希望他这样做,是希望他出成绩。运动员有这样的想法后,他与教练就不存在敌对的关系了。我们倡导管理者与员工之间,也是这种一荣俱荣、一损俱损、紧密联合的利益体。

7.2 灌输数字

教练辅导方式，不是简单地说我认真、我负责，然后就能出成绩，有的时候教练要动脑筋。作为管理者要想一想这样教行不行，教学手段是不是可以优化一点。有的时候，管理工具、辅导方式、辅导手段也要与时俱进，要优化。

7.2.1 员工为什么教不会？

1."修路"比"修人"容易

过去企业里面，管理者不断地与员工说：随手关灯关水、节约电费，注意不要浪费。作为管理者，不断地要求员工要符合规范。但是老这样盯着，非常累，长明灯还是存在，长流水依然长流。这时候有好事者就发明了一种感应灯，人来了一说话，一有声音灯就亮了；人走了，在一分钟之内没有声音，灯就自动关掉。感应水龙头，手伸进去就有水出来，手离开，马上水也就没有了。有了这种感应的水龙头以后，还用得着我们天天苦口婆心地与员工讲：要节约电费水费、节约能源吗？不用了。

所以，我们是不是可以想出一个方法，搞出一个感应灯，搞出一个感应水龙头，使员工的行为达到要求、符合规范，同时自己还省心省力，不用那么苦口婆心。这叫"修路"而不"修人"。

2. 反省自己的管理方法

管理者与员工讲："走路小心，不要摔跤。"有一个员工在这条道路上摔倒了，你批评他以后，第二个员工走到这条道路上，在同样的地点又摔倒了。作为管理者就应该反省是不是自己管理的方式有问题，或者说本身这个载体、这条路就有状况，自己应该修路而不是修人。我们怎么让员工学会以最快的方式、最快的速度达到所要求的规范，这就是管理者所要反思的问题，而不是简单的管人。

【小案例】

假如你希望你的徒弟像一个好厨师一样，烧出一手好菜，显然学西餐比中餐要容易一些。学中餐很困难，没有三年时间，想烧出好菜可能性不大。但是，西餐就不一样，比如你喜欢到肯德基、麦当劳吃薯条，如何能炸出一份符合品质的薯条？其实，它的流程、方法、管理手段，也就是辅导的手段，非常优化，每一道程序说得很清楚，而且尽可能把每一道程序都用数字化表现出来。

首先，要准备好一个炸篮，把薯条半成品或者原料放到炸篮里，然后去看油温，油温里面会有一个温度计，当温度计升到220摄氏度的时候，就把炸篮放在油里面，两分半钟以后，记得把炸篮再提起来，提起来以后来回地晃五次，只能五次，不能多也不能少。晃完五次以后，再把这个炸篮放到油里面去，两分半钟就把它提上来。然后，从这个器皿倒到另外一个器皿，来回倒四次，薯条就炸成功了。在辅导一个员工、教育一个员工做好一件事情的时候，西餐程序非常鲜明，而且其数量化非常明显，来回只能晃五次，油温是220摄氏度，两分半钟，器皿来回倒四次。

而我们中餐就不太好学了，教一个徒弟，比如油温，看油冒烟了就可以放菜，油到底要冒多大的烟才算好，不好说。在做菜的时候，比如炒土豆丝，一个厨师今天炒的味道跟昨天炒的味道肯定是有差别的，因为他炒土豆丝免不了要放盐，盐少许、味精适量，什么叫少许？什么叫适量？没有数字化，只能靠员工或当事人自己去琢磨。聪明一点的人琢磨得很快就出来，不聪明的人琢磨的时间就长。

作为管理者，在管员工的时候，要尽可能把辅导的手段优化，优化到每一个程序非常清晰，优化到每一个程序可以用数量词表现出来，员工就可以按照这个套路去做就可以了。

7.2.2 消灭形容词

有人说，中国的文化、中国的精髓就是只可意会不可言传，这是西方人对中国人搞不懂的地方。中国人很聪明，学西方的东西往往一学就会，但是西方学中国的东西则费力不少。比如，“枯藤、老树、昏鸦，小桥流水人家，古道西风瘦马，夕阳西下，断肠人在天涯”这28个字，描绘得很清楚。如果让西方人去翻译，恐怕字用得很多也翻译不到位，这就是中国文化的底蕴。

有的领导者在与员工说话的时候加一大堆形容词，让员工去意会，但是，在管理员工、管理部下、辅导下属的时候，应该具体明确格式化、程序化、数量化，员工才能明白任务目标和要求。

7.3 聚焦绩效

管理希望的结果是聚焦绩效，多谈行为，少下结论，希望员工把事情做好，那么就事论事，不要扯太远，说一些不着边际的话，而且尤其不要轻易地说一些结论性的语言。这个结论性的语言是画蛇添足，很容易加上去。

1. 你太懒了

比如：“小王，这个星期你迟到三次了，你也太懒惰了。”在这句话里面，迟到三次就是行为，太懒惰了就是结论。而太懒惰了这个结论，当事人肯定不接受，因为这是你一厢情愿的判断，你认为他迟到三次，肯定在家睡懒觉，睡懒觉就太懒惰，你是这样推测的。而小王跟你讲的是：“王主任，我怎么懒惰了，我这个星期每天晚上加班都加到12点。”

2. 你这个人真自私

作为一个管理者，就事论事，有利于事情的解决，而如果画蛇添足，搞出什么结论，反而会把事情搞糟糕。比如：“小李，昨天大家都在加班打扫卫生，你却一个人溜了，你这个人真自私。”小李一听肯定不服气，跳起来跟你讲：“王主任，我怎么就自私了？我跟你相比，我还自私吗？哪年哪年发大水捐款的时候，我捐了50元钱，你才捐了5元钱，谁自私？去年冬天我们去慰问困难户，我捐了一件棉大衣，你才捐了一条裤头，谁自私？”为了能够把事情解决，我们建议只谈行为，不下结论，谈行为是对人的尊重。

3. 你这个人喜欢惹是生非

在工作中，我们很多人就容易加这样的结论：“老赵，人家说你惹是生非，我看还真是的，你看你这个星期跟人家吵架吵过两回了。”这句话里面，吵架吵过两回了是行为，结论是惹是生非。老赵本来不想吵架的，看来还得跟你吵一回。

4. 你是能力不行还是态度不行

“小田，你这张表格里，搞错了两个地方，你是能力不行还是态度不行？”这句话看起来很幽默、看起来很有水平，但这句话是有问题的。小田在这个表格里搞错了两个地方，这是行为，结论是他能力不行还是态度不行，而且还让小田做选择题。

5. 你是不是不愿意在这干了

有时候，一句话一讲出来就完了。“小钱，你是不是不愿意在我这个部门干了，我看你做事情老是拖后腿，这个事情怎么又没完成。”此话一讲，小钱这个人还能不能在你部门待下去，恐怕就是一个挑战。所以，这种结论性的语言不要下。

7.4 抓住关键

做事情一定要善于抓住关键。在绩效考核里面，有一个词叫“KPI 关键指标”，也就是说，涉及绩效的关键部位，关键点是要抓的。你重视什么，就会得到什么。管理人员一定要明白，你希望员工做出什么样的行为，你一定要去重视那个行为。

【小案例】

在美国的一个监狱里曾经有这样一位劳改犯，一位媒体研究者去对他进行采访，问他：“你为什么会成为一个劳改犯呢?”这个劳改犯就讲：“我今天之所以入狱，是和小时候的一个苹果有关系。”“怎么会和小时候的苹果有关系呢?”

“我有弟兄三个，我是老大，还有两个弟弟。有一天，我的妈妈从外面带回来三个苹果，一个苹果又大又红，另外一个苹果次之，最后一个苹果又小又黑。我妈妈说，你们弟兄三个就这三个苹果，但是谁吃那个又大又红的，我们制定一个游戏规则。门口有一片草地，根据你们的能力，我给你们划分一个范围，谁能够把工作任务完成得又快又好，谁就吃又大又红的苹果，第二名吃第二个苹果，工作完成最不好的人吃最小最黑的那个苹果。妈妈讲完后，我们弟兄三就去干活，干着干着，小弟弟跑回来，一把抢住那个又大又红的苹果就想吃，然后妈妈就教训他：既然我们制定了游戏规则，你就不可以这样，回去继续干活。最小的弟弟被妈妈一训斥，继续回去干活。三个人干完活回来，妈妈就讲，刚才小弟弟干活干到中间跑回来，一把抢住那个又大又红的苹果，这是很没有道理的，针对你这样的行为，今天无论如何这个又大又红的苹果是不会给你吃的，因为你在中间犯了错误。既然制定了游戏规则，你就得执行，站到旁边去。接下来，她叫老二过来，问他现在这三个苹果假如让他选的话，他想选择哪一个。老二说他肯定选又大又红的，妈妈一听脸色突然变化，说你们弟兄三个都要学会谦虚，都要学会忍让，你怎么可以说自己想要什么，立即就迫切地表现出来，你怎么可以有这样的想法，做人要谦虚谨慎，不可以这样。最后她叫我过去，让我选，我肯定选又小又黑的，因为我是老大，要把好的东西给弟弟们享受。妈妈一听，说：“你才是我的好儿子，无论如何我要奖励老大，这个又大又红的苹果你拿去。”

这个劳改犯说，自己就是当年那个老大，因为他说了假话，得到了那个又大又红的苹果，然后他就明白：想要什么东西，可以用欺骗手段获得。最后，他在欺骗的道路上越走越远，终于有一天走到监狱里面。

这个老大成为劳改犯，他妈妈是有责任的，她帮老大开了一个头，让老大知道说假话的好处，可以用欺骗的手段获得自己想要的东西。在企业管理中，有时候管理者不小心，重心发生偏移，员工的行为就会迎合这种偏移，而这种行为又不是管理者想要的。

【小案例】

曾经有个企业的老板，有一段时间，他发现下午5:00，到了下班时间了，公司里面还有一些人在默默无闻地加班，不计报酬地加班。老板很感动，说："我不能辜负这些人。"

接下来，老板就宣布了一个政策，说："以后在公司里凡在5:00～7:00加班的，每人每天发200元钱加班费。到了7:00以后，因为公司的班车没了，你可以打的回家，打的回家的费用由公司来承担。"

作为老板出发点是好的，这个政策宣布以后，过了两个月，他发现公司里加班的人越来越多，但公司的整体绩效并没有明显改善。

这个老板就明白了，不应该重视加班不加班这种形式，而应该重视他们每天所做的事的真正绩效。如果员工的绩效做完了，老板是不希望他们加班的。如果员工的绩效老是没完成，他需要加班完成，而其他人早就完成了，那就是这个人的能力有问题。

管理者在辅导下属、提高下属的工作能力的时候，要明白自己应该把眼睛盯在哪里，员工就会重视哪里，所以我们倡导：你想要什么结果，你就去重视什么，千万不要发生偏移。这实际上就是绩效里面的关键指标。

7.5 迫使进化

在辅导下属、提升下属工作能力的时候，还有一个很重要的原则，就是希望员工达成什么状态，然后设计一个游戏规则。如果员工达到了那个状态，就很快乐；如果员工不能达到你要求的那个状态，他就会有压力。

7.5.1 人性的特点

人的本性就是趋乐避苦，追求快乐，逃避痛苦。我们在管理员工的时候，也要从人性出发：你按照我的要求去做，快乐很大；如果你不按照我的要求去做，痛苦加大。按照这个原则去为员工设计工作内容，并设计员工游戏规则。趋乐避苦是人的本性，尤其在两个痛苦之间，人一般会选择小一点的痛苦。

【小案例】

有个企业倒闭了，中层干部张科长下岗了，有人劝他说："你做点小生意吧，摆个地摊啥的，好歹日子还能过得下去。"张科长说："我好歹也是个科长，有头有脸的人，你叫我去摆地摊，我不干。"

偏偏就在那一年，他唯一的儿子考上了大学，要一笔费用，在这样的情况下，张科长就决定去摆地摊。如果他的儿子上不成大学，对他来说是很痛苦的，同时他去摆地摊也是很痛苦的，而这两个痛苦相比较而言，唯一的儿子上不了大学，那个痛苦就非常大。两害相权取其轻，这时候他就会选择一个小一点的痛苦。

在管理员工的时候也有类似的情况，其实你可以用发散思维或者头脑风暴法。

【小案例】

公司希望张三今天晚上加班，那么怎么能够让张三今天晚上加班，实现公司的工作计划、完成工作任务呢？这时候作为管理者就制定游戏规则，一边是如果他留下来加班，让他快乐是大大的，另一边是如果他不加班，那么希望他痛苦是大大的。于是，很多人参与建议张三。有的人说："张三，只要你今天晚上加班，你的工资马上翻一番。"张三一听，肯定乐意。有的人说："张三，只要你今天晚上来加班，明天开始放你一个月的假，薪水一分不少。"这也是快乐大大的，都是在加大他的快乐。这都是在快乐上做文章，把快乐做得大大的。

相反，如果张三不来加班，就让他痛苦大大的。有的人说："张三，如果你今天晚上不来加班，你明天就不用来上班了，公司提前解雇你。"这很痛苦。有的人说："张三，如果你今天不来加班，你的年终奖金就会取消掉。"这也很痛苦。有的人说："张三，如果你今天不来加班，接下来我们会把你调到偏远地区，去做一线的销售人员。"这也很痛苦。

总之，往痛苦方向发展，把快乐的事情想好，再把痛苦的事情想好，再让当事人自己做选择。通常情况下，事情的结果就会按照预期的要求，按照期望实现目标。

【小案例】

东南亚有一个减肥中心，很多胖子都去那里减肥。这个减肥中心的生意非常好，因为它承诺在15天之内，如果减掉10千克，客户要交2万美元，如果减不了，一分不少地全部退还。

有个胖子来了，把2万美元往柜台上一放。服务生说："先生，你是来减肥的吗？""是的。""这2万美元我们先收下来，15天之后如果减掉10千克，一分不少地我们会收下来，如果说15天之后，你没有减掉10千克，我们会一分不少地全部退给你。"胖子说："我知道。""好，先生你到一号门。"胖子就到了一号门，刚刚坐下来，进来一个美女。这个胖子看到美女，就很心动。美女跟胖子讲："先生，从明天开始，我就是你的减肥教练。"

这个胖子一听心花怒放，当然很高兴。"先生，是这样的，明天我在前面跑，你在后边追，如果你追上我了，我就是你的了。"这个胖子一听，太好了，减肥还能减出副产品出来，让那2万美元见鬼去吧，减得了减不了以后再说，先把美女追到手，成就一辈子的大事。第二天，美女在前面跑，胖子就在后面追，谁知道这个美女是世界级的长跑运动员，据说这个美女只比当年的王军霞慢一点。胖子在后面看着那个美丽的身影，心中浮现无限的希望。他拼命地追，而每次即将要追上，美女就像兔子一样，跑掉了。

白天追不成，晚上胖子就在床上想方案、做计划，只恨晚上的时间太长，恨不得一天24小时都是白天。他白天抓紧每分每秒追美女，晚上不断做计划，不断地调整方案、想办法。不知不觉14天过去了，到了最后一天，胖子想：我今天无论如何要把美女追到手，因为这是我的最后一次机会，根据经验，我刚开始不能跑得很快，我应该慢一点，当我的距离和她的距离靠得最近的时候，我猛一发力，一爆发，追上她，这个美女就是我的了。然后，他一开始就慢慢跑，美女在前面跑。正想发力的时候，美女突然转过身来，"停，停，停，15天时间到，请你称重。"这个胖子很不情愿地称重，10千克，掉得光光，2万美元，减肥中心一分不少地全部收下。

在上面的案例中，胖子的减肥目的实现了，在实现目标的过程中，胖子们都非常快乐，只恨白天时间少，晚上时间长，根本没有时间去考虑自己痛苦不痛苦，每分每秒都是热情洋溢、激情澎湃地去做一件事情，一点也不感觉到痛苦，这就叫快乐的进化。当然，有快乐的进化自然有痛苦的进化，而痛苦的进化可以让人崩溃。

【小案例】

胖子花了2万美元，减肥是减掉了，但回头想想还是不甘心，因为美女没有追到手，他又拼拼凑凑搞了2万美元，又跑到减肥中心，把2万美元往桌上一放，还要减肥，服务生一听："先生，你又来了？""我又来了，还要减。""好，先生，2万美元放在这里，如果15天之后，再减掉10千克，我们一分不少收下来，如果减不了一分不少地还给你。"

胖子想无论如何这一次要把美女追到手。"先生，你进2号门。"胖子就到了2号门，坐下时间不长，进来一个五大三粗的汉子，满脸的刀疤，浑身长满毛，毛茸茸的一个家伙。胖子一看，怎么人换掉了呢？毛茸茸的家伙就跟他介绍："明天开始我就是你的减肥教练。"胖子一听愣住了，教练换掉了。那人补充一下："我是同性恋俱乐部的重要成员，是个同性恋，我每天都在寻找我的知心爱人，明天你在前面跑我在后边追，如果我追上你了，你就是我的了。"胖子一听，完蛋了，同性恋把我看上了，但是没办法，2万美元已经交了，要遵守人家的游戏规则。

第二天，胖子在前面跑，同性恋者在后面追。胖子跑在前面，看不到目标，就自己在跑，那是很痛苦的。跑着跑着，正想坐下来歇一歇的时候，那个同性恋者、毛茸茸的手就伸过来："你马上就是我的了。"胖子心里想：与其是你的，还不如让我去死；与其去死，还不如跑，好死不如赖活，算了吧，我还是跑吧。然后，他撒腿就跑，白天就这样很被动、很痛苦地被同性恋追，追得疲惫不堪。晚上回到房间里，只恨晚上的时间太短，恨不得一天24小时都是黑夜。晚上也睡不着，老是噩梦连连，眼睛刚刚闭上，就梦见同性恋者那只毛茸茸的手伸过来。

一个人白天极端恐惧，晚上噩梦连连，按照正常生理规律，他的体重很快就会下降。好不容易到了第15天，这个同性恋者跟他讲："先生，15天时间到，请你称重。"这个胖子一听15天时间到，赶快往称上爬，爬上去之后号啕大哭，终于解放了。称重一称，10千克掉得光光。第二个阶段的减肥目标也实现了，但他非常痛苦，什么叫度日如年、如坐针毡都体现出来了。

其实，在工作当中，有的时候要多考虑怎样才能让员工很愉快地去做事情。有句话说："男女搭配，工作不累"，这是有一定道理的。你对小王说："小王，你去把这个事情干好。"小王愁眉苦脸的："又叫我去干，怎么总是让我干呢？""小王，你不去，行，我马上让小李和我们的大美女阿莹一起去。"小王马上就变了一副脸色："我去我去。"美女当前，他不但很乐意去完成任务，而且还表现得极有能耐，半点不让美女操心，顺利把事情办好。所以，要多想办法迫使事情快乐进化。

7.5.2　在"痛"与"快"的边缘游走

在要求员工达到期望值，希望员工的工作能力提升、工作态度提升、工作绩效提升的时候，目标就已经制定出来了。为了达到这个目标，中层管理者就不断地在想：怎样才能让员工快乐加大，达到我的目标；如果员工不达到我的目标，那就把他的痛苦加大。

下属的素质差，不是中层管理者的错，但是不能提升下属的素质，那就是管理者的大错。很多管理者心里有一种想法：教会了徒弟，饿死了师父。他们不愿意教下属。在这样的情况就可以采用下面的方式。

如果人力资源部规定部门里面员工流失一个,部门经理的薪水就被扣掉500元钱,公司希望这个部门的员工能够正常地在公司里工作下来,或者希望在公司里继续发挥效用,这样有助于减少员工的流失率。因为研究发现:员工的流失与部门经理有密切关系。作为部门经理,你心情不好就训斥人,员工会感觉到在这个公司没啥干头,马上就走人。所以,员工的流失不是人力资源部做得不到位,当然人力资源部有其自身的问题,但是直线经理、职能部门经理是一线员工流失的最大责任者。

如果这样的话,就需要制定痛苦方面的一些手段,只要部门有员工流失,扣部门经理500元钱。如果一年下来,员工流失率很低,不超过10%,稳定率超过90%,给部门经理发2 000元钱或3 000元钱奖金,这实际上就是"痛苦+快乐"法则。如果你的部门不断地有人走掉,不断地扣你500元,公司就是想告诉你:公司非常在乎你部门的一线员工,你不要随随便便把他们得罪。所以,你做教练,要教他们如何把事情做好,而不是简单地去训斥。

从另一个角度上来讲,职业经理人在单位里面也有责任和义务培养接班人。在企业里面,职业经理人怎么对领导有个交代,很重要一点就是培养接班人,如果把你的接班人培养得和你一样棒、和你一样强,你才有资格申请高一级的岗位;如果你一直自己一枝独秀,部门缺了你就不行,你就难以做到公司的副总或者更高一级的岗位。

7.6 团队为王

中层干部到底应该做英雄还是做领袖?有的人可能会有疑问,英雄威风八面,领袖万人敬仰,这两者都是令人向往的,两者之间有排斥性吗?

7.6.1 中层管理者只能做领袖

在讲团队建设的时候,英雄和领袖是具有排他性的,中层干部只能二选一,选择英雄就不能做领袖,选择领袖就不能做英雄。

1. 领袖与英雄的区别

打一个简单的比方,唐僧跟孙悟空这两个人,很显然唐僧是领袖,孙悟空是英雄。

【小案例】

刘邦和项羽相比较来说,刘邦是领袖,项羽是英雄。论单打独斗,刘邦不是项羽的对手,项羽这个人力拔山兮气盖世,是天下的第一号大英雄。到江苏宿迁可以看到一尊雕塑,一个人举着一个大鼎,这个人就是项羽。这两个人在各方面相差甚远。项羽出身贵族,而刘邦出身贫民;项羽相貌堂堂,而刘邦长得很一般;项羽做事情光明磊落,而刘邦是个小混混。从年龄上来讲,刘邦大项羽20多岁,垓下之战结束以后,项羽自刎乌江,而刘邦差不多也就可以登基做皇帝了。刘邦登基做皇帝的时候已经五六十岁了,而项羽自杀时也不过才30多岁,年龄相差20多岁,但是到最后刘邦成了大汉天子,而项羽自刎乌江。

从各方面比较,项羽好像都超过刘邦,但是为什么项羽最后惨败,而刘邦做了皇帝?而刘邦自己也讲:"我带兵打仗,攻城掠地不如韩信;储运粮草,安抚百姓不如萧何;运筹帷幄、决胜千里之外,我不如张良。但是,我把韩信、萧何、张良都用起来了,我就成了皇帝。"从这番话能看出,领袖跟英雄的区别就在这里。领袖能够用一群人,让大家为自己做事情,而英雄只能逞匹夫之勇，自己很厉害，但是他手下没有团队。

其实，项羽原先是有团队的，韩信、张良等人都曾经是项羽的手下，但是项羽不知道爱惜人才、利用人才。像韩信，项羽仅仅把他作为一个保卫科长的角色，而其实韩信是天下闻名的军事家。韩信肯定感觉很委屈，就跑到了刘邦那里。而刘邦刚开始也没有发现他，后来萧何月下追韩信，接下来刘邦筑台沐浴更衣，拜大将军，接下来与项羽交战的局面发生了很大的改观。帮助刘邦打天下的还有两个战将：彭越和英布。这两个人，一个是劳改犯，一个是强盗，但是，这两个人原先都是项羽手下，项羽同样留不住人，没有能力做领袖，这些人就跑到真正的领袖刘邦那里。

项羽手下没有团队，到最后只有范增一个人，到最后也被项羽气走了，走到半路上气死了。项羽有一点像人才交流中心的主任，不断地为别人输送人才来打败自己。

作为中层管理者，手下肯定要有人，最主要的任务就是带团队，要做领袖而不是做英雄。

2. 从英雄向领袖心态转变

很多中层管理者往往是从英雄提拔上来的，他们原先是一线的英雄、是一线的优秀员工、是销售上的一把好手，后来总经理看着不错，就把他提拔起来当销售部经理。因为他是销售冠军，就名正言顺成为销售部经理，带领手下一群人。原来是生产部的能人，搞技术有一套，总经理把他提拔起来，做生产部经理。

可以说，绝大多数的中层干部是从一线提拔起来的，原先是英雄。问题是提拔起来做中层干部以后，角色就发生了很大的变化，不能再做英雄了。这个时候应该选择做领袖，因为工作内容已经发生了很大的变化。

【小案例】

原先你是一个拉小提琴的，你拉的小提琴音色很纯净，旋律很优美，拉得很棒。现在总经理不让你拉小提琴了，让你做指挥，指挥一群人演奏一首曲子。这时候，拉小提琴已经不再成为你的工作内容，也不再是你的核心竞争力，这时候你的工作内容和职责是站在指挥台上，指挥下面拉小提琴的、拉大提琴的、吹单簧管的、吹双簧管的、吹萨克斯管的，还有吹长号、短号、圆号的，以及打击乐的一大帮人，让他们互相配合，按照你的指挥动作演奏出一首和谐的曲子。这才是你该干的活儿。既然你已经站到指挥台上，就不要恋恋不舍当初的小提琴了。

有一些管理者，心态没有转变好，让他做指挥，刚开始肯定不适应，指挥不了。这时，底下人互相埋怨，领导也责怪他。然后，他把指挥棒一摔，说：大不了我再回去拉小提琴。这种心态是不成熟的，如果你想在职业生涯方面有很好的发展，应该把过去的小提琴忘掉，全心全意做指挥。如果你往工程师方向发展，那就是另外一个方向；如果你从管理这个方向上发展，那么你就得重新修正自己的心态，改变自己的行为。

7.6.2　员工与管理者的区别

1. 员工：管好自己、管好今天

一个优秀的好员工只要管好自己就行，其他人不用管。作为一个优秀的好员工，只要管好今天就行了，明天的事情领导会安排。你要明白，过去你是一个好员工，但是你从一个好员工成为一个管理者以后，这个区别就很大。

2. 管理者:管好自己、管好他人、管好未来

作为中层管理者,不应该仅仅管好今天,还要想到明天、后天、下个星期、下个月、下个季度的工作该干到什么进度。作为中层管理者,不但要管好自己,而且要管好他人。

3. 管理者:学会整合资源

原先你作为一个员工时,做的事情很少,而现在中层管理者做的事情就较多。原先你做的是技术活,现在更多的是做管理活。原先你是一个被整合的"资源",现在你已经成为"资源"的整合者。原先你是象棋盘上的一个车、一匹马、一门炮、一个棋子,现在你在这个系统里面已经不是一个棋子,可能转变为一个棋手,是推动棋子的人。

从一个好员工转变为一个中层管理者,这里面是需要跨越的,一定要转变心态。这时候,你最重要的工作是做协调、做计划、做沟通,做整体上事情的控制。管理上的计划、组织、控制、协调,该你完成的就当完成。基层员工在他那个岗位上,只会看到自己的事情,而你作为部门经理,站在部门的立场上,要去做计划、组织、控制、协调。虽然你拉小提琴拉得很好,但是下面有人拉,你不用去拉了。虽然你做某个事务性的工作做得比别人棒,但是你现在要统帅全局,要有全局的观念,你要对整体结果负责。

所以,不要再津津乐道,或者痴迷于过去所做的一些技术活,这是很多人不愿意放下的。管理者要自我蜕变,要完成跨越,必须要把过去的东西丢下来,想办法让员工去做事情,争取每一项事情他们都做得比你好,但是在部门管理方面,他们都不如你,做到这一点就很理想了。这个时候,你就是领袖,员工能干的活你就不用去干了。从员工领袖到组织领袖,区别也就在这里。

7.6.3 怎么做中层管理者

1. 让员工忙起来

员工能干的活,你不用干,你专门干员工不能干的活。你应该把有限的时间和精力用到管理全局这个事情上来,不要把自己搞得焦头烂额,什么事情都自己干。你的任务是让你的员工充分忙起来,从这个角度上讲,你的管理是成功的。相反,如果你自己非常忙碌,而你的员工好像没有太大的压力,员工也不知道干啥。你这个管理者是很失败的。

如果一个部门经理在那里挥汗如雨,忙得焦头烂额,而员工却在那里喝茶、聊天、看报纸,这个部门经理的管理就很失败。如果一个部门经理翘着二郎腿、喝茶、看报纸,而员工一个个忙得像陀螺一样,那这个经理就很厉害。管理就是运用他人的努力实现自己的目标。

2. 学会放手

好的管理者、优秀的管理者,都是逐步放手,放到最后,自己游山玩水去,不再管具体的事情。王石这个人在管理上真的是非常厉害,他高兴了就去爬山,几乎把地球上七大洲的名山都爬过了,而且爬珠穆朗玛峰,一爬就用大半年的时间,公司也不怎么管,因为有很好的团队在那里做,不需要他自己再去做。爬完山回来一看,账户里面有那么多的现金,看来还得去爬,这就是管理上的成功者。中层管理者逐步要有这样的想法,下属能做的事情自己就不做,然后把这么多人聚集在一起,让他们做得很好、运转起来,这就叫带团队。

3. 摆正心态

很多销售冠军带团队带得很糟糕,这是心态转换上有问题。他是个销售冠军,现在让他做销售部经理,他还在念念不忘当初做销售冠军的时候多么厉害,然后他在部下面前要显示自己。问题是你不要显示,最重要的是带他们、辅导他们,让他们的销售能力都能达到你的水准。那么,你作为销售部经理就非常成功了。

销售部经理平时在辅导培养下属的时候做得不够，甚至还有一种坏的想法，看到员工的销售能力上来，他的销售额差不多逼近自己当年做销售冠军的业绩的时候，虽然脸上好像很高兴，但心里面有一点空落落的。这个销售冠军心态是不对的，要调整，因为他的角色已经完全转变。如果管理者希望员工个个都比自己强，这时候销售团队真的是非常理想的。

7.7　讲清规则

7.7.1　游戏规则的重要性

游戏规则很重要，公司有大的一些规章制度，部门也得有自己的小的规章制度，或者要有自己的一些文化，这些都称为游戏规则。一个团队如果没有一个很好的游戏规则，这个团队的战斗力、执行力肯定是不强的，或者说这个团队的凝聚力是有问题的，很容易产生内耗、内讧。

游戏规则解决的是公平和效率的问题。有了游戏规则，团队成员就觉得公平，就不会扯皮，效率就很高。

【小案例】

一个团队有七个人，这七个人在一起生活，每个人相对比较老实本分，没有凶险祸害之心，但是免不了每个人都有一点自私自利。这七个人在一起生活的时候，每天都要吃饭。假设他们吃的是一锅粥，要把这一锅粥分到七个人的碗里面，问题就产生了，刚开始随便有一个人来分，但是这个人会往自己的碗里面多分一点，其他人的碗里面就会少一点，不公平的状况就出现了。

为此，大家就开会，想办法解决这个问题。大家讨论来讨论去，就想出一个办法：七个人轮流值日，每个人都可以做一天的值日长来分粥。刚开始，大家感觉这个事情很公平，但是时候一长，问题又出来了：每个人值日一天，也就是说，每个人有一天可以享受往自己的碗里面多分一点的权力，但这变相滋长了腐败的风气，而这种全员腐败是不利于团队发展的。所以，大家觉得这个事情等于倡导腐败，因为每个人都有机会腐败。于是又开会研究，最后在七个人当中选择一个德高望重者，让他来分粥，因为这个人从他的历史来看比较站得稳，品德相对来说比较高尚。于是这个品德高尚者开始进行分粥。

刚开始相安无事，时间一长大家发现这个品德高尚者免不了对那些平常为他拍拍马屁、喜欢奉承他的人的碗里面多分一点，而不善于搞人际关系的人，碗里面就会少一点。品德高尚者也经受不了实践的考验，还得重新解决这个事情。再开会再讨论，得出一个办法：为了确保公平和效率，选举产生一个分粥委员会。为了确保这个分粥委员会处事公平，再搞出一个监督委员会，然后这个监督委员会有权力对分粥委员会进行批评、指正。

这好像看起来很公平，结果事情又来了，每天吵架、扯皮。这个监督委员会不断地对分粥委员会提意见，分粥委员会不断地据理力争，扯皮、打架，效率问题又解决不了。看来这个事情还不行。最后这七个人又在一起动脑筋、想办法，终于想出一个办法：谁都可以分，但是分粥的那个人要最后拿到碗，也就是分了七碗，先让其他人选，等其他人都拿完以后，剩下的那一碗就是给分粥的人。如果你有自私自利之心，分得不公平，那么最少的那一碗肯定是你自己的。

综上所述,游戏规则是解决公平和效率问题的。不断地订立一些游戏规则,让员工感觉到公平,让大家配合起来有默契、提高效率,这就是游戏规则。作为中层干部,除了遵守公司大的游戏规则,部门自己也得制定一些小的游戏规则,因为有了游戏规则,大家做事情才会更有规矩。

7.7.2 游戏规则分类

游戏规则分很多种,有行为方面的、心态方面的游戏规则。

1. 行为规则

什么事情能做、什么事情不能做,这个游戏规则不是公司的制度所能解决的,有的是非制度所能解决的问题。有的单位有员工手册,员工手册上面写得很详细,关于一个员工日常当中工作状态里面仪容仪表、行为举止、举手投足,各方面都有严格的规范。但是,有的单位就没有这样的员工手册,虽然没有这样的员工手册,但是企业希望每一个员工还得遵守公司的行为规则。这时候公司的行为规则就是没有用制度成文,而是成为大家约定俗成的一种文化。

比如,对男士规定:男士不要留长发,只能留短发,留发不留人,留人不留发,想在单位上班,把长发剪掉;男士不能留胡须,身上不能有文身,不可以戴耳环,要穿长裤;在单位要穿皮鞋,不能穿拖鞋,也不能穿皮凉鞋,有孔的皮鞋都不能穿;皮鞋的颜色一定是黑色的,不能是其他颜色。

女士同样也有很多的规矩,女士在上班期间,或者面对领导、面对客户的时候,把长发盘起来,像空姐和星级酒店的女工作人员一样。因为长发飘飘是一个女人温柔的象征,你在工作场合,长发这样轻轻一甩,对面的某个男士可能会怦然心动,这在工作场合不倡导。女士可以化一点淡妆,不要浓妆艳抹。女士可以搞一点眼影,但是眼影要淡。女士可以戴耳环,但是女士的耳环的大小也有规定,女士的耳环大小不能超过过去的一分人民币那样的硬币大小。这些都是行为规则。

在团队里面,尤其是新员工来了,你作为管理者,有责任、有义务告诉他这样做事情,他要适应;如果觉得不适应,就请调头走人。每个公司、每个部门都有自己独特的一些小文化。

2. 心态规则

除了看得见的行为之外,心态规则也很重要。制定心态规则也是领导者的责任。领导者如果不做员工的心态规则,不注意疏导,员工很容易出问题。

假设公司里面,有一个销售人员通过努力做了一笔销售,销售额是1 000万元,公司的纯利润能挣到100万元,公司给这个当事人发20万元的奖金。但是,这个当事人感觉给他发的20万元奖金太少,他就会旁敲侧击跟领导提。这时候领导如果得很含糊,或者领导感觉到这个事情不值得去啰嗦、不值得去讲,就埋下了祸根。接下来,这个销售人员就可能在工作表现上有所变化,比如迟到、早退,在某些事情上懈怠,积极性不高。其实,他所有的这些行为都在暗示你:当初给我的20万元太少了,你的游戏规则要重新制定。

这时候假如做领导的还很迟钝,还没有理解这个状况,假设有一天这个当事人有机会接触到50万元的公司的应收款,而且是现金的话,很可能导致一种不太好的状况发生,比如他先搁在他口袋里放一放,哪天你找到他再说,找不到就拉倒。这样一搞事情就搞大,现在法律上规定:5 000元以上,国有企业叫贪污,私有企业叫侵占。这在理论上就可以立案,可以判刑,这个事情就比较麻烦了。一旦搞成这样的结果,对大家都不好,这个销售人员肯定不好,如果他把这50万元挪为已用,这个后果就很严重,他可能就有牢狱之灾,最起码他在这个公司混不下去了。另外，对公司来讲损失也很大，辛辛苦苦培养了这么多年，最后居然是这样的下场，搞得大家不欢而散。

这个时候作为职业经理人、中层干部，要去疏导员工的心态，要与员工讲清楚规则。虽然他这个单做了1 000万元的销售，创造了100万元的利润，公司只给他发了20万元的奖金。但要明白，公司做了那么多年，也算国内知名企业，每年花在广告上的钱，就有几千万元甚至于上亿元，公司运作了那么多年，有几千名员工干活，公司是一个庞大的机器。很多客户是认可公司的品牌，才来跟我们做交易，也就是说，他做的这个事情，实际上仅仅是按了一下按钮而已，假如他不来做这个事情，换了其他人来做，也许这1 000万元的单照样做成，100万元的利润也照样做成，而且说不定比他做得还要好。他仅仅是这个庞大的机器里的一个重要的组成部分，按了一下按钮而已。

如果说把这些道理给他讲透，当事人心里就非常明白，他就会好好想想，他就很容易想到：我不在这个公司干，我到其他单位干，这1 000万元的销售能做成吗？我不在这个公司干，我自己做老板，我这个100万元的利润能挣到吗？公司给自己发了20万元的奖金，但是自己却认为20万元的奖金太少，这就有一点过分了。

7.7.3　如何留住员工

有的时候，员工走掉，有能力的人都跑了，很大程度上并不是因为公司的待遇差，也不是因为公司的物质条件差，往往是这些务虚的地方没有做到位。

一般来说，一个好的员工会看中以下几个元素：

第一个元素是公司未来的样子、员工未来的样子。假如中层领导者能够让员工明白，公司会越做越好，他在公司好好干，将来会很有出息，他就很愿意继续留下来。

第二个元素是给员工一个公平的制度。比如拿薪水这个问题，假设一个主管一个月拿了5 000元，忽然发现下面有一个人拿6 000元，而这个人是向主管汇报工作的。这时候主管心里面很不舒服，这个主管就很容易走掉，这个制度实际上就有问题。

第三个元素是薪水的竞争性。领导希望员工的薪水有一定的竞争力，不至于比人家差就可以了。如果单位的员工的薪水跟同行业比较，或者与相同的区域内比较，发现远远比别人差，那就不好了，薪水要有一定的竞争力。

第四个元素是愉快的工作环境。如果中层干部、经理总是哭丧着脸，总是脸色严肃，一点笑容也没有，动不动就训人发脾气，虽然拿的薪水还说得过去，但是在这样的环境里面，工作很不愉快，所以员工走人的概率会非常大。

员工流失，表面上看起来是公司待遇差，别人的待遇就一定比我们公司高吗？不见得，高不了多少，但是因为我们这四个元素没做好，没有让员工感觉到愉快，在制度的设计上，公平性上没有处理好，或没有告诉员工未来可能会怎么样。这些元素缺失会导致员工的流失率增加。

本章小结

作为中层管理者有职责、有义务帮助员工提升工作绩效，通过制度管理和文化建设两个方面来优化自己的管理工具、辅导方式和辅导手段；在工作中善于抓住关键，结合企业实际设计团队规则，实行目标管理，让下属有安全感和归属感，有效提升下属工作能力，从而打造高绩效团队。

【测试题】

1. 假设你是一个管理者，你将如何打造自己的高绩效团队？
2. 谈谈你对中层领导角色的理解和感悟。

参考文献

1. 阚雅玲等.管理基础实务.北京:机械工业出版社,2008.

2. 姜旭平.我的管理精要课堂.上海:上海交通大学出版社,2006.

3. 吴小波.激荡三十年(上).北京:中信出版社,2007.

4.[美]哈罗德·孔茨,海因茨·韦里克.管理学.北京:经济科学出版社,1998 .

5.[美]查尔斯·贝克著,《管理沟通》,中国人民大学出版社,2004.

6.[美]彼得·德鲁克.管理使命、责任、实务.北京:机械工业出版社,2006.

7.[美]迈克尔·波特. 竞争优势. 北京:华夏出版社,1997.

8.[美]彼得·潘德,罗伯特·纽曼,罗兰·卡瓦纳. 6δ 管理法——追求卓越的阶梯. 北京:机械工业出版社,2001.

9.[美]彼得·德鲁克. 有效管理者. 北京:中国财政经济出版社,1988.

10.[美]斯蒂芬·P.罗宾斯. 管理学(第四版). 北京:中国人民大学出版社,1997.

11.[美]迈克尔·哈特斯利等. 管理沟通. 北京:机械工业出版社,2000.

12.[美]盖伊·拉姆斯登,唐纳德·拉姆斯登. 群体与团队沟通. 北京:机械工业出版社,2001.

13. 宋克勤.管理学教程案例集.上海:上海财经大学出版社,2001.

14. 刘志坚.管理学——原理与案例.广州:华南理工大学出版社,2002.

15. Karen Holems.个人与团队管理.北京:清华大学出版社,2003.

16. 阚雅玲.大学生成功素质训练.北京:机械工业出版社,2007.

17. 章义伍.打造高绩效的团队.北京:北京大学出版社,2002.

18. 方振邦.管理学基础.北京:中国人民大学出版社,2011.

19. 陈春花.中国管理 10 大解析.北京:中国人民大学出版社,2006.

20. 罗锐韧. 哈佛管理全集. 北京:企业管理出版社,1999.

后　记

小微企业成长过程中面对的问题及其解决问题的方式与进入稳定发展阶段的企业是不同的，教材的编写应该充分考虑这种差异，并尽可能发现更高层次的知识。

教材不同于指导手册，指导手册对个别问题提供了针对性的解决方法，而教材需要具有支持学习者独立发现问题与开发方案的功能。这套教材虽然重视实务，但更倾向于知识的整理与提炼。

但是限于编写团队的能力及相关条件，这套教材仍有不足之处，在内容与形式上均有诸多需要改善的地方。我们非常感谢广州市职业能力培训指导中心能用可持续发展的思路考虑这个项目，并且支持进行后续开发。我们也真诚欢迎各位读者、各位同行、各位专家提出宝贵意见或建议。

来函请寄：广州市番禺区青山湖广州番禺职业技术学院管理学院，511483

或者发送电子邮件：tanfh@gzpyp.edu.cn

广州番禺职业技术学院创业教育中心

2015 年 3 月 1 日